तप और तपस्या

तप और तपस्या

शोभा त्रिपाठी

प्रभात प्रकाशन

प्रकाशक • **प्रभात प्रकाशन प्रा. लि.**
4/19 आसफ अली रोड,
नई दिल्ली–110002

संस्करण • 2025
मूल्य • पाँच सौ रुपए
मुद्रक • आर–टेक ऑफसेट प्रिंटर्स, दिल्ली

TAP AUR TAPASYA *novel* by Smt. Shobha Tripathi ₹ 500.00
Published by Prabhat Prakashan Pvt. Ltd., 4/19 Asaf Ali Road, New Delhi-2
e-mail: prabhatbooks@gmail.com ISBN 978-93-94534-02-5

पूज्यनीय

आचार्य महामंडलेश्वर स्वामी अवधेशानंद गिरिजी महाराज

की जननी श्रद्धेया

श्रीमती अन्नपूर्णा रूकमणीजी की

पावन स्मृति को

सादर समर्पित

॥ श्री : कृपा ॥

HARIHAR ASHRAM
Pare Ka Mandir, Kankhal, Haridwar-249 408 (Uttarakhand) India
Phone : +91 1334 246974 Fax : +91 1334 246973

Junapeethadhishwar Acharya Mahamandleshwar
Swami Avdheshanand Giri Ji Maharaj

President
Bharat mata Mandir
Samanvaya Sewa Trust
Bharat Mata Mandir,
Saptsarovar Marg,
Haridwar-249410 Uttarakhand, India
Phone : 01334-260256, 326190
Fax : 01334-260981
e-mail : bharat.samanvaya@yahoo.in

President
Hindu Dharma Acharya Sabha
The voice of collective Consciousness

Founder :
Prabhu Premi Sangh Charitable Trust
Prabhu Prem Ashram, Jagadhari Road,
Ambala Cantt. 133 006 (Haryana) India
Phone : + 91 171 2699335
Fax : +91 171 2699367
website : www.prabhupremisangh.org
e-mail : pps.ambala@gmail.com
probhuprem@htmail.com
/Avdheshanendcr
/Avdhershanandswami

शुभकामना संदेश

दिनांक : 15 अप्रैल, 2022

आदरणीया श्रीमती शोभाजी,
सादर ॐ नमो नारायणाय !

स्वयं पर लिखी गई किसी पुस्तक के विषय में कुछ भी लिखते और कहते हुए यद्यपि मैं बड़े ही संकोच में हूँ, तथापि आपके इस श्रेष्ठ एवं वैदुष्यपूर्ण सृजन से हर्षित भी हूँ।

जिन्हें भारत की कालजयी-मृत्युंजयी, सनातन वैदिक संस्कृति एवं उसके आध्यात्मिक उपादानों का अवबोध है, उनके अंत:करण में इस बात की स्वीकृति अवश्य होगी कि हमारे यहाँ किसी भी आध्यात्मिक उत्तरदायित्व का निर्वहन दैव सत्ता स्वयं करती है। देह और व्यवस्था की दृष्टि से कौन किस भूमिका में है, यह तथ्य सर्वथा गौण है।

श्रीमद्भगवद्गीता के दसवें अध्याय के विभूति योग में भगवान् अर्जुन से कहते हैं कि समष्टि में जहाँ कहीं भी श्रेष्ठताएँ परिलक्षित अथवा दृष्टिगोचर होती हैं, वे सब मेरी ही विभूतियाँ हैं। इस दृष्टि से पुस्तक में आदरणीया शोभाजी ने मेरे जो वैशिष्ट्य गिनाए हैं, वह सब परमात्मा का ही कृपा-प्रसाद है। पुस्तक की विषय-वस्तु अद्भुत है।

एक विदुषी महिला होने के नाते मातृत्व का विषय संभवतः शोभाजी के हृदय के अधिक निकट भी होगा। संभवतः इसी हेतु इस सद्ग्रंथ में मेरे पूर्वाश्रम में मेरी माँ, दादी एवं अन्य मातृत्व संबंधों का अद्वितीय भावनात्मक विवेचन किया गया है।

मैं पुस्तक को पढ़कर इसलिए भी हर्षित हूँ कि मेरे प्रवचनों अथवा व्याख्यानों में मातृशक्ति के विषय में अब तक जो भी बातें कही गई हैं, प्रस्तुत ग्रंथ में उसके कुछ अंशों को संबंधित विषयों के साथ समायोजित करके बड़ा वैदुष्यपूर्ण प्रस्तुतीकरण किया गया है।

संन्यास-दीक्षा का अर्थ है—जल, वायु, वृक्ष और प्रकाश हो जाना, अर्थात् संन्यासी का संपूर्ण जीवन लोक-कल्याण के लिए होता है, इसलिए मेरा समग्र जीवन भी भगवदीय कार्य के लिए समर्पित है।

भाषा-भाव, शब्द-संयोजन और विषय-वस्तु की दृष्टि से भी आपने एक अनुपमेय साहित्यिक ग्रंथ का सृजन किया है। भारत की अत्यंत प्राचीन और आद्यपीठ का आचार्य होने के नाते मेरे अनेक आध्यात्मिक अनुबंध हैं, इस पुस्तक में अत्यंत विवेकपूर्ण ढंग से उनका भी विवेचन किया गया है।

मैं आपकी सृजनशीलता और रचनाधर्मिता से अत्यंत आह्लादित हूँ। पुस्तक के प्रकाशन के लिए मेरी हार्दिक शुभकामनाएँ!

(स्वामी अवधेशानंद गिरि)
जूनापीठाधीश्वर आचार्य महामंडलेश्वर

मेरी अभिव्यक्ति

जूनापीठाधीश्वर आचार्य महामंडलेश्वर स्वामी अवधेशानंद गिरिजी महाराज स्वयं एक अलौकिक व्यक्तित्व के स्वामी हैं। भारत ही नहीं, संपूर्ण विश्व में हिंदू धर्म के प्रणेता, हिंदू धर्मग्रंथों को अत्यंत सरल, अद्भुत ग्रहणनीय, ओजपूर्ण प्रवचनों द्वारा जनमानस को जाग्रत् करते हैं। तेजोमय व्यक्तित्व के स्वामी, मृदुभाषी, आभामय मुखमंडल, संपूर्ण व्यक्तित्व का प्रभामंडल के दर्शन करते ही मन श्रद्धा से भर उठता है। देवतुल्य स्वामीजी के सामने स्वत: ही सिर श्रद्धा से नत हो जाता है।

स्वामीजी के प्रथम दर्शन का सौभाग्य मुझे कन्हैया लाल मिश्र 'प्रभाकर' सम्मान से सम्मानित किए जाने के दौरान 'सहारनपुर' में मिला। प्रथम दर्शन में ही उनके तेजोमय व्यक्तित्व का प्रभाव स्वयं ही मुझे नतमस्तक कर गया। फिर जब आपने शब्दों द्वारा मुझे आशीर्वचन कहे तो आपके वाचन की शैली, आपके शब्दों की स्पष्टता, सारगर्भित वाक्यों ने मेरे मन-मस्तिष्क में कहीं गहरे तक पैठ बना ली थी। श्रद्धा से मैंने मन-ही-मन आपको प्रणाम किया तथा पुन: दर्शन की अभिलाषा मन में जाग्रत् हुई कि परम विद्वान् आचार्य महामंडलेश्वर स्वामीजी को पुन: मिलने का सौभाग्य मुझे कहाँ मिलेगा और अपने अनेक अनुत्तरित प्रश्नों का समाधान मुझे कब मिलेगा, क्योंकि स्वामीजी के दर्शन के पश्चात् स्वामीजी के अनेक प्रवचनों को सुना व ग्रहण किया, जितना भी आपके बारे में सुनती व पढ़ती गई, उतनी ही आपसे मिलने की उत्कंठा बढ़ती गई।

अंतत: एक दिन वह सौभाग्य मुझे प्राप्त हो गया, स्वामीजी के आश्रम में पहुँचते ही वहाँ का धार्मिक व पवित्र वातावरण मन को कहीं अंदर तक छू गया।

पारद शिवलिंग व महामृत्युंजय मंदिर के दर्शन के पश्चात् हम लोग स्वामीजी के दर्शन हेतु सभागार में प्रवेश करते हैं, वहाँ पहले से ही स्वामीजी के शिष्यगण व भक्तगण उपस्थित थे। तभी स्वामीजी का प्रवेश होता है। श्रद्धा से नत होकर सभी ने खड़े होकर स्वामीजी का अभिनंदन किया।

मैं गेरुआ वस्त्रों में अलौकिक संत को अपलक देखती रही। उनके चेहरे पर छाई एक पवित्र मुसकान, आँखों का अपूर्व तेज सभी को श्रद्धा से ओतप्रोत कर रहा था। फिर आरंभ हुआ स्वामीजी व उनके भक्तों का संभाषण। कोई अपनी श्रद्धा अर्पित कर रहा था तो कोई अपने दुःख का समाधान स्वामीजी से कह रहा था तो कोई जिज्ञासु अपने प्रश्नों का समुचित उत्तर स्वामीजी से जान रहा था और स्वामीजी बड़े ही सरल व सहज रूप से सभी के प्रश्नों व समस्याओं का समाधान कर रहे हैं। सभी के चेहरे पर छाई संतुष्टि ही स्वामीजी की महानता की परिचायक थी। मैंने ऐसा दृश्य अपने जीवन में कभी नहीं देखा था। स्वामीजी की विद्वत्ता, हर विषय पर उनका उत्कृष्ट ज्ञान मेरे मन में एक अमिट स्थान बना रहा था। मैं अभिभूत सी बैठी उन अविस्मणीय पलों को अपने मन में समा लेना चाहती थी, साथ ही कई प्रश्न मेरे मन को भी मथ रहे थे। पर एक संकोच भी था। स्वामीजी को जन्म देनेवाली माँ के बारे में पूछूँ कि नहीं, विश्वविख्यात धर्मगुरु जूनापीठाधीश्वर आचार्य महामंडलेश्वर स्वामी अवधेशानंद गिरिजी महाराज को जन्म देनेवाली जननी कैसी होंगी, जिन्होंने ऐसे पुत्र रत्न को जन्म दिया, क्योंकि स्वयं भी एक माँ होने के कारण सर्वप्रथम मुझे स्वामीजी की जननी का ही खयाल आया कि मात्र 14 वर्ष में गृह त्याग देनेवाले परमश्रेष्ठ संन्यासी व संत की जननी के क्या विचार होंगे, कितनी तपस्या की होंगी, आचार्य महामंडलेश्वर के श्रेष्ठ पद को गौरवान्वित करने के पश्चात् जब आप प्रथम बार अपनी जननी से मिले होंगे तो माँ की क्या प्रतिक्रिया रही होगी, जैसे अनेक प्रश्न मन की आतुरता बढ़ा रहे थे।

"'माँ' यह एक ऐसा एकांकी शब्द है, जो सभी सारगर्भित शब्दों को अपने आँचल में समेट लेता है। अनेक अनकहे प्रसंग मेरी जिह्वा पर आने को आतुर थे। पर एक संकोच जिह्वा को बोलने की अनुमति नहीं दे रहा था। तभी भोजन कक्ष में स्वामीजी मेरी असाधारण चुप्पी को शायद समझ गए और बच्चों

के विषय में पूछने लगे, कुछ संकोच हटते ही मैंने अचानक पूछ लिया कुछ झिझकते हुए, 'क्या इतनी छोटी आयु में जब आपने घर छोड़ा तो आपकी 'माँ' पर क्या गुजरी होगी?'

मेरी जिज्ञासा देखकर स्वामीजी थोड़ा सा मुसकराए, फिर बहुत ही सहजता से 'हाँ शोभा बहन! मेरे गृहत्याग पर माँ ने मिष्टान्न का पूर्णतया त्याग कर दिया था, कई वर्षों के पश्चात् जब मैं पुनः माँ से मिला तो स्वयं अपने हाथों से मिष्टान्न मैंने उन्हें खिलाया।'

इन शब्दों में जैसे मैं कहीं खो सी गई और मेरी आँखें स्वतः ही भर आईं। स्वामीजी ने कई अविस्मरणीय क्षणों से हमें अवगत कराया। भोजन के पश्चात् हमने स्वामीजी को प्रणाम किया और वापसी की अनुमति माँगी। मैं तो जैसे अपना मन ही आश्रम में छोड़ आई थी, मैं चुपचाप गाड़ी में चली जा रही थी कि अचानक ही एक विचार मन में आया कि क्यों न स्वामीजी की माता की तपस्या को भी वर्णित करूँ, 'महान् तपस्वी व संन्यासी जूना पीठाधीश्वर आचार्य महामंडलेश्वर स्वामी अवधेशानंद गिरेजी महाराज के जीवन पर आधारित व आपके जीवन का आधार आपकी माता की तपस्या को भी वर्णित करूँ, इस प्रकार 'तप व तपस्या' पुस्तक को आकार मिला।'

पुस्तक लिखने की अनुमति मैंने स्वामीजी से माँगी तो उन्होंने सहर्ष अनुमति प्रदान की। जिसके लिए मैं हमेशा स्वामीजी की आभारी रहूँगी। 'पुस्तक' के लिए जितनी बार भी स्वामीजी से मिली, एक नया दर्शन व ज्ञान की श्रृंखला मुझे प्राप्त हुई। मैं मन-ही-मन सोचती, ज्ञान का अकूत भंडार स्वामीजी के पास है। वे केवल धर्मशास्त्र के ज्ञाता ही नहीं अपितु हर विषय पर अपनी अच्छी पकड़ रखते हैं। जब वे बोलते हैं तो ऐसा लगता है कि सुनती ही जाऊँ। स्वामीजी का जीवन-परिचय मुझे अनेक सूत्रों से प्राप्त हुआ। परंतु स्वामीजी की माताजी के बारे में बहुत कम लोगों को ज्ञात था। अतः जितना भी मुझे पूज्या माताजी के बारे में ज्ञात हुआ, वह मैंने इस पुस्तक में वर्णित करने का प्रयास किया। जो भी स्वामीजी ने अपने माता व दादी के विषय में बताया। एक छवि मेरे मन-मस्तिष्क में बन गई।

परंतु एक माता की भावनाएँ, उनके विचार, उनका त्याग, उनकी विकलता,

उनकी भवनाओं को कैसे वर्णित करूँ, मैं यह समझ नहीं पा रही थी, फिर अपने ही लिखे शब्दों ने मुझे एक राह दिखाई कि हर लेखक या लेखिका एक ही जीवन में कई जीवन जीता है। फिर क्या मैंने स्वयं एक माँ की भवनाओं को अपनी कलम द्वारा जीवंत करने का प्रयास किया है! एक माँ का त्याग, उनकी तपस्या, अपने बच्चे के गृहत्याग पर उनकी विकलता, उनका समर्पण और फिर अपने पुत्र को महानता के चरम पर पहुँचने पर माता उनकी संतुष्टि जैसे उनके सभी दुःखों पर मलहम लगा देती है, यह एक माँ की तपस्या ही होती है, जो पुत्र को आचार्य महामंडलेश्वर स्वामी अवधेशानंद गिरिजी महाराज बनाती है।

उनका ये शब्द कहना, 'तेरे तप के साथ ही मेरी तपस्या भी शुरू हो जाएगी।' इस पुस्तक का आधार है और इस तपस्या का समापन भी।

'माँ मिष्टान्न खाकर अपनी तपस्या पूर्ण करो।' उन्होंने पहला निवाला मुँह में लिया, उसको खाया। भावातिरेक में उनका गला रुँध गया और गला खीर की मिठास से भर गया। एक हलकी सी खाँसी उनके मुँह से निकली।

आज वह पूर्ण संतुष्ट थीं। उन्हें सबकुछ मिल गया था, इतने वर्षों के पश्चात् उनका पुत्र अपने लक्ष्य को प्राप्त कर पुनः अपने घर आया था।

"वह यह जानकर बहुत खुश थीं कि उनके बेटे ने जिस उद्देश्य को पूर्ण करने के लिए गृहत्याग किया था, वह पूर्ण हो गया था। अब वह उनके ही नहीं, संपूर्ण जगत् के हो गए थे। सच में वह धन्य हैं।"

इस तरह 'माँ' की समस्त विकलता, आकुलता अपने पुत्र को भर-आँख देखने पर सहजता में बदल जाती, माँ होती ही ऐसी है कि वह क्षणभर में ही सारे क्षोभ-विछोभ को भुला देती है।

संन्यास धर्म का पालन करना बहुत दुरूह है, छोटी सी वय में संन्यास लेना व हिमालय की कंदराओं में वास करना किसी भी दैविक शक्ति से कम नहीं होता। तप को पूर्ण करना देवत्व को प्राप्त करने के ही समान है। अनेक वर्षों के तप के प्रभाव से स्वामीजी दस लाख से ज्यादा शिष्यों को दीक्षित कर चुके हैं। भारत में ही नहीं, संपूर्ण विश्व में उनके शिष्य उनकी महानता के परिचायक हैं।

गुरु-शिष्य परंपरा का अपूर्व व अनूठा समन्वय स्वयं देखकर मैं धन्य हो गई। पुस्तकों व ग्रंथों में तो गुरु-शिष्य परंपरा को मात्र पढ़ा-सुना ही था।

प्रत्यक्ष रूप से गुरु-शिष्य का अविस्मरणीय दृश्य परमपूज्य गुरुदेव आचार्य महामंडलेश्वर स्वामी सत्यमित्रानंद गिरिजी महाराज जैसे श्रेष्ठ देवतुल्य गुरु और स्वामी अवधेशानंद गिरिजी महाराज जैसे शिष्य। जहाँ शिष्य को देखते ही गुरु की आँखों में उत्पन्न स्नेह की ज्योति, वहीं श्रद्धा से नत शिष्य का गुरुता को मौनभाव से प्रणाम करना, श्रेष्ठतम उदाहरण मेरे समक्ष था। मैंने मन-ही-मन दोनों को प्रणाम किया। तभी स्वामीजी ने मेरा परिचय आचार्य महामंडलेश्वर स्वामी सत्यमित्रानंदजी महाराज से कराया। मैंने उन्हें प्रणाम किया। उन दिव्य संत के दर्शन से ही मैंने अपने को धन्य माना और उनके दिए प्रसादरूपी रुपया को मैंने धरोहर के रूप में ग्रहण किया, जो आज भी मेरे पास है, हमेशा मैं उसको सँजोकर रखूँगी। स्वामी आचार्य महामंडलेश्वर सत्यमित्रानंदजी को मेरा शत-शत प्रणाम।

विगत दो वर्षों से स्वामीजी से मिलने के अनेक अवसर मिले। मैं जितनी बार भी उनसे मिली, उनके व्यक्तित्व के एक श्रेष्ठ से श्रेष्ठतम चरण मेरे सामने आए; अनेक बार उनके कथन ने मेरे हृदय को अंदर तक छू लिया। हर बार एक नया संदेश मुझे मिलता, जो मेरे अंदर एक नवचेतना भरता। मैं स्वयं नहीं समझ पाती, उनके वाक्यों ने, उनके प्रवचनों ने मेरे अंदर की तमाम कमियों को दूर किया, उनकी हर विषय के गूढ़ ज्ञान ने मुझे और अध्ययन की ओर प्रेरित किया, उनके शांत स्वभाव ने मेरे मन की अशांति को दूर किया, उनकी गृहीता ने मुझे एक नई सहजता प्रदान की।

रिश्ते क्या होते हैं, उनको कैसे सहेज के रखना चाहिए, उनका जीवन-दर्शन मुझे आश्रम में ही मिला। एक बार स्वामीजी से मिलने राजस्थान से एक दंपती आए, बातों ही बातों में स्वामीजी ने साधारण रूप से अत्यंत गूढ मंत्र दिया, 'बहू को ससुराल में बसना होता है और सास को बसाना', कहने को तो ये मात्र दो लाइन हैं, परंतु ये सास-बहू के रिश्ते का संपूर्ण सार है।

स्वामीजी द्वारा लिखित गृहस्थ गीता, सीखभरी कहानियाँ स्वामीजी के अधिकांश प्रवचनों को सुना व समझा, साधारण से जीवन को हम उत्कृष्ट कैसे बना सकते हैं। एक संन्यासी के द्वारा सभी जीवन-दर्शन का विस्तृत ज्ञान, चाहे वह बाल्यकाल हो या विद्या या अध्ययन से संबंधित हो। एक संत, संन्यासी विश्व

गुरु के साक्षात् प्रणेता स्वामी अवधेशानंद गिरिजी के दर्शन मैंने स्वयं किए हैं।

बच्चों के प्रति स्वामीजी का लगाव मैंने प्रत्यक्ष देखा है। बच्चों के बीच कितने सहज हो उठते हैं और बच्चे भी उनसे अपने मित्र की तरह बातें करने लगते हैं, जो सभी को गुदगुदा जाता है।

किसी रिश्ते में न बँधनेवाले महा तपस्वी, महा संन्यासी, हर रिश्ते की गूढ़ता को, उनके दर्शन को कितना भली-भाँति समझते हैं, वह स्वयं मैंने देखा है। शायद ही कोई रिश्तों की इस महानता को समझ सकता है। कैसे हर व्यक्ति अपना दुःख-दर्द उन्हें बताता है, जैसे वह अपने आत्मीयजन से बात कर रहा हो। स्वामीजी भी उनके परिवार के सदस्य ही बन जाते हैं। यही आपकी महानता है कि हर व्यक्ति उनको अपने परिवार का सदस्य ही लगता है। उन्होंने एक परिवार छोड़कर संन्यास लिया और सैकड़ों परिवार उनके अपने हो गए।

स्वामीजी द्वारा लिखित अधिकांश पुस्तकों को मैंने पढ़ा है। एक लेखक के रूप में उनकी रचनाएँ, भाषा-शैली अद्वितीय है। अतुलनीय है।

स्वामी अवधेशानंद गिरिजी महाराज की जीवन-गाथा लिखने का सौभाग्य मुझे मिला, यह मेरा अहोभाग्य है। मेरा यही ध्येय रहेगा कि आप जैसे देवतुल्य महान् संत के बारे में ज्यादा-से-ज्यादा लोग जानें व पढ़ें, खासकर हमारी युवा पीढ़ी, इसलिए मैंने यह प्रयास किया कि स्वामीजी के जीवनवृत्त को कुछ अलग कथानक के रूप में लिखूँ, जो सरल व पठनीय हो तथा पाठक की एकाग्रता बनी रहे, इसलिए अन्य जीवन-परिचय से अलग, तथ्यों से छेड़छाड़ किए बिना एक जीवन-गाथा की शैली में लिखा है।

साधारण पठनीय शैली में लिखना मेरे हिसाब से उचित है, क्योंकि क्लिष्ट भाषा में लिखने से साधारण जन-भाषा से वह विलग हो जाएगी और ज्यादा-से-ज्यादा लोग इसको पढ़ने से वंचित रह जाएँगे। मेरा उद्देश्य यही है कि भारतवर्ष के श्रेष्ठ धर्मगुरु, महापुरुषों का जीवनवृत्त सरल भाषा में ही लिखा जाए। हमारे हिंदू ग्रंथों को भी सर्वगृहता युक्त भाषा-शैली में ही लिपिबद्ध किया जाए, जो आगे आनेवाली पीढ़ी का भी मार्गदर्शन करे।

पूज्य स्वामीजी का सहयोग व आशीर्वाद मुझे इस पुस्तक के लिखने में प्राप्त हुआ, मैं सदैव उनकी आभारी रहूँगी, साथ-ही-साथ उनके हरिहर आश्रम

में जो ज्ञान व दर्शन मिला, वह मेरे लिए एक अमूल्य निधि के समान है।

स्वामीजी का प्रकृति प्रेम भी अनुपम है। मैंने यों ही अचानक पूछ लिया, स्वामीजी अतीत की यादों में खो से गए। हिमालय प्रवास की अपनी कई बातों से हमें अवगत कराया। हरिद्वार की बढ़ती कंकरीट के जंगल से वे कुछ पीड़ित से रहते, वन-पर्वतों व नदियों के प्रति मनुष्य की अनावश्यक छेड़छाड़ उन्हें अनुचित सी लगती। कुंभ मेले के आयोजन के समय उनके दर्शन व सलाह के लिए प्रतिनिधिमंडल स्वामीजी से मिलने आया, जिसमें कुछ अधिकारीगण व कुछ स्थानीय नेता भी थे। स्वामीजी ने बहुत ही स्पष्ट शब्दों में अपने विचार उनके समक्ष रख दिए, 'परिवर्तन की प्रक्रिया तो सतत चलती रहनी चाहिए, प्रकृति ने भी मौसमों के परिवर्तनों से इनकार नहीं किया, परंतु परिवर्तनों की भी अपनी एक सीमा होती है। सड़कों का निर्माण हो, पर वृक्षों का नाश न हो, प्रकृति को सँजोकर नवनिर्माण करना चाहिए। जो गंगा साधु-संतों की प्राण है, उसको स्वच्छ व निर्मल बनाना ही हमारा ध्येय है। कहकर वे मौन हो गए।

हरिद्वार में कुंभ महोत्सव का आयोजन हुआ। भव्य शुभारंभ के कुछ समय बाद विश्व में फैली कोरोना महामारी ने कुंभ मेले को भी अपनी महामारी से ग्रस्त कर लिया। कई साधु-संत व भक्त इस महामारी से ग्रस्त हो गए। तभी स्वामीजी ने देशहित में कुंभ मेले के समापन की घोषणा कर दी। यह देखकर मेरा मन श्रद्धा से भर उठा कि मानवधर्म के आगे कोई श्रेष्ठ नहीं होता। हिंदू धर्म की सर्व ग्रहता ही हिंदू धर्म को अति विशिष्ट व श्रेष्ठ बनाती है और हमारे धर्मगुरुओं को सर्वश्रेष्ठ।

इस पुस्तक में मैंने स्वामी अवधेशानंद गिरिजी महाराज के सामाजिक दायित्व पर बहुत कम प्रकाश डाला है। अगर मैं लिखने लगी तो एक अन्य पुस्तक की रूपरेखा तैयार हो जाएगी। जूनापीठाधीश्वर स्वामी अवधेशानंद गिरिजी ने समाज के हर क्षेत्र को अपने वरदहस्त से सँवारा है। यह कोई अतिशयोक्ति नहीं है। मैं मात्र इतना ही कह सकती हूँ—

"वृक्ष कबहुँ न फल भक्षै नदी न संचै नीर।
परमारथ के साधनै साधु न धरा शरीर॥"

कोटि-कोटि नमन!

महिला होने के नाते महिलाओं के बारे में विचार जानना चाहती थी। मैं पूछ ही बैठी, एक श्रद्धा की चमक उनके मुखमंडल पर आई और गहन शब्दों में उन्होंने कहा, 'जननी है, जो परम सत्य है, जब सभी देवता श्रीहीन हो जाते हैं, जब देवी का प्राकट्य होता है। जूना अखाड़े में महिलाओं का बड़ा सम्मान किया जाता है। उनके स्वाभिमान, सम्मान की रक्षा की जाती है।

'नर–नारी एक समान हमारे'

बिना जननी के कोई ईश्वर पैदा नहीं हुआ। अगर स्त्री नहीं तो स्वयं देवता को भी स्त्रैण रूप धारण करना पड़ा।

अग्रेय है तो स्त्री है।
अग्रणी है तो स्त्री है॥
अनादि है तो स्त्री है।
आदि है तो स्त्री है॥
प्रथमा है तो स्त्री है।
एका है तो स्त्री है॥
वह पूर्वा है।
अपूर्वा है॥
पूर्व के पूर्व में।
अपूर्व के पूर्व में स्त्री है॥

स्त्री की इतनी सुंदर व उत्कृष्ट परिभाषा अन्य कहीं नहीं मिलती, जैसे पूरा स्त्री शब्दकोश समा गया हो। शायद यह ईश्वर की मेरे ऊपर असीम कृपा ही थी, जिससे उनका आशीर्वाद मुझे मिला। अंत में मैं सिर्फ अपनी श्रद्धा व्यक्त करते हुए इतना ही कहूँगी (सूरदास की पंक्तियों द्वारा)—

अविगत गति कुछ कहत न आवै
ज्यों गूँगे मीठे फल कौ रस
अंतर्गत ही भावै।

क्योंकि अंतर्मुखी स्वभाव की होने के कारण अपने वाक्यों को प्रत्यक्ष नहीं कर पाती। लिखकर ही अपनी श्रद्धा व्यक्त कर सकती हूँ।

अंत में अंबाला आश्रम की अध्यक्ष व प्रबंध न्यासी महामंडलेश्वर स्वामी

नैसर्गिका गिरिजी का आभार प्रकट करती हूँ, जिनका बहुमूल्य सहयोग व मार्गदर्शन मुझे मिला। उनका बहुत-बहुत धन्यवाद व आभार। साथ ही हरिहर के आश्रमवासियों को मेरा कोटि-कोटि प्रणाम।

इस पुस्तक को लिखने में बड़ा सहयोग श्रेष्ठ लेखिका 'इंदिरा गौड़' जी का रहा। स्वामीजी की कथन व स्मृतियों पर आधारित उनकी पुस्तक 'यात्रा अनंत की ओर' का रहा। मैं इसे अपना सौभाग्य ही कहूँगी कि उनसे मिलने का अवसर मिला, परंतु यह दूरगामी न हो सका, समय से पूर्व ही सुश्री इंदिरा गौड़ का असयम निधन हो गया। मेरा मन दुःखी हो उठा, दो बार की मुलाकात ने ही उनकी छवि को प्रशंसनीय बना दिया। इस पुस्तक लेखन में उनके सहयोग की मैं आभारी रहूँगी।

इस पुस्तक को पूर्ण करने में हर पल, हर क्षण जिन्होंने मेरा साथ दिया, वह हैं मेरे पति श्री चंद्र प्रकाश त्रिपाठी, जो मेरे बच्चों डॉ. अनादि प्रकाश त्रिपाठी, डॉ. नेहा त्रिपाठी व डॉ. अनंत प्रकाश त्रिपाठी का सहयोग मुझे हमेशा प्रोत्साहित करता रहा, मेरे जीवन को हँसी-खुशी से भर देनेवाले मेरे नन्हे से पौत्र आरव त्रिपाठी व आर्यन त्रिपाठी मेरे सबसे बड़े मानसिक संबल हैं, जिनकी प्यारी सी हँसी मेरे अस्तित्व में नव-चेतना भर देती है। मेरे मन को प्रफुल्लित कर जाती है।

वर्ष प्रतिपदा, चैत्र शुक्ल एकम्, वि. संवत् 2079
तदनुसार 2 अप्रैल, 2022

—शोभा त्रिपाठी

अनुक्रम

जन्म व प्रारंभिक जीवन

कार्तिक पूर्णिमा की रात चंद्रमा बादलों से ढका था। हलकी बूँदाबाँदी हो रही थी। बुलंदशहर के खुर्जा स्थित एक छोटे से गाँव साबितगढ़ के साधारण ब्राह्मण परिवार में दो महिलाएँ लालटेन की रोशनी में दिखाई दे रही थीं—एक वृद्ध थी तो दूसरी गर्भवती, जो चारपाई पर लेटी प्रसव-पीड़ा से कराह रही थी, वहीं उसकी सास के चेहरे पर चिंता की रेखाएँ स्पष्ट झलक रही थीं। साथ-ही-साथ वह बड़बड़ा भी रही थी, "अभी ही सभी को गंगा-स्नान के लिए जाना था, जबकि पता था कि बहू कभी भी बच्चा जन सकती है। अम्माँ तो है, बस, मुँह उठाया और चल दिए।" उस बड़बड़ाने में भी एक खुशी का अहसास उसके चेहरे पर स्पष्ट दृष्टिगोचर हो रहा था। उन्होंने चूल्हे पर गरम पानी रख दिया और पास से दाई को बुलाने चली गईं।

रात्रि के अंतिम पहर व प्रातः के प्रथम पहर की संधि-वेला में एक बच्चे के रुदन से वातावरण खिल उठा। दाई ने 'लड़का हुआ' कह प्रसन्नता से खिली सास को बच्चा दे दिया। वृद्ध महिला ने बच्चे को दोनों हाथ से उठाकर चंद्रमा की रोशनी में बालक का मुखमंडल देखना चाहा, तभी जैसे चंद्रमा ने खुद ही बालक को देखने के लिए बादलों को चीरकर अपनी चाँदनी बालक पर बिखेर दी। दोनों महिलाएँ बालक के अद्‍भुत तेजोमय मुखमंडल को एकटक देखती रह गईं, तभी सास की गद्‍गद घुड़की, "क्या बहू, बालक को नजर लगाएगी?" बहू ने घबराकर कहा, "नहीं अम्माँ।" दादी ने तुरंत काला टीका बालक को लगा दिया। हँसते हुए बहू से बोली, "ले, पकड़ अपने लाल को।" वह खुशी से झूमती सोहर गाने लगी—

जुग जुग जियो रे ललनवा
कि अयोध्या के भाग जागाल हो¨

गाते-गाते वह भगवान् की इस कृपा के लिए धन्यवाद देने पूजाघर चली गई।

बालक को प्रथम बार अपने सीने से लगाकर माँ धन्य हो गई। मन-ही-मन सोचा कि 'कितना सुंदर मुख है मेरे लाल का, जैसे भगवान् ही बालरूप में मेरी कोख से जनमे हों!' खुशी व ममता से उनकी आँखों से अविरल अश्रुधारा फूट पड़ी, उनके मुख से स्वतः ही निकला—"तुम तो मेरे अशोक हो, जिसके मुख को देखकर कोई भी शोक-मुक्त हो जाए।"

दूसरे दिन गंगा-स्नान से सभी लोग घर लौट आए, बालक के पिता भी।

हर्ष व प्रसन्नता से भरकर माँ से बोले, "अम्माँ देखो, यह तो बहुत दिव्य व सुंदर है, शकुंतला के भरत की तरह।"

अम्माँ—"वही तो!" और वह बालक को दुलारने लगी।

गाँव में जो भी बालक को देखता, उसके तेजोमय आभा से युक्त मुखमंडल को सराहे बिना नहीं रह पाता। बालक अशोक मानो पूरे घर का केंद्रबिंदु बन गया था। बाबा, दादा, भाई, सबकी आँखों का तारा बन गया था।

माँ के तो उसमें जैसे प्राण ही बसते थे। दादी दिन-रात उसको हृष्ट-पुष्ट करने में लगी रहती। भिन्न-भिन्न प्रकार के सुंदर झबले बनाकर बालक को सजाती, फिर अपनी ही नजर लग जाने के डर से माथे के किनारे काजल का टीका लगा देती। बहू सास की इस मनोदशा को देखकर मुसकरा पड़ती। दोनों की छत्रच्छाया में बालक बढ़ने लगा।

वह भी अपनी माँ के पीछे लगा रहता। माँ पूजा करती तो बालक के साथ। बालक में ईश्वर-भक्ति की स्थापना माँ की गोद में ही आरंभ हो गई थी। एक वर्ष का होते-होते माँ ने उसे रामकथा, कृष्णगाथा आदि का ज्ञान रोचक कहानियों के रूप में दे दिया था। दो वर्ष की उम्र में ही बालक की स्मरण-शक्ति इतनी तेज थी कि माँ द्वारा पढ़ी जानेवाली रामायण की चौपाइयाँ उसे कंठस्थ हो गईं। उसके द्वारा कुछ-कुछ तोतली भाषा में गाई रामायण की चौपाई गाँव के लोगों का कौतूहल बढ़ा देते।

एक रात बालक ने माँ से पूछा, "अम्माँ, भगवान् कहाँ रहते हैं ? आप इतनी

पूजा करती हो, फिर भी वह आपको मिलते क्यों नहीं? रामायण में तो भगवान् सबको मिल जाते हैं!" बच्चे के इस प्यारे से प्रश्न पर माँ हँस पड़ी, "बेटा, भगवान् सबको ऐसे ही थोड़े मिलते हैं, उनको पाने के लिए तप करना पड़ता है, जैसे बालक ध्रुव ने किया था।"

बालक—"तो अम्माँ, बालक ध्रुव की कहानी सुनाओ।"

अम्माँ—"एक राजा था, उसकी दो रानियाँ थीं—सुनीति और सुरुचि। सुनीति के ध्रुव नाम का बेटा था और सुरुचि के उत्तम नाम का। राजा छोटी रानी की मनमानियों को चुपचाप सहन करते थे। बड़ी रानी सुनीति शांत स्वभाव की थी। वह बेटे ध्रुव को बहुत प्यार करती थी, दिन-रात उसी की देख-रेख में लगी रहती।

बालक—"बिल्कुल मेरी अम्माँ की तरह।

अम्माँ—"हाँ, और ध्रुव तुम्हारी तरह। (हँसकर)

एक दिन बालक ध्रुव अपने पिता की गोद में बैठा था कि सुरुचि ने उसे खींचकर गोद से उतार दिया। और फिर क्रोध में भरकर बोली, "यह तुम्हारा स्थान नहीं है, यह मेरे उत्तम का है, वही इस गोद का और सिंहासन का अधिकारी है।"

बालक रोता हुआ अपनी माँ के पास पहुँचा और पूरी बात बताई। माँ बोली, "क्या कहूँ बेटा, जैसी भगवान् की इच्छा, अब तो भगवान् ही हमारी मदद कर सकते हैं।"

बालक ध्रुव—"माँ, मैं भगवान् से पूछूँगा कि उन्होंने ऐसा क्यों किया? माँ भगवान् कहाँ मिलेंगे?"

सुनीति ने कहा, "भगवान् तप करने से प्रकट होते हैं।" दूसरे दिन बालक ध्रुव तप के लिए जंगल की ओर चल पड़ा मार्ग में उसे नारद मुनि मिले, उन्होंने बालक की छोटी आयु के लिए समझाया, पर बालक भगवान् से मिलने पर अड़ा रहा। तब मुनि ने उसे 'तप' करने का मंत्र बताया, "ॐ वासुदेवाय नमः।"

बालक ध्रुव ने काफी कठिन तप किया और उस परम पद को प्राप्त किया, जो देवताओं को भी दुर्लभ है।

—"अम्माँ, मुझे भी ध्रुव को देखना है।"

—"बेटा, काफी रात हो गई है, अब सो जा।"

—"नहीं अम्माँ, अभी देखना है।"

अम्माँ बाल हठ के आगे निरुत्तर हो गई, "अच्छा-अच्छा, चलो।"

वह बालक को छत पर लेकर गई और बोली, "जो सबसे ज्यादा चमकने वाला तारा है, वही बालक ध्रुव है।"

बालक स्वाभाविक कौतुहल के साथ—"अच्छा अम्माँ, ध्रुव को भगवान् ने सबसे ऊँचे सिंहासन पर बिठा दिया।"

अम्माँ—"बातों में तो तू मेरा गुरु है, मैं तेरे प्रश्नों का जवाब नहीं दे पाती हूँ बेटा, अच्छा अब सो जा।"

पर उसके मन पर ध्रुव की कहानी गहरे पैठ गई थी। वह बोला—"तो अम्माँ, मैं भी तप करके ध्रुव की तरह बन सकता हूँ।"

अम्माँ ने स्वाभाविकता से बालक को चूमकर कहा, "हाँ मेरे लाल, तू भी तो सबसे अनोखा है। सबसे विलक्षण है।"

पर माँ का यह कथन बालक के मन में घर कर गया। शायद यही उस बालक का प्रथम ज्ञान-बोध था।

वह रोज माँ से ऐसे ही विलक्षण तप और तपस्या की कहानियाँ सुनता—कभी बालक ध्रुव की, कभी भक्त प्रह्लाद की और फिर माँ से घंटों सवाल करता। कहते हैं न कि हर व्यक्ति की प्रथम गुरु उसकी माँ ही होती है। उसी प्रकार यह माँ भी अपने बच्चे के सभी सवालों का बड़ी ही सहजता से जवाब देती और निहाल हो जाती।

वह छोटा सा बालक अपने घर के पूजाघर में ही जाकर तप करने लगा। वह घंटों पूजाघर में बैठा रहता। माँ पूछती तो कहता, "तप कर रहा हूँ।" माँ प्यार से हँसकर उसे गोद में उठा लेती तो मचलकर कहता, "छोड़ो अम्माँ, मुझे तप करने दो।"

मात्र ढाई वर्ष का बालक रामायण को इतने सुंदर ढंग से बाँचता कि लोग चकित रह जाते! बालक की विद्वत्ता पूरे कस्बे में चर्चा का विषय बन गई। बालक अपनी उम्र के हिसाब से बेहद गंभीर था। वह अन्य बालकों की भाँति न

रोता, न चीखता था और न ही जिद करता था। उसकी खेल-खिलौनों में कोई रुचि नहीं थी। वह धार्मिक प्रवचनों में अपनी दादी व माँ के साथ जाता व उन प्रवचनों को आत्मसात् करता।

एक दिन वह माँ से बोला, "माँ घर के पूजाघर में तो आप तप नहीं करने देती हो। मैं भी ध्रुव व भक्त प्रह्लाद की तरह घर के बाहर जाकर तप करना चाहता हूँ।" अम्माँ ने उसे मात्र बाल जिज्ञासा ही समझा, बोली, "तुम अभी बहुत छोटे हो," और फिर अपने कार्यों में व्यस्त हो गई।

लेकिन भगवान् के दर्शन की अभिलाषा बालक में जाग्रत् हो गई थी। वह मात्र ढाई वर्ष की आयु में अपने नन्हे-नन्हे पैरों से पास के मंदिर में जाकर एकांत में एक बड़े से वृक्ष के नीचे तप करने बैठ गया।

'ॐ वासुदेवाय नमः' मंत्र का जाप मंदिर में गूँजने लगा, जो भी बालक का आँख बंद करके मंत्रों का उच्चारण सुनता, ठिठककर खड़ा हो जाता और कौतूहल से बालक को तप करता हुआ देखने लगता। थोड़ी ही देर में वहाँ भीड़ लग गई। छोटा सा गाँव, जहाँ सभी एक-दूसरे को जानते एवं परिवार के सदृश्य रहते थे।

जब काफी देर तक माँ ने अपने पुत्र को नहीं देखा तो हँसकर पूजाघर में गई। वह वहाँ भी नहीं था। कहीं बाहर खेल रहा होगा! तभी घबराए हुए मंदिर के पुजारी बाहर आते हुए दिखे। वह माँ के पास आकर बोले, "बहनजी, जल्दी चलिए, बालक मंदिर में तप कर रहा है।" तभी सभी की तंद्रा भंग हुई। घर के सभी लोग मंदिर की तरफ दौड़ पड़े। वहाँ जाकर सभी ने देखा कि बालक ध्यानमग्न हो तप में लीन था। चारों ओर उमड़ी भीड़ भी उसका ध्यान भंग नहीं कर पा रही थी। तभी माँ ने लपककर बालक को गोद में उठा लिया। बालक ने आँख खोलकर बड़े शांत भाव से कहा, "अम्माँ, मैं तप करना चाहता हूँ। आप मेरे लिए परेशान न हों।"

माँ ने उसे गले लगाकर कहा, "बेटा, अभी तुम बहुत छोटे हो।"

बालक, "तो क्या माँ, जब मैं बड़ा हो जाऊँगा तो आप मुझे नहीं रोकोगी?"

माँ—"हाँ बेटा! बालक ध्रुव ने भी दस वर्ष के पश्चात् ही तप किया था, अभी तुम मात्र ढाई वर्ष के हो।"

बालक—(गोद में मचलते हुए उद्विग्न स्वर में) "अम्माँ, शपथपूर्वक कहो, जब मैं बड़ा हो जाऊँगा तो आप मुझे तप करने से नहीं रोकोगी।"

माँ—"मैं शपथपूर्वक कहती हूँ कि तेरे तप के साथ ही मेरी तपस्या भी शुरू हो जाएगी।"

माँ के इन गहन शब्दों को बालक नहीं समझ पाया।

इस घटना के उपरांत माँ उसका ज्यादा-से-ज्यादा ध्यान रखने लगी। उसे थोड़ी देर के लिए भी अपनी आँखों से ओझल न होने देती। उसे हर समय एक भय सा लगा रहता कि फिर कहीं वह बाल हठी वैरागी घर छोड़कर न चला जाए! पूरा घर उस प्रभु के अन्यन्य भक्त को निगरानी में रखने लगा। इससे वह और परेशान हो उठा। वह एक दिन परेशान होकर आखिर अपने भाई से पूछ ही बैठा—

"तुम लोग क्यों मेरे पीछे लगे रहते हो।"

"क्योंकि फिर कहीं न चले जाओ।"

"एक दिन तो मुझे जाना ही है। मुझे कोई नहीं रोक सकता।"

भाई कुछ न समझकर चला गया।

वह माँ के साथ घर तो लौट आया, पर बहुत शांत रहने लगा।

जब माँ ने पूछा, "क्या बात है बेटा, अब तो तू मुझसे कहानी भी नहीं सुनता? बोल तो बेटा, इतना गुमसुम क्यों रहने लगा है?"

बालक—"माँ, आपने मुझे तप करने से क्यों रोक दिया? बालक ध्रुव की कहानी सुनाती हो और मुझे तप करने से रोकती हो!"

माँ—"तू अभी बहुत छोटा है, जब बड़ा हो जाए, तब तप कर लेना!"

प्रभु भक्त बालक—(उत्साहित होकर) "ठीक है अम्माँ, जानती हो, मैं पहले भी साधु था, तब भी मैं पूजा-पाठ में ही लगा रहता था। अम्माँ, मैं वहीं जाना चाहता हूँ, वहाँ मेरा आश्रम था, बहुत से संन्यासी व भक्त थे। जब मैं थोड़ा बड़ा हो जाऊँगा तो वहीं चला जाऊँगा।"

माँ चकित सी बालक को देखती रही, फिर घबराकर अपनी सास के पास भागी।

"अम्माजी, देखो, मेरे बचवा को क्या हो गया है, कैसी बहकी-बहकी बातें

कर रहा है?" फिर क्या था, पूरा घर उनके चारों ओर जमा हो गया।

पिता—"क्या बात है बेटा, कैसी बात कर रहे हो?

बालक—"कुछ नहीं पिताजी, मैं माँ को बता रहा था, मैं पहले से ही साधु हूँ, संन्यासी हूँ।"

माँ—(हैरानी से) "और भी कुछ कह रहा था कि मैं फिर से वहीं चला जाऊँगा।"

दादी—"पूर्व जन्म की बात है। उसको पिछले जन्म की याद है।"

यह बात आग की तरह पूरे गाँव में फैल गई। फिर क्या था, न जाने कितने टोटके बालक पर आजमाए गए। कभी कोई झाड़-फूँक के लिए आता तो कभी नीम के पत्तों को सिर पर घुमाया जाता, मंदिर-आश्रम, सब जगह माँ और दादी मन्नत माँग आईं।

फिर एक पुजारी ने बताया कि बालक को कुम्हार के चाक से बाँधकर चक्का उलटा घूमा दो तो पिछले जन्म की यादें बालक के दिमाग से उतर जाएँगी।

परेशान पिता व घरवाले बालक को गोद में लेकर दुलारती माँ, सारे प्रबंध को सँभालती दादी, पूरे गाँव के हुजूम के साथ कुम्हार के पास पहुँचे। बालक को चक्के पर लिटाकर कुम्हार ने चक्के को सात बार उलटा घुमाया और फिर वे बालक को घर ले आए।

नन्हे से समझदार, उस नन्हे प्रभु प्रेमी ने समझ लिया कि उनके पूर्व जन्म की बातों को कोई नहीं समझ पाएगा, अतः चुप रहने में ही समझदारी है, पर सभी घरवाले व गाँववालों ने इसे कुम्हार के चक्के का चमत्कार माना।

पर इस घटना के पश्चात् वह स्वयं तक ही सीमित रहने लगा। पर ईश्वर-प्राप्ति की जिज्ञासा और बढ़ गई। वह पुजारी व गाँव के अन्य लोगों से बात करता, पर संतुष्ट उत्तर उसे न मिलता। बालक अपनी दादी के साथ प्रवचनों में जाने लगा। उनमें एक हरिहर बाबा थे, जिनका प्रायः ही उनके गाँव व घर में निवास भी रहता। दादी की धर्म के प्रति असीम आस्था के कारण घर में प्रायः 'श्रीमद्भागवत' व अखंड रामायण का पाठ होता रहता था।

हरिहर बावा ने कदाचित् बालक का भविष्य पढ़ लिया था। वे उनसे बहुत स्नेह करते। दिन, मास, वर्ष व्यतीत हो रहे थे। छोटी अवस्था में ही उसे साहित्य

से अनुराग हो गया था, तभी उसे कहानियों के पठन-पाठन में अभिरुचि जाग्रत् हुई। उसने कुछ कहानियाँ स्वयं भी लिखीं। रचनाधार्मिता की सहजता व प्राकृतिक संरचना उसे प्रकृति के आसपास रहनेवाले लोगों से प्राप्त होती। उसे कुम्हार के चाक व बढ़ई की छेनी-हथौड़ी की ठक-ठक में संगीत सा प्रतीत होता। वह कुम्हार के घूमते चाक को अपलक देखता रहता व मिट्टी से भिन्न-भिन्न आकारों के बरतन बनाते देखता तो आश्चर्यचकित रह जाता और खुद भी कुम्हार से प्रार्थना करके बरतन बनाना सीखा। नित नई-नई विधा सीखना उसकी जिज्ञासा को पूर्ण करता। वह सोचता कि ईश्वर और कुम्हार में कितनी समानता है! वह माँ से आकर पूछता कि "माँ, मैं कहाँ से आया, मुझे किसने बनाया?" तो माँ बालक की जिज्ञासा यह कहकर शांत कर देती, "हम सबको और तुझे भी ईश्वर ने बनाया," तभी उसे बरतन बनाते कुम्हार की स्मृति हो जाती कि जिस प्रकार कुम्हार अपने हथेलियों और अंगुलियों के कौशल से चाक को घुमाकर मिट्टी को अलग आकार दे रहा होता है, उसी प्रकार भगवान् भी अपने भक्तों को विभिन्न आकार-प्रकार व स्वभाव से निर्मित करता है।

जब वह सातवीं कक्षा में था, तब सुयोग से उसे वक्ता होने का सुअवसर नियति ने सहज ही प्रदान किया—

"विद्यालय के प्रांगण में प्रार्थना के पश्चात् 'एसेंबली' में प्रतिदिन उसे दस मिनट का समय दिया जाता, जिससे रेडियो में सुने या अखबार में पढ़े भिन्न-भिन्न विषयों पर अपना विचार प्रकट करना होता। इस कारण वह हर सामाजिक गतिविधियों व विषयों का मंथन करता, फिर उसको विद्यालय में बाँचता। उसका दिया गया विचारोत्तेजक कथन आज भी विद्यालय में कहा-सुना जाता है। जिसका समावेश कुछ इस तरह है—

"वास्तविक रूप से शिक्षण उस समय आरंभ होता है, जब व्यक्ति शिक्षा के बाह्य साधनों के साथ अपने को संयुक्त कर देना आरंभ करता है। सहभागी बनता है और अनुभव करने लगता है। यदि ऐसा नहीं किया जाता तो आनंद परिपूर्णता आदि शब्द केवल पुस्तकीय रह जाएँगे। इनका व्यावहारिक जीवन में कोई उपयोग नहीं होगा। हम केवल शब्दों की वर्तनी जानते हैं, उनके अर्थों को नहीं। यह दुर्भाग्य है कि मनुष्य के अंदर समस्त प्रकार के शक्तिस्रोत स्थित हैं,

परंतु फिर भी वह ज्ञान और विवके की उत्कृष्ट अवस्था को नहीं प्राप्त कर पाता। यदि व्यक्ति अपने प्रत्यक्ष अनुभव के द्वारा स्वयं शिक्षण प्राप्त नहीं कर पाता तो वह सदा दूसरों के अभिमतों पर आश्रित रहेगा।

"शिक्षा का वास्तविक उद्‌देश्य मानव की अंतर्निहित विशेषता को अभिव्यक्त करना है। ज्ञान मानव में स्वभाव सिद्ध है। कोई भी ज्ञान बाहर से नहीं आता, सब अंदर है। इस ज्ञान के प्रकटीकरण में जो उद्यत हो, वही शिक्षार्थी है और जो इस प्रक्रिया में सहायक हो, उसे शिक्षक कहा गया है। प्राचीन भारत की वैदिक शिक्षा प्रणाली का अध्ययन करने से इन्हीं विचारों की पुष्टि होती है, समय के उलट-फेर व विदेशी प्रभाव के चलते सबकुछ उलटा हो गया है।

"आज शिक्षा स्वाभाविक विकास क्रम न रहकर विभिन्न जानकारियों के ढेर समेटने के रूप में परिणत हो गई है। इन जानकारियों को जबरन मस्तिष्क में ठूँस देने को सार्थकता माना जा रहा है। वस्तुतः कूड़े के ढेर की तरह दिमाग में इकट्‌ठा कर लेना सार्थकता नहीं माना जा सकता। यहाँ पर व्यक्ति की कुशलता व अभिरुचि को जाँचने के पश्चात् ही शिक्षण को अर्हता देनी चाहिए, जो शिक्षार्थी के जीवन निर्माण, व्यक्तित्व निर्माण, चरित्र-निर्माण में सहायक हो सके।

"आज विद्यालय के वातावरण को देखने से शिक्षक व शिक्षार्थी दोनों की मनःस्थितियाँ प्रकट हो जाती हैं। इन दोनों का रहन-सहन व बातचीत यह स्पष्ट कर देती है कि वह किस तरह की शिक्षा की गरिमा के अनुकूल है। इन प्रश्नों का चिंतन करने से यही स्पष्ट होता है कि धर्म व नैतिकता का अभाव ही इस स्थिति का कारण है। इसके उपयुक्त समावेश से स्थिति सुधर सकती है। शिक्षक राष्ट्ररूपी मंदिर के कुशल शिल्पी हैं और शिक्षार्थी अनगढ़ मिट्‌टी के समान। विद्यालय इनको मजबूत ईंटों में ढालनेवाली टकसाल के समान है। अतः शिक्षा व विद्या में सार्थक समन्वय जरूरी है।"

"जानकारी का भ्रम होना शिक्षा नहीं, अज्ञानता है। कुछ लोग अज्ञानता को ही एकत्र करते रहते हैं। व्यावहारिक बुद्धि के बगैर शिक्षा व ज्ञान का कोई महत्त्व नहीं। हम लोग पाँच इंद्रियों के साथ पैदा होते हैं—छूना, स्वाद लेना, देखना, सुनना व सूँघना, लेकिन कामयाब लोगों के साथ छठी ज्ञानेंद्रिय भी होती है, जिसे व्यावहारिक ज्ञानेंद्री भी कहते हैं। व्यावहारिक बुद्धि के बिना अच्छी-से-अच्छी

शिक्षा भी किसी काम की नहीं। भरपूर व्यावहारिक बुद्धि का होना ही बुद्धिमानी कहलाती है।"

छोटी सी बाल्यावस्था में दिया गया उनका यह उद्‌बोधन सभी को आश्चर्यचकित कर गया और गुरुजन भी उनकी विद्वत्ता के प्रशंसक हो गए। खाली समय में जब अन्य बालक खेल-कूद में ज्यादा व्यस्त रहते, वह जिज्ञासु बालक साबितगढ़ के आसपास स्थित मंदिरों में जाता और वहाँ की स्थापत्य कला व प्राचीन इतिहास जानने का प्रयास करता। एक दिन वह भगवत प्रसाद के देवीपुरा के प्राचीन मंदिर में गया। वहाँ पर मंदिर के निर्माण की एक कहानी प्रचलित थी कि किस प्रकार एक संन्यासी ने तत्कालीन शासक को अपनी भक्ति व योग विद्या से चमत्कृत कर उसे स्वयं आश्रम में आने को बाध्य किया और अपनी तीन शर्तों के द्वारा देवी मंदिर, शिव मंदिर व तीसरी शर्त पर काली मंदिर बनवाया। आसपास कई अन्य प्राचीन मंदिर भी स्थित हैं। अनूपशहर में रुक्मणी-कृष्ण मंदिर है, जो प्राचीन धरोहर लिये हुए है। एक और अति प्राचीन मंदिर है, जो बहुत प्रसिद्ध व मान्यता प्राप्त है—श्री सर्वमंगला भवानी का वलोन माता मंदिर, जो सती माता व पार्वती माता का संयुक्त मंगलाकारी दर्शन कराती है। बालक इसी प्रकार लोगों से मिलता व अपना ज्ञानवर्धन करता। छोटी सी आयु में बालक ने कई धर्मग्रंथों का अध्ययन किया। बालक में ज्ञान-पिपासा इतनी ज्यादा थी कि घर के समीप ही एक मुसलिम परिवार रहता था। जिज्ञासावश मुसलिम धर्मग्रंथों का भी अध्ययन किया। संस्कृत के क्लिष्ट श्लोकों का पाठ वह बहुत सही व सहजता से करता। पूरा गाँव क्या, पूरा शहर बालक की अद्‌भुत क्षमता से चमत्कृत था। पूरे गाँव में बालक की अलौकिक क्षमता का विषय बन गया था।

पिता बालक की विशिष्टता को पहचान चुके थे। वह जान गए थे कि पुत्र के रूप में एक देवतुल्य बालक ने जन्म लिया है, फिर क्या बालक का व्यक्तित्व अपनी उम्र के साथ और भी निखरने लगा। आँखों में अत्यक्त चुंबकीय शक्ति बरबस ही लोगों को अपनी ओर आकर्षित कर लेती। अपूर्व आभामंडल से युक्त धीर-गंभीर चेहरा अनायास ही लोगों में श्रद्धा जाग्रत् कर देता, वाणी का माधुर्य लोगों के दिल में उतर जाता। वचन व प्रवचन की ऐसी शक्ति थी जो लोगों के हुजूम को भी मंत्रमुग्ध कर देती।

बीते समय के साथ-साथ वह भक्त बालक की भक्ति साधना व ज्ञान-बिपासा भी बढ़ने लगी। युवा हो रहे बालक का मन सांसारिक मोह-माया में नहीं लगता। जहाँ अन्य बालक खेल-कूद में लगे रहते, वहीं बालक आश्रम में जाकर धार्मिक ग्रंथों का अध्ययन करता व कुछ-न-कुछ लिखता रहता, जैसे—

"प्रेम हमारी साधना है
प्रेम हमारा पंथ है
जो भरा है प्रेम से
वही हमारा संत है
जो भरा है…
प्रेम मंदिर, प्रेम मूरत
प्रेम ही भगवान् है
प्रेम ही की थाल में
पूजा का सब सामान है।
प्रेम की महिमा सनातन,
आदि है, न अंत है।
जो भरा है…
प्रेम हो या वीर वाणी
रामायण या गीता हो
वह न समझेगा इसे
जो घर प्रेम से रीता हो
प्रेम का जो सच्चा पाठ पढ़ाए
वो ही सच्चा ग्रंथ है।
जो भरा है प्रेम….
प्रेम के जो गीत गाते,
मजहब से भी झूठे हैं
धर्म के नाम पर
आपस में क्यों रूठे हैं?

घृणा का पतझड़ झड़ जाए
खिलता प्रेम वसंत है।
जो भरा है प्रेम से
वही हमारा संत है।

उनका अपने से परिचय, जब वह नौवीं कक्षा में थे, जब वह एक बार हमेशा की तरह गरमियों की छुट्टियों में क्षेत्र के ही एक आश्रम में आध्यात्मिक अध्ययन व योग शिक्षा के लिए जाने लगा, वह वहाँ इतना रम जाता है कि रात्रि का विश्राम भी नहीं करता। इस आश्रम के गुरु साधक व तपस्वी थे। वह प्रायः मौन व्रत ही धारण करते थे।

एक असाधारण घटना ने असाधारण बालक के जीवन का अद्‌भुत मार्ग प्रशस्त कर दिया। एक दिन जब वह आश्रम में ही रात्रि विश्राम कर रहा था तो मध्य रात्रि में जल ग्रहण करने की इच्छा के साथ वह उठा और जल का पात्र लेकर जल लेने कक्ष के बाहर निकला, तभी उसे गुरुजी के कक्ष में रोशनी दिखाई दी। उसने सोचा कि शायद गुरुजी इतनी रात्रि में कोई साधना कर रहे हैं। वह जल लेना भूलकर कौतूहलवश उस ओर खिंचा चला गया। गुरुजी के कक्ष का द्वार थोड़ा सा खुला हुआ था। अंदर दृष्टि पड़ते ही वह विस्मृत सा खड़ा रह गया। साधना में लीन गुरुजी जमीन से लगभग एक फीट ऊपर हवा में थे। वह मंत्रमुग्ध सा खड़ा साधना में लीन गुरुजी को देखता रहा। तभी पार्श्व से एक आवाज आई, 'ऐ, तुम यहाँ कैसे खड़े हो, क्या तुम्हें पता नहीं कि साधना में लीन गुरुजी के कक्ष तक बिना गुरुजी की अनुमति के आना वर्जित है?' तब भी वह एकटक गुरुजी को ही देखे जा रहा था।

शिष्य ने झकझोरकर बालक की तंद्रा भंग की।

'मैं, मैं तो मात्र जल लेने के लिए···' तभी एक ओजपूर्ण वाणी ने सबको स्थिर कर दिया।

"इस बालक ने कोई नियम भंग नहीं किया, क्योंकि यह बालक असाधारण है। यह बड़ा होकर खुद भी एक महान् साधु बनने जा रहा है, जो अध्यात्म का एक नवयुग आरंभ करेगा।"

गुरुजी की इस भविष्यवाणी ने सभी आश्रमवासियों को आश्चर्यचकित कर दिया।

यह बात बालक के गाँव साबितगढ़ भी पहुँची।

पिता महावीर प्रसाद शर्मा पूर्णतया आश्वस्त हो गए कि उनके यहाँ एक विलक्षण आत्मा ने जन्म लिया है। वह अपने उस असाधारण देव छविवाले पुत्र का समर्थन करने लगे और उसकी क्रियाओं में हस्तक्षेप न करने का निर्णय कर लिया। घर के अन्य सदस्यों ने भी जान लिया कि वह एक विलक्षण प्रतिभा का धनी है; पर यही विलक्षता माँ की अकुलाहट में वृद्धि कर देती। वह जितनी भी बार लोगों से अपने चमत्कारिक व विलक्षण पुत्र की प्रशंसा सुनती, गर्व के साथ-साथ एक बेचैनी भी उसे घेर लेती।

पिताजी माँ को समझाते, "तुम कितनी भाग्यशाली हो, जो पुत्र के रूप में एक अद्‍भुत बच्चा हमारे घर जनमा है! एक दिन अपना यही बेटा पूरे गाँव ही नहीं, देश का भी एक जाना-माना चेहरा बनेगा।" प्रत्युत्तर में ममता की मारी माँ कहती, "आप क्या जानो माँ का दर्द! हर माँ अपने बच्चे को अपने आसपास ही देखना चाहती है। आप नहीं समझ पाओगे, आपके पास माँ का दृष्टिकोण जो नहीं है।" यह कहकर वह वहाँ से चली जाती। फिर माँ पुत्र के सांसारिक विरक्ति के भय से भयभीत रहने लगी। एक अव्यक्त चिंता उन्हें घेरे रहती। अपनी माँ को परेशान देख। वह माँ को समझाने का प्रयास करते पर माँ की भरी आँखें उसे निरुत्तर कर देतीं। वह समझ गया था कि एक औरत के हृदय को समझाना आसान नहीं होता, उस पर भी माँ, जो ईश्वर का ही दूसरा रूप होती है। एक माँ और बच्चे का एक अनूठा संसार है। माँ जल्द-से-जल्द अपने बेटे को इन सबसे दूर करना चाहती थी। वह माँ की बात सुनकर परेशान हो जाता, पर माँ के चेहरे पर छाई ममतामयी चिंता उसको माँ के प्रति नतमस्तक कर देती और वह हमेशा की तरह अपनी अभिव्यक्ति पन्नों पर दर्ज कर देता। माँ के स्वरूप का वर्णन, "माँ अपनी संतान से कितना स्नेह कर सकती है। माँ ममतामयी है, माँ जीवनदायिनी है। पुत्र कुपुत्र हो सकता है, माता कुमाता नहीं हो सकती। माँ का प्रेम निस्स्वार्थ होता है। बच्चों की सेवा करते हुए कोई माँ यह नहीं सोचती कि बड़े होकर बच्चे उपकारों का बदला चुकाएँगे। नारी माँ के रूप में ही सबसे महान् है। इस रूप

में स्नेह, वात्सल्य, त्याग, ममता आदि अपने चरम पर होते हैं। वह अपने बच्चों पर अपना सर्वस्व न्योछावर कर देती है। वह अपनी सभी पीड़ाएँ बच्चों की एक मुसकान देखकर भूल जाती है। माँ केवल देना जानती है, वह कुछ पाने की अपेक्षा नहीं रखती।"

'तैत्तिरीय ब्राह्मण' में 'मातृदेवो भवः' कहकर माँ की देवता की भाँति पूजा करने का आदेश है। 'शतपथ ब्राह्मण' में माता को सबसे पहला गुरु माना गया है। भारतीय संस्कृति में मातृरूपा नारी को सर्वोच्च स्थान दिया गया है। माता के रूप में नारी हमारी रक्षक, मित्र और गुरु के रूप में हमारे लिए शुभ कार्यों की प्रेरक है।

'त्वमेव माता च पिता त्वमेव' कहकर माता के रूप में ईश्वर की वंदना की गई है। माता को स्वर्ग से भी श्रेष्ठ बतानेवाली उक्ति—

"जननी जन्मभूमिश्च
स्वर्गादपि गरीयसी"

सभी आदर्श रूप माता में ही पाए गए हैं, जैसे विद्या का आदर्श सरस्वती में धन का लक्ष्मी में, पराक्रम का दुर्गा में, सौंदर्य का रति में और पवित्रता का गंगा में लेकिन सबसे ऊपर जन्मदायिनी माँ का स्थान है।

प्रातः उठते ही वह माँ के पास पहुँच गया और उस पर माँ के मुख पर उभरी ममता देखकर 'अम्माँ भूख लगी है' उसका इतना कहना ही माँ की तत्परता में वृद्धि कर देता है, वह तुरंत उसकी पसंद का नाश्ता बनाने लगती, चेहरे पर छाई ममतापूर्ण संतुष्टि को वह किंचित् मुसकराकर एकटक देखते रहते। उसको इस तरह देखकर माँ स्नेहपूर्वक पूछतीं, "क्या बात है बेटा ?" वह 'कुछ नहीं' कहकर चुपचाप माँ को नमन करते हैं और अपने हृदय के उद्गार मन में उभरने लगे—माँ हार जाना चाहती है अपनी संतानों से, हर हार में वह परम सुख का अनुभव करती है। वह अपने बच्चे के लिए किए गए हर कार्य में सुख का अनुभव करती है। 'माँ' को जन्म से ही माँ की ममता प्राप्त है, जो देवताओं को भी नहीं प्राप्त है। माँ शब्द एकाकी होते हुए भी संपूर्ण है।

तेजोमय प्रखर बुद्धिधारी ने अपनी अग्रिम शिक्षा के लिए पिताजी से दिल्ली जाने की अनुमति माँगी। पिता की आज्ञा के बाद वह दिल्ली रवाना हो गया। दिल्ली की आपा-धापी भरी तेज रफ्तार में वह स्वयं को ढाल नहीं पा रहा था। गाँव की

सादगी व स्वच्छ वातावरण तथा अपनत्व और कहाँ दिल्ली की दिखावटी व आडंबरपूर्ण दुनिया! उसे गाँव बहुत याद आता, जो सबसे ज्यादा व्यथित करता था, वह था माँ का स्नेह व दादी का लाड़-प्यार। वह माँ के प्यार से बना खाना, स्वादिष्ट व्यंजनों से थाल का भर जाना, वह गाँव की भीड़ रहित पगडंडियों व मंदिर के घंटे की ध्वनि। गाँव की चौपाल पर बड़ों का वह प्यार व आशीर्वाद। कहते हैं कि समय सब स्मृतियों को धुँधला कर देता है। उसने दिल्ली कॉलेज में प्रवेश लिया, स्वयं ही हर कार्य को करना पड़ता था। विद्यालय की व्यस्त जिंदगी व पढ़ने की अद्‌भुत लगन ने उन्हें वहाँ सामंजस्य स्थापित करना सिखा दिया। धीरे-धीरे वह दिल्ली के वातावरण में स्वयं को ढालने का प्रयास करने लगे।

वह दिल्ली में एक ब्राह्मण पुजारी के यहाँ रहने लगा। वह पुजारी कर्मकांडी विद्वान् थे और धार्मिक पूजा-अर्चना को पूर्ण कराते थे।

शनैः-शनैः उसने विद्यालय में अपनी विद्वत्ता से एक पहचान बना ली। कॉलेज में वह एक प्रखर विद्यार्थी के रूप में जाना जाने लगा। कॉलेज के विद्यार्थियों से नितांत अलग वह अपने में ही खोया रहता। अध्ययनरत बालक अपनी विद्वत्ता व सहज वक्ता के कारण सभी का प्रिय पात्र बन गया। जब वह कुछ भी बोलता, उसकी तर्क संगत बातों से विद्यार्थी तो विद्यार्थी, शिक्षक भी मंत्रमुग्ध श्रोता बन जाते। यहीं से उसकी लेखनी का परिमार्जन भी आरंभ हुआ। वह अपनी भावनाएँ कविता व लेख के माध्यम से व्यक्त करने लगा। साथ-ही-साथ उनका पाठ भी मधुर गायन के साथ करता तो श्रोताओं का जमावड़ा विद्यालय में लग जाता। विद्यालय में ही उसके बहुत सारे प्रशंसक बन गए।

वहीं दूसरी तरफ जहाँ वह पुजारीजी के साथ रहता था, तो पुजारीजी से वह कर्मकांड की शिक्षा भी लेने लगा और सहायक के रूप में धार्मिक अनुष्ठानों में सक्रिय रूप से भाग लेता। वहाँ ही उसने सत्यनारायण कथा, धार्मिक कर्मकांड को विधिवत् सीखा। पुजारीजी अपने इस शिष्य पर बहुत स्नेह रखते। वह यदा-कदा अपने साथ अपने नव शिष्य को भी अपने जजमानों के यहाँ ले जाने लगे। जब वहाँ बालक किसी विषय पर बोलता तो लोग उनके वचनों में खो से जाते। जल्द ही धार्मिक प्रार्थना सभाओं में युवा धार्मिक वक्ता के रूप में उन्हें प्रसिद्धि मिलने लगी।

यही नहीं, कभी-कभी उसकी बाल सुलभ क्रीड़ाएँ उसकी व्यावहारिकता को प्रदर्शित करतीं, आखिर थे तो वह बालक ही।

दिल्ली की आपा-धापी भरी जिंदगी उन्हें रास नहीं आ रही थी। इस बीच उनके कुछ मित्र भी बन गए थे। एक साइकिल मिलने पर वह बहुत प्रसन्न हुए। एक ही साइकिल पर दो-तीन मित्र बैठकर दिल्ली के रास्तों से अपनी पहचान बनाने का प्रयास कर रहे थे। बहुत सीमा तक उन्हें इसमें सफलता भी मिली। नित नए रास्ते पर साइकिल चलाते नए रास्ते खोजते हुए, फिर अंत में हनुमान मंदिर में दर्शन कर प्रसाद खाकर लौट आते, बस एक ही बात मन को पीड़ा पहुँचाती थी कि मित्रों में सबसे छोटा होने के कारण उन्हें साइकिल चलाने को नहीं दी जाती थी। कभी-कभी ऐसा होता कि मित्र साइकिल चलाते-चलाते थक जाते तो हनुमान मंदिर पर उसे साइकिल का हैंडल थमा देते, उस दिन खुशी का परवाह नहीं होता। पीछे बैठना और साइकिल चलाने का अनुभव कुछ और ही होता। जिस दिन साइकिल का हैंडल उसके पास आता, उस दिन पैडल पर पैर मारते, वह अपने को किसी शहंशाह से कम नहीं समझते। अब तक दिल्ली ने उन्हें और उन्होंने दिल्ली को आत्मसात् कर लिया था। सन् 1975 में बाढ़ ने बुलंदशहर के कई गाँवों को अपनी दहशत से दहला दिया। तब बालक की नेतृत्व क्षमता ने विद्यार्थियों को संगठित किया और गाँव के लोगों को शिविर में ठहराया तथा उनकी सेवा में लगे रहे। उनकी मृदु वाणी लोगों को ढाँढ़स देती और उनका दुःख दूर करने में मदद करती। यहाँ तक कि स्वयं अर्जित की गई धनराशि भी उन्होंने बाढ़ पीड़ितों की सेवा में लगा दी। उनकी यह सहृदयता उनके साथियों व सहपाठियों के लिए प्रेरण का स्रोत बनी और कई अन्य लोग भी उनके साथ आ जुड़े।

धीरे-धीरे उनकी विचारशीलता उन्हें किसी विषय-वस्तु पर भी विचारशील बनाती। शिक्षा की उस समय प्रचलित व्यवस्था उन्हें कम रास आता। वह मानते थे कि प्राचीन विद्या पद्धति मैं विद्यार्थी अपनी शिक्षा के लिए स्वयं धनार्जन करते तथा स्वयं अपना व्यय प्रबंध करते तथा स्वयं पर निर्भर रहना उन्हें प्रिय था। पुजारीजी के तो वह अत्यंत प्रिय पात्र थे। एक बार कॉलेज के प्रिंसिपल ने पुजारीजी को धार्मिक अनुष्ठान के लिए अपने घर में बुलाया। अत्यंत व्यस्त होने

के कारण पुजारीजी ने बाल कथा वाचक को प्रिंसिपल के घर भेज दिया। जब वह कुछ असमंजस में प्रिंसिपल के घर पहुँचे तो एक बाल युवा पुजारी को अपने सामने देखकर उन्होंने पूछा, "पुजारीजी कहाँ है?" वह कुछ सकुचाकर कहा, "जी, उन्होंने धार्मिक अनुष्ठान के लिए मुझे भेजा है।"

प्रिंसिपल किंचित् क्रोध से बोले, "क्या आप पूजा पूरे विधि-विधान के अनुसार करेंगे?" तो बाल पुजारी ने उन्हें आश्वस्त करते हुए कहा, "आप किंचित् भी संदेह न करें, पहले मुझे पूजा की अनुमति प्रदान करें।" तभी प्रिंसिपल की सहधर्मिणी ने कहा, "ठीक है, आप पूजा का आयोजन करें।"

युवा पुजारी ने अनुष्ठान को संपूर्ण विधि-विधान, ज्ञान व स्पष्ट श्लोक के साथ अपने धार्मिक ज्ञान का एक अनूठा प्रभाव प्रिंसिपल के मन-मस्तिष्क पर अंकित कर दिया। प्राचार्य बहुत खुश हुए। उन्हें दक्षिणा की पेशकश की, यह उनकी स्वतंत्र रूप से की गई अनुष्ठान की पहली दक्षिणा थी, फिर तो वह एक विद्वान् युवा पुजारी के रूप में प्रसिद्ध हो गए। एक ज्ञान-आतुर विद्यार्थी, एक स्पष्ट वक्ता, एक कुशल व मृदु सहपाठी और एक कर्मकांडी पंडित तथा एक बाल युवा का बहुआयामी व्यक्तित्व। उनके दिए गए विचार-प्रेरक उद्घोष प्रेरणा का स्रोत बन जाते। कॉलेज में प्राय: वह डिबेट में भाग लेते। सफलता पर दिया गया उनका एक वक्तव्य है—सफलता प्राप्त करने का मूल-मंत्र क्या है?

"सफलता का एक ही मंत्र है—समर्पण। सफलता के तीन मंत्र हैं—प्रथम ज्ञानार्जन, यानी सर्वप्रथम ज्ञान अर्जित करो, द्वितीय—धनार्जनम्—ज्ञान द्वारा प्राप्त धन का अर्जन करो, तृतीय—पुण्यार्जनम्—ज्ञान द्वारा प्राप्त धन से पुण्य अर्जित करो। हर व्यक्ति जीवन में सफल होना चाहता है। इसके लिए वह जीवन भर प्रयत्न करता है। सफलता जीवन का ऐसा तत्त्व है, जिस पर आज सबकी निगाहें टिकी हुई हैं। हर कोई जिंदगी में उस मुकाम पर पहुँच जाना चाहता है, जहाँ उसे सफल व्यक्ति कहा जा सके। प्रतिस्पर्धा की दौड़ में हर व्यक्ति एक-दूसरे से आगे निकल जाना चाहता है। सफलता की होड़ उन लोगों के लिए नशा है, जो जीने का सही अर्थ नहीं समझते और सिर्फ भीड़ का हिस्सा बनकर रह जाते हैं। बिना उद्‌देश्य के जीवन का हर बीतता क्षण एक बोझ बन जाता है। आँखों में सँजोए सपने जब पूरे नहीं होते तो भीतर-ही-भीतर उन्हें कुछ टूटता सा प्रतीत होता है।

किसी भी क्षेत्र में क्या हर व्यक्ति को सफलता मिल जाती है ? शायद नहीं। फिर क्या कारण है कि कोई सफलता के सोपानों को तय कर शिखर पर पहुँच जाता है तो कोई नीचे रह जाता है ?

"यदि तुम जीवन में सफलता पाना चाहते हो तो धैर्य को अपना घनिष्ठ मित्र, अनुभव को अपना बुद्धिमान परामर्शदाता और सावधानी को अपना बड़ा भाई बना लो और आशा को अपनी संरक्षक प्रतिभा। ठीक इसके विपरीत, असफल व्यक्ति दिवास्वप्न में ही अपने दिन गुजार देते हैं। काम के प्रति समर्पण व लगन का भाव उनमें नहीं होता। वे लोग कोई प्रयास नहीं करते।

"वे लोग अपनी कमियों और क्षमताओं का आकलन ही सही-सही नहीं करते, बाद में दूसरों पर या फिर अन्य कारणों पर अपनी असफलता का दोषारोपण करते रहते हैं। वस्तुतः अपनी गिनती सफल व्यक्तियों में करवाने के लिए अपने जीवन में कुछ बदलावों को अपनाकर ही सफल हो सकते हैं। महान् उपलब्धियों को हासिल करने के लिए हमें सिर्फ कर्म ही नहीं करना चाहिए, अपितु विश्वास भी करना चाहिए। सफल होने का सपना देखने से पहले आपको अपने लक्ष्य का चुनाव भी कर लेना चाहिए। एक निर्धारित व निश्चित लक्ष्य का चयन आपको उस दिशा में सोचने के लिए प्रेरित करेगा।

"इसीलिए तो कहा गया है। कि हर दिन एक नई सफलता लेकर आता है। वह हमारा द्वार खटखटाता है, हम उसके स्वागत के लिए स्वयं को तैयार करें और सफलता प्राप्त करें, यानी सबसे पहले योग्य बनो, बाद में सफलता की कामना करो। जो अपने जीवन में प्रगति चाहते हैं, उनके लिए जरूरी है कि शॉर्टकट तरीकों से बचें। शॉर्टकट से अगर सफलता मिल भी जाए तो वह सफलता क्षणिक होती है। साथ ही इसके दूरगामी परिणाम हानिकारक होते हैं। किसी भी कार्य के आरंभ में अवरोधों का सामना करना होता है। जो इससे विचलित हो जाते हैं, वह अपने लक्ष्य में सफल नहीं होते हैं। जो धीरज से आगे बढ़ते हैं, वे उन अवरोधों का निराकरण खोजने में सफल हो जाते हैं।"

कॉलेज में ध्यानमग्न होकर दिया गया उनका यह वक्तव्य शिक्षक व विद्यार्थियों के लिए प्रेरणा का स्रोत बन गया।

शनैः-शनैः वह एक प्रखर वक्ता के रूप में लोग माने-जाने लगे व अनेक

शिक्षण संस्थाएँ उन्हें अपने यहाँ आमंत्रित करने लगीं। वह एक विद्वानवक्ता के रूप में नित्य नए सामाजिक विषयों पर अपने सटीक व्यक्तव्य देते व प्रशंसा के पात्र बनते। फिर पुजारीजी के साथ धार्मिक प्रवचनों पर भी जाते। सामाजिक व धार्मिक विषयों पर उनकी समानांतर पकड़ थी। उनकी विद्वत्ता की धूम चारों ओर मच रही थी। यद्यपि इस प्रकार का उच्च शिखर सब किसी को प्राप्त नहीं होता। अंत:करण व पूर्णता के भाव द्वारा ही हम ईश्वर तक पहुँचते हैं। ईश्वर का पूर्ण या प्रत्यक्ष ज्ञान हम बुद्धि की सीमित शक्तियों के द्वारा नहीं प्राप्त कर सकते। नहीं, मेरा मात्र यही ध्येय नहीं है। मुझे ईश्वर ने सिर्फ इसलिए उत्पन्न नहीं किया है, मेरा लक्ष्य कुछ और है! और वह यह सोचकर अनमने व विचलित हो उठते। तदंतर वह शिक्षा के लिए राजस्थान गए, उसके पश्चात् काशी चले गए, फिर पुन: दिल्ली आकर विद्याध्ययन करने लगे।

अब कॉलेज से भी उनका मन विरक्त हो चुका था। बचपन में ली गई प्रतिज्ञा; कि मैं भी तप करूँगा, भगवान् को प्राप्त करूँगा! हिमालय दर्शन करने का यह लक्ष्य उन्हें अंदर तक साल जाता—यह मेरा ध्येय नहीं है। मेरा मन क्यों इतना अशांत रहता है? ईश्वर ने मेरी उत्पत्ति इसलिए नहीं की है। मुझे जनजागरण-नवजागरण में विश्वास है, मेरा जीवन जनकल्याण के लिए हुआ है।

इस विचार के साथ ही उन्होंने कॉलेज छोड़ दिया व घर वापस आ गए।

माँ अपने पुत्र को देखकर प्रफुल्लित हो उठी, "अच्छा किया बेटा, वापस आ गया," और स्वादिष्ट व्यंजनों से उन पर अपनी ममता उड़ेलने लगी; परंतु पिताजी उनके इस निर्णय से संतुष्ट नहीं लगे। लेकिन वे पुत्र की निर्णय क्षमता को पहचानते थे, अत: उन्होंने भी इस निर्णय पर अपनी सहमति दे दी।

उधर माँ जल्द-से-जल्द उन्हें मोह-माया में बाँध देना चाहती थी। परंतु बड़े बेटे का विवाह भी पहले करना था। फिर क्या, माँ ने बड़े बेटे का विवाह तय कर दिया। घर में विवाह समारोह का आयोजन होने लगा। संपूर्ण घर आगंतुकों के कोलाहल से भर उठा, पर सबके परिहास का संतुलित उत्तर देकर वह बाहर निकल जाते। प्राय: वे मंदिर व आश्रम में वक्त गुजारते या विवाह के दायित्वों का निर्वहन करते। वह उस वातावरण में अपने को असहज पाते थे।

घर में नई बहू का स्वागत हो रहा था तथा घर के छोटे-छोटे बच्चे नई बहू

के इर्द-गिर्द मँडरा रहे थे। औरतें आपस में हास-परिहास कर रही थीं। सभी बहू का घूँघट में छिपा चेहरा देखना चाहती थीं, तभी माँ उनसे बोली, "अरे बेटा कहाँ है? बहू के पाँव धोबन की रस्म होनी है (यह एक ऐसी रस्म होती है, जिसमें देवर (छोटा भाई) अपनी भाभी के पैर धोता है। यह बहू के सम्मान का प्रतीक है कि बहू को सम्मानपूर्वक घर की गृहलक्ष्मी का पद प्रदान किया जाता है। भाभी अपने देवर को नेग देती है)।

वह आज्ञाकारी पुत्र की भाँति एक थाली में जल लेकर भाभी का पाँव धोते हैं। पाँव छूकर आशीर्वाद लेते हैं, वह नेग स्वरूप भाभी से केवल आशीर्वाद माँगते हैं।

भाभी घूँघट से अपने अलौकिक आभामंडल से युक्त इस देवर को देखती रह जाती है और कहती है, "मैं आपको क्या आशीर्वाद दूँगी भइया, आप तो स्वयं प्रभु के भक्त हो और प्रभु सेवा में रत हो।" बहू ने अपने गाँव में ही अपने देवर के बारे में काफी प्रशंसा सुन रखी थी। जैसा सुना था, उससे भी भव्य रूप है देवर का! उसका हृदय श्रद्धा से भर उठा।

विवाह के पश्चात् घर में आगंतुकों का कोलाहल शांत हो गया था। एक दिन वह उसी आश्रम में गए, जहाँ पर गुरु महाराज ने उन्हें साधु होने का आशीर्वाद दिया था। वहाँ पर संचित कई धार्मिक पुस्तकों का वह प्रतिदिन अध्ययन करने लगे। वह रोज सुबह निकल जाते व साँझ के समय ही घर पहुँचते। माँ व्याकुल सी उनका इंतजार किया करती। आखिर एक दिन माँ ने उन्हें टोका, "क्या सारे दिन भटकता रहता है बेटा, कभी तो घर पर भी रह लिया कर। देख बेटा, अब तू भी अपनी घर-गृहस्थी बसा ले।"

वह 'हाँ-हूँ' में जवाब देकर बात को टाल जाते और फिर आश्रम की ओर प्रस्थान करते। कई बार गृहत्याग का विचार किया, परंतु माँ का चेहरा बरबस ही उनकी आँखों में आ जाता। वह ज्यादा-से-ज्यादा एकांतवास करने लगे। जब वह अत्यधिक बेचैन हो गए तो वहीं के साधु से पूछा, "मैं साधक बनना चाहता हूँ। साधु नेक ही साधक उसे कहेंगे, जो एकांत को पवित्र बनाना चाहता है, एकांत ही महा औषधि है, एकांत का लाभ लो।" उन्होंने अध्ययन को एकांत तप माना तथा भगवद्गीता व रामायण का अध्ययन किया। स्वयं ही

चारों वेद का भी अध्ययन करने लगे। वह कभी गाँव की चौपाल में जाकर बैठ जाते, कभी मंदिर में जाकर ध्यान में लीन हो जाते, पर मन की छटपटाहट व बेचैनी कम नहीं होती।

उधर परेशान माँ किसी भी तरह पुत्र को सांसारिक बनाने का प्रयास करती। वह भी माँ के मन को दुखित नहीं करना चाहते थे। वह असमंजस में भरे माँ को समझाने का प्रयास करते। घर के सभी लोगों से माँ को समझाने के लिए कहते। सभी को माँ अपने ममता से भरे शब्दों से निरुत्तर कर देती। पर बचपन में लिया गया प्रण 'मैं भी तप करूँगा' फिर से मन में पनप रहा था। मन में एक आकुलता सी बनी रहती। यद्यपि परिवार का वातावरण बहुत सौहार्दपूर्ण था, घर में सभी का व्यवहार प्रेम व स्नेह से भरा था, न कोई उधर घटना ही घटी थी, न ही कोई प्रतिकूलता थी, तब भी मन की विरक्ति कम होने का नाम ही नहीं ले रही थी। लगता था, जैसे उन्हें कोई पुकार रहा है! हिमालय पर जाने की उत्कंठा तीव्र से अति तीव्र होने लगी। प्रतिपल संसार की असारता का बोध होता, आखिर नियति उनसे चाहती क्या है? उन्हें लगता, मानो हिमालय उन्हें पुकार रहा है किसी अनंत यात्रा पर चल पड़ने के लिए! परंतु मोह एक ऐसा बंधन है। मोह ही बंधन है, इस पर बालक ने अपने विचारों के द्वारा अपनी व्याकुलता रेखांकित की—

"बंधन किसी भी प्रकार का हो, सदा दुःखदायी होता है। व्यक्ति यदि कभी भी सुख और शांति के दर्शन चाहता है तो वह हर प्रकार के बंधनों को तोड़कर फेंक दे। बंधन की जंजीरों के रहते प्रकाश की ओर एक कदम भी बढ़ाना संभव नहीं है। आखिर बंधन है क्या? इस पर जब कभी गंभीरता के साथ विचार करेंगे, तब पता चलेगा; क्योंकि मनुष्य को बंधन दिखाई नहीं देते। उसे लगता है कि उसके हाथ-पाँव तो खुले हैं, वह कहीं कैद भी नहीं है। मनुष्य की आँखें भी इन बंधनों को देख नहीं पातीं। इन बंधनों को सूक्ष्म-दृष्टि ही देख पाती हैं, क्योंकि यह अदृश्य बंधन है। इनसे मुक्ति तभी मिल सकती है, जब आप यह जानें कि यह सब मोह के बंधन हैं। बंधन शारीरिक नहीं, मानसिक भी होते हैं। यह आवश्यक नहीं कि वे कष्टकारी प्रतीत होते हों। कई बार मनुष्य जान ही नहीं पता कि वह किन बंधनों में जकड़ा है!

"मोह, वासना, तृष्णा आदि कितनी आकर्षक, कितनी रूपवान् लगती हैं।

इस तरह वह बंधनों में बँधता ही चला जाता है।"

मोक्ष की चिंता तो लगभग प्रत्येक साधक की होती है, प्रत्येक गृहस्थ की होती है कि हमें मोक्ष कैसे मिले? सबसे पहले तो हमें इस बात को समझना है कि मोक्ष का अर्थ क्या होता है? मोक्ष का अर्थ होता है कि जब जीवन से मोह का क्षय हो जाए, जब जीवन के मोह का नाश हो जाए, उसे हम मोक्ष कहते हैं। मोक्ष, अर्थात् हमारे मोह का क्षय हो जाना।

मनुष्य जीवन भर इच्छाओं-कामनाओं के पीछे भागता रहता है। जीवन से कुछ इच्छाओं की पूर्ति तो हो जाती है, पर ज्यादातरा इच्छाओं की पूर्ति नहीं हो पाती। मनुष्य द्वारा की गईं इच्छाओं की जब पूर्ति हो जाती है तो वह फूला नहीं समाता। उसमें अहंकार आ जाता है। जब इच्छा की पूर्ति नहीं हो पाती तो वह ईश्वर को दोष देने लगता है। तथा अपने भाग्य को दोष देने लगता है।

संपूर्ण इच्छाओं की पूर्ति कभी नहीं हो पाती, यद्यपि मनुष्य इन इच्छाओं की पूर्ति के लिए अपना सारा श्रम लगा देता है। मनुष्यों को चाहिए कि अपनी इन इच्छाओं को दमन करके आसक्ति रहित होकर सारे जगत् के रचयिता, परमात्मा को सर्वस्व न्योछावर करे और इस जगत् से निर्लिप्त रहे। इससे वह शाश्वत सुख व शांति प्राप्त कर सकेगा और फिर वह कामनाओं, इच्छाओं के जाल में नहीं फँसेगा। इच्छा मन से उछलती है और मन बड़ा चंचल होता है, अतः सदैव हृदय की सुनकर, मस्तिष्क से, अर्थात् विवेक से निर्णय लें, मानव जीवन में यही हितकर रहेगा।

मोह, माया, परिवार का बंधन अत्याधिक जटिल होता है। बाल पंडित इस बंधन से स्वयं को मुक्त करना चाहते, परंतु वह अत्यंत दुविधापूर्ण है। हर संसारी की एक ही दुर्बलता है, वह जल्द ही बंधनमुक्त नहीं हो पाता। अपनी इस मन की व्यथा को वह किसी से व्यक्त भी नहीं कर पाते। वह घर-परिवार में रहते हुए भी एकाँकी जीवन जीने लगे, अपने मन की व्यथा को वह पन्नों पर उतारकर कुछ पल शंति की प्राप्ति करते।

ईश्वर प्राप्ति की प्रबल इच्छा, अपने जीवन का ध्येय उन्हें हर पल नई प्रेरणा देता।

"ईश्वर तो सर्वव्यापी है। हर सत्कर्म में है, हर त्याग में है। अच्छी भावना

व अच्छे ज्ञान में है। वह तो संपूर्ण बह्मांड में है। आवश्कता है हम जहाँ भी हैं, वहीं उसे प्राप्त करें।"

पंचभूतों से बना हमारा यह शरीर हम नहीं और न ही हमारा है। हमारा आदि क्या है और हम क्या हैं? सर्वप्रथम हम ये जानें कि हम हैं क्या? 'मैं', 'हम' को यूँ जान सकते हैं—

'ईश्वर अंश जीव अविनाशी'

'हम' हमारा शरीर नहीं, 'हम' आत्मा है, जो ईश्वर का अंश है। आत्मा के शरीर से पृथक् होते ही शरीर का कोई महत्त्व नहीं रह जाता। आत्मा न बोलती है, आत्मा न देखती है। आत्मा ज्ञान अर्जन करती है। वह आत्मा, जो ज्योति स्वरूप है, हम उसी आत्मा की बात करते हैं। हम न जाने कितने जन्मों से इस जीवन-मृत्यु के भँवर में फँसे हैं।

हमें अपने स्वरूप का न तो भान ही रहा और न मान कि हम आत्मा हैं, ईश्वर का ही अंश, कि हम सर्वशक्तिशाली, निर्विकार, परमपिता परमात्मा का अंश है। उनके द्वारा प्रदत्त आत्मा के सद्गुणों को बनाए रखें। यदि हम ईश्वर को पाना चाहते हैं तो मुख्य उद्देश्य से कभी न भटके। ईश्वर तो सर्वव्यापी है। अच्छी भावना, अच्छे ज्ञान में है। सत्यकर्मी के लिए जीवन ही तपोभूमि है। एक सत्यगामी के लिए पल-पल पर अग्नि परीक्षाएँ हैं। हृदय में ईश्वर का भक्ति भाव और कर्म में सत्, यही तप-मोक्ष का मार्ग है।

स्वयं को मोहमुक्त व बंधन से गुक्त कैसे करें? मन की दुविधाओं का निराकरण किस प्रकार हो? मन में वैराग्य लिये बाल वैरागी उदग्नि सा यंत्रवत् ग्राम स्थित मंदिर की ओर बढ़ चला और चुपचाप जाकर उसी वृक्ष के नीचे बैठ गया, जहाँ बाल्यकाल में वह तप के लिए उद्यत हुआ था। तभी पुजारी वहाँ से गुजरे, माथे पर किंचित् बेचैनी की रेखाएँ देखकर अपने प्रिय प्रभु भक्त को देखकर वह उसके पास पहुँचे—"बेटा, तुम्हारे मुख पर ये चिंता व अकुलाहट शोभा नहीं दे रही है।"

बालक—"पुजारीजी मेरे मन की व्यथा कोई समझ ही नहीं पाता।"

पुजारी—"बेटा 'श्रीभगवद्गीता' तुम्हारी सारी व्यथाओं को दूर कर देगी, उसे पढ़ो और हृदय से ग्रहण करो।"

वह घर आकर अपने कक्ष में जाकर 'भगवद्‌गीता' का अध्ययन करने लगे—

ऐषा तेऽभिहिता सांख्ये बुद्धियोगे त्विमां शृणु।
बुद्धया युक्तो यया पार्थ कर्मबंधन् प्रहास्यसि॥

अर्थात् भगवान् कृष्ण प्रत्यक्ष रूप से कहते हैं कि 'यहाँ मैंने वैश्लेषिक अध्ययन द्वारा इस ज्ञान का वर्णन किया है। अब निष्काम भाव से कर्म करना बता रहा हूँ। उसे सुनो। हे पृथा पुत्र! तुम यदि ऐसे ज्ञान से कर्म करोगे तो तुम कर्मों के बंधन से अपने को मुक्त कर सकते हो।

विद्दय कामन्य: सवन्यिभिांच्श्ररति निःस्पृहः।
निर्ममो निरहंगार: स शान्तिमधि गच्छति॥

अर्थात् जिन व्यक्तियों ने इंद्रिय दृष्टि की समस्त इच्छाओं का परित्याग कर दिया है, जो इच्छाओं से रहित रहता है और जिसने सारी ममता, त्याग दी है तथा अहंकार से रहित है, वही वास्तविक शांति को प्राप्त कर सकता है।

'श्रीमद्‌भगवद्‌गीता' के श्लोकों ने जैसे मन-मस्तिष्क के दिव्य ज्ञान के द्वार खोल दिए गए हों। मन की अकुलता, छटपटाहट, बेचैनी सब दूर हो गई। मन व शरीर परमात्मामय हो गए। सारे मोह व बंधन से वह स्वतः भी मुक्त हो गए। मोह बुद्धि का अज्ञान होता है, अब व निरासक्त हो गए। उनका मन अब पूर्णतया स्थिर हो गया। अब वह बाल वैरागी प्रभु भक्ति में अपने को रमा हुआ महसूस करने लगे और एक दृढ़ निश्चय के साथ अपने लक्ष्य की ओर बढ़ चले।

□

गृह-त्याग व अध्यात्म

शनैः-शनैः आध्यात्मिक जिज्ञासा ने उनकी मानवीय कमजोरियों पर विजय प्राप्त कर ली। प्रतिपल उन्हें सांसारिक असारता का बोध होता रहता। उन्हें लगता कि हिमालय उन्हें पुकार रहा है, किसी अनंत यात्रा पर चल पड़ने के लिए। अकुलाहट अत्यधिक बढ़ने लगी। उन्होंने गृह-त्याग का निर्णय ले लिया। यह अद्भुत संयोग ही था कि कार्तिक मास की पूर्णिमा के दिन अपने जन्मदिवस पर ही रात्रि के अंतिम प्रहर व प्रातः की प्रथम वेला के संधिकाल में वह चुपचाप घर से निकल पड़े। तेज-तेज कदमों से वह ऐसे चल रहे थे, मानो किसी ने मंत्रमुग्ध कर रखा हो! भोर होते ही वह बस अड्डे पर पहुँच गए। हरिद्वार जानेवाली बस में बैठ गए, बस कंडक्टर ने पूछा—'कहाँ जाना है?' 'हरिद्वार।' टिकट लेकर वह पुनः तंद्रा में लीन हो गए, तभी माँ का चेहरा आँखों के सामने आ गया तो घबराकर उन्होंने आँखें खोल लीं तथा झोले से पुस्तक निकाल ली तथा पुस्ताक पर ध्यान केंद्रित करने लगे, पर पुस्तक के पन्नों पर नजर धुँधली सी हो रही थी। वह स्वयं से बुदबुदा उठे, 'माँ, मैं केवल आपका पुत्र ही नहीं हूँ, मात्र सांसारिक बंधनों में बँधकर जिस कार्य के लिए मेरा जन्म हुआ है, मैं अपने जीवन को सार्थक बनाना चाहता हूँ, मैं धर्म व कर्म के लिए समर्पित हूँ, मुझे क्षमा करना माँ।' तभी आँखों से कुछ बूँदें निकलकर पुस्तक के पन्नों में समा गईं, बाकी के आँसुओं को पीने के लिए उन्होंने आँखें बंद कर लीं व निर्विकार भाव से बैठे रहे।

उधर सुबह होते ही माँ अपने दैनिक कार्यों से निवृत्त होकर जन्मदिन की शुभ कामना देने के लिए अपने पुत्र के कमरे में पहुँची तो वह वहाँ नहीं थे। वह प्रायः सुबह-सुबह ही कभी-कभी मंदिर निकल जाते थे। माँ यह समझीं कि

शायद वह वहीं गए होंगे। जन्मदिन की बधाइयाँ गुनगुनाते हुए वह अपने पुत्र के लिए प्रिय व्यंजन बनाने में लग गईं। गुलगुले, खीर, प्रसाद बनकर तैयार हो गए; पर वह अभी भी नहीं आए तो एक अनजानी आशंका से वह घिरने लगी। घबराकर पति से पूछा, "कहाँ गया, कमरे में तो नहीं है, आज उसका जन्मदिन है।"

"अरे यहीं-कहीं होगा, तुम तो जानती ही हो कि वह कितना अंतर्मुखी है। मंदिर गया होगा, बेकार परेशान मत होओ।"

घर के सभी लोग अपने-अपने कार्यों में रत थे। वह भी अपने लाडले बेटे के जन्मदिन की पूजा-अर्चना की तैयारियों में व्यस्त हो गई तथा बेटे के मनपसंद व्यंजनों की सूची बहू को पकड़ा दी। वह मन-ही-मन कहने लगी, 'हाँ, मंदिर या आश्रम ही गया होगा, भगवान् से आशीर्वाद लेने।'

पर मन की आकुलता कम होने का नाम नहीं ले रही थी। कहते हैं कि माँ का दिल बच्चे के लिए ही धड़कता है। उन्होंने बड़े लड़के से कहा, "जाकर मंदिर में देख आ।"

"आप चिंता न करो, आ जाएगा। अच्छा, थोड़ी देर में जाता हूँ।" इसी तरह सुबह के दस बज गए, पर जब वह घर नहीं लौटा तो सभी को चिंता होने लगी; क्योंकि नाश्ते के समय वह कहीं पर भी हो, घर पर जरूर आ जाते थे। फिर क्या था, चारों ओर लोग उन्हें ढूँढ़ने लगे। पूरा गाँव छान लिया, पर वह कहीं नहीं मिला।

माँ घबराई सी टकटकी लगाते पुत्र के आने का इंतजार करती रही, पर जब सभी थक-हारकर उदास चेहरा लिये घर वापस आ गए और माँ के पास पहुँचकर कुछ कहना ही चाहते थे कि माँ बोली, "मैं जानती थी कि एक दिन वह चला जाएगा, सबको छोड़कर, अपनी माँ को भी छोड़कर।" चुपचाप आँखों में आँसू लिये वह बेटे के कमरे में चली गई और वहाँ रखे सामानों से ऐसे बात करने लगी, मानो वह अपने बेटे से प्रत्यक्ष बात कर रही हो, 'बेटा, मैं जानती हूँ कि तू हमेशा मुझसे कहता था कि मेरा जन्म ही धर्म की सेवा के लिए हुआ है। तभी तू सबको छोड़कर अपने धर्म की सेवा के लिए चला गया है। बताकर जाता तो क्या मैं रोकती?' अपने ही प्रश्न का वह तुरंत उत्तर देती, 'हाँ, मैं तुझे रोक ही

तो रही थी। हाँ, मैं ही मूर्ख थी, जो तुझे समझ नहीं सकी। तुमको मुझे नहीं रोकना था। अगर नहीं रोकती तो पता तो रहता कि तुम कहाँ हो। अब तो मैं यह भी नहीं जानती कि तुम कहाँ हो!' कहते-कहते निष्प्राण सी होकर वह जमीन पर बैठ गई।

घर के सभी लोग माँ की इस विचित्र स्थिति को देखकर घबरा उठे। तभी पिताजी ने समझाना चाहा तो वह स्वयं बोल उठीं, "मैं जानती हूँ कि आप क्या कहना चाहते हैं। वह एक असाधारण बालक है, वह विलक्षण है, मैं धन्य हूँ कि उसने मेरी कोख से जन्म लिया। उसके चेहरे का तेज ही उसे अद्‌भुत बनाता था। शायद मेरा बच्चा किसी महान् आत्मा का अवतार है। आप लोग परेशान न हो, मैं ठीक हूँ। मैं समझ गई हूँ, मेरे बाल योगी, तुम्हारा **तप** आरंभ हो गया है और **मेरी तपस्या भी**।

"चलो बहू अपने जीवन ध्येय पर पृथक् पग रखनेवाले अपने दिव्य बेटे के जन्मदिन का पूजा-पाठ करना है।" बहू अचंभित सी अवस्था में माँ के पीछे हो ली। पिता के शब्दों ने सबको सामान्य कर दिया '**विलक्षण** पुत्र की **विलक्षण माँ!**' सभी पूजा में सम्मिलित हो गए। सबको माँ ने भोजन कराया, भगवान् से पुत्र की दीर्घायु व कार्य सिद्धि की प्रार्थना की। बहू ने माँ को भी भोजन दिया, पर माँ ने अल्पाहार लिया तथा मिष्ठान्न यह कहते हुए परे हटा दिया कि मिष्ठान्न अब मैं तभी ग्रहण करूँगी, जब मेरा संत बच्चा अपने हाथों से मुझे खिलाएगा।

उधर बालयोगी हरिद्वार पहुँच गए, गंगा की पावन नगरी 'हरिद्वार'। जिसे **हरि का द्वार** भी कहा जाता है। गंगा की शांत धारा को देखकर वह सारी स्मृतियाँ भूल गए, लगा कि वर्षों के बाद मन को आज शांति मिली। गंगा माँ की कल-कल ध्वनि कानों में मधुर संगीत घोल रही थी, 'बम-बम भोले' का उद्‌घोष मन को प्रफुल्लित कर रहा था। गंगा घाट पहुँचकर वह गंगा में डुबकियाँ लगाने लगे। तभी उनका ध्यान आसपास खड़े लोगों पर गया, वे कह रहे थे, "बेचारे का कोई मर गया है।" उस तेजोमय बालक के प्रति उनकी आँखों में एक सहानुभूति थी, उनमें से एक ने आखिर पूछ ही लिया, "बेटा, तुम्हारा कौन मर गया है?" बालक के उत्तर ने सभी को अवाक् कर दिया, "सभी मर गए हैं, मैं भी कोई शेष नहीं रहा।" वह पुनः डुबकी लगाने लगे, उन्होंने कितनी डुबकियाँ लगाईं, उन्हें भी याद नहीं। तभी एक आवाज ने बालक की

तंद्रा को भंग किया, "बस कर बच्चा!" और अपना रामनामी वस्त्र बालक को ओढ़ा दिया। उन्होंने ऊपर देखा कि एक साधु उन्हें उठा रहा है। यहीं से उनके नवजीवन का प्रारंभ हुआ और वह भी उन साधुओं की टोली के साथ हो लिये। 'बम-बम भोले, जै गंगा मैया की' का जयकारा लगाती, साधुओं की वह टोली गंगा घाट पर ही ठहरकर पूजा-पाठ करने लगी, फिर बालक साधुवेशधारी ने गंगा घाट पर ही अपने केशों को त्याग दिया। पुनः स्नान के पश्चात् माँ की धोती के दो हिस्से किए। एक हिस्सा धोती की तरह पहन लिया, दूसरे हिस्से को उत्तरीय के रूप में धारण कर लिया। गौर वर्ण, ओजपूर्ण प्रभावशाली चेहरा, लंबा कद, ब्राह्मणत्व को पूर्ण करती शिरोधारिणी शिखा, मस्तक पर चंदन व रोली का गोलाकार टीका उनके प्रभाव को द्विगुणित कर रहा था। चेहरे पर गरिमामयी गंभीरता उनकी आभामंडल को और बढ़ा रही थी। साधुओं के साथ बालयोगी सुमधुर स्वर में गंगा-स्तुति करने लगे। उनके व्यक्तित्व से प्रभावित होकर उस साधु टोली के गुरु बालक के पास आए और बोले, "बच्चा तुम्हारा प्रभामंडल ही तुम्हारी विद्वत्ता को परिलक्षित कर रहा है।"

फिर बालक की विद्वत्ता की परीक्षा हेतु गुरु बोले, "बालक इतनी कम वय में क्यों साधु बनना चाहते हो?"

बाल योगी : मैं तो जन्म-जन्म से साधु ही हूँ।

गुरुजी : साधु का वास्तविक धर्म क्या है।

बालयोगी : त्यागमय जीवन, सेवाभाव, सज्जनता, ईश्वर के बताए रास्ते पर चलकर धर्म का पालन करना।

गुरुजी : शास्त्र क्या है?

बालयोगी : शास्त्र कथन है—मनुष्यता, मुमुक्षा और श्रोत्रिय—ब्रह्मनिष्ठ सद्गुरु सन्निधि दुर्लभ है।

गुरुजी : सत्कर्म क्या है?

बालक : सत्कर्म मनुष्य की मूल पूँजी है, अतः भविष्य को सुरक्षित और निरापद रखने के लिए शुभ कर्मों में संलग्न रहें।

गुरुजी : सबसे मूल्यवान् निधि क्या है?

बालक : समय प्रबंधन सीखें। समय ही सबसे मूल्यवान् निधि है।

गुरुजी : ईश्वर-प्राप्ति का साधन या मार्ग क्या है?

बालक : जो ईश्वर को जानने का प्रयास करता है, उसे भक्त कहते हैं और उन्हें जानने के लिए किए गए प्रयास को भक्ति कहते हैं, और जिसे जानना चाहते हैं वह भगवान् है। भक्त बनने के लिए सर्वप्रथम अपने को प्रभु के प्रति समर्पित करना होता है। यही प्रभु के प्रति समर्पित होना ईश्वर प्राप्ति का साधन व मार्ग है।

गुरुजी : धर्म का वास्तविक आधार क्या है?

बालक : धर्म एकमात्र ऐसी विशेषता है, जिसके कारण मनुष्य संसार के अन्य सभी जीव-जंतुओं से अधिक श्रेष्ठ हो जाता है। धर्म का वास्तविक आधार सदाचार है। वैदिक धर्म में धर्म के चार आधार बताए गए हैं—

(1) वेद, (2) स्मृति, (3) सदाचार, (4) आत्मा को रचनेवाला आचरण।

गुरुजी : ब्रह्मचर्य का पालन कब और कैसे करना चाहिए?

बालक : ब्रह्मचर्य योग के आधारभूत सिद्धांतों में से एक है। ब्रह्मचर्य के द्वारा बल बुद्धि तेज सद्गुण और सदाचार्य की बुद्धि होकर परमात्मा की प्राप्ति हो सकती है।

गुरुजी : संन्यास क्या है, संन्यासी किसे कहते हैं?

बालक : संन्यास शब्द का अर्थ है, जो अपना जीवन न्यास कर देता है, सम्यक् न्यास ही संन्यास है। संन्यासी होने का अर्थ है परमार्थ के लिए अपना सबकुछ दूसरों के लिए अर्पित कर देना। संन्यासी का अपना कुछ नहीं, उसका अपना कोई परिवार नहीं होता। समस्त विश्व ही एक संन्यासी का कुटुंब होता है।

गुरुजी : अराध्य और आध्यात्म क्या है?

बालक : अराध्य, जो आराधना करता है, जिसके आधार पर आराधना की जाती है, वह आध्यात्म है। आध्यात्म का अर्थ है स्वभाव में लौटना, वहाँ शांति, आनंद और स्थायी समाधान है।

गुरुजी : भक्त क्या है? भक्ति किसे कहते हैं?

बालक : जो ईश्वर को जानने का प्रयत्न करता है, उसे भक्त कहते हैं। ईश्वर को जानने के लिए किए गए प्रयास को भक्ति कहते हैं।

गुरुजी : शास्त्र क्या है?

गुरुजी : तप और तपस्या में क्या समानता है?

बाल साधक : तप का अर्थ है इंद्रियों का संयम। किसी भी लक्ष्य को पाने के लिए तप करना ही पड़ता है।

तपस्या : धर्म के पालन करने को तपस्या कहते हैं। साधक द्वारा साधना प्राप्ति को तपस्या नाम से वर्णित किया गया है। शास्त्रों में तपस्या का शाब्दिक अर्थ 'त्याग' है।

बालक के स्पष्ट व तर्कसंगत उत्तरों ने गुरुजी को भी निरुत्तर कर दिया। गुरुजी ने बालक को अपने अंक में भर लिया और सहर्ष घोषणा की कि सायंकाल को मुख्य वक्ता के रूप में यही बालक टोली को संबोधित करेगा। फिर बाल साधु भी उन्हीं साधुओं के साथ एक आश्रम में पहुँच गए।

उस समय हरिद्वार में ज्यादा आश्रम नहीं थे, होटलों का मायाजाल भी नहीं था। प्राय: हृदय में प्रभु सेवावाले सच्चे भक्त ही यहाँ आते थे, इसलिए यहाँ धर्मशाला व आश्रम ही थे। चारों तरफ घिरी पर्वतमालाओं की हरी-भरी छवि गंगा मैया के जल को भी प्राकृतिक रंग में रँग दिया। स्वच्छ निर्मल जल, स्वयं ही गंगा की निर्मलता को सिद्ध करता था। साधु व भक्त का समूह ही वहाँ दिखता था। मोटरगाड़ियों की ध्वनि नगण्य सी थी। हर तरफ मंदिर के घंटों का स्वर मन को एक नई ऊर्जा प्रदान करता था। हरिद्वार का प्राकृतिक सौंदर्य ईश्वर की अनुपम कृति सा प्रतीत होता है। ऐसी धार्मिक प्राचीन नगरी में आकर वह अपने को धन्य मान रहे हैं, जैसे वर्षों की साधना आज पूरी हो गई थी।

सायंकाल गंगा आरती के पश्चात् गंगा तट पर ही बालक संत का उद्‌बोधन आरंभ हुआ—धर्म क्या है, ईश्वर की प्राप्ति किस साधना के द्वारा की जाती है ?

धर्म एक ऐसी विशेषता है, जिसके कारण मनुष्य संसार के अन्य सभी जीव जंतुओं से अधिक श्रेष्ठ हो गया है। प्रश्न यह है कि वह कैसे निर्धारित हो कि कोई मनुष्य धार्मिक है या नहीं ? यह निर्णय करने के लिए धर्म के दस लक्षण—धैर्य, क्षमा, दया, अस्तेय, शौच, इंद्रिय निग्रह, धी, विद्या, सत्य और अक्रोध बताए गए हैं, यद्यपि धर्म के ये सभी लक्षण मानव मात्र के लिए महत्त्वपूर्ण हैं, वरन् यह धर्म का सर्वाधिक महत्त्वपूर्ण लक्षण है। मानव जीवन में असह्य कष्ट, पीड़ा, रोग अन्य प्रकार की परेशानियाँ मानव को घेरे रहती हैं। विकट परिस्थिति में मनुष्य का घबराना स्वाभाविक है।

अनेक बार मनुष्य घबराहट में विवके खो बैठता है और कुछ ऐसे कार्य कर डालता है, जिससे उसकी विपत्तियाँ बढ़ जाती हैं। यदि संकट के समय धैर्य धारण किया जाए तो शांत चित्त से सोचने पर उसका हल स्वयं ही निकल आएगा। धैर्य की परीक्षा संकट काल में ही होती है। हमें उस सर्वशक्तिमान परमात्मा पर विश्वास रखना चाहिए कि जिस परिणाम को हम परेशानी या खराब समझते रहे, उसमें भी परमात्मा ने कुछ अच्छा छिपा रखा होगा, जो हम नहीं देख पा रहे हैं।

परमात्मा जो भी करता है, अच्छा ही करता है, क्योंकि होना वही है, जो ईश्वर की इच्छा है। ईश्वर पर ऐसा अटूट विश्वास होने पर ही गंभीर संकट में धैर्य संभव है। ईश्वर पर आस्था रखनेवाला व्यक्ति संकट की घड़ी में भी न तो अनुचित बात कह सकता है और न ही अनुचित कार्य कर सकता है। अत: ऐसा व्यक्ति ही धार्मिक होता है। यही धर्म का महत्त्वपूर्ण लक्षण है।

धर्म का आचरण करके ही हम परमात्मा को प्राप्त कर सकते हैं। ईश्वर-प्राप्ति का मार्ग सबसे सरल है, परंतु इतना भी सरल नहीं। यह मार्ग उन साधकों के लिए है, जो भावुक, संवेदनशील, सरल व सहज हृदय है। इनके तीन चरण हैं—

उपासना : यानी ईष्ट के समीप बैठना। साधक ईष्ट का चयन अपनी अंतरात्मा की आवाज के अनुसार करें। जिसे भी माने, उसे पूर्ण रूप से सक्षम माने। उनकी क्षमता में अंश मात्र का संदेह न रखे। ईष्ट का जो स्वरूप विग्रह हृदय या नेत्रों को अतिप्रिय लगे, उसको ही अपने सामने रखे व सदैव उसी का चिंतन करे, बार-बार विग्रह परिवर्तन न करे।

साधना : दूसरा चरण है साधना (नियंत्रण करना) मन, बुद्धि, इंद्रियों पर नियंत्रण करना चाहिए या संयम रखना। साधक को अपना निरीक्षण करना चाहिए व निष्पक्ष साक्षी भाव से अपने दोषों का आकलन करें। साथ ही आत्मशुद्धि, आत्म-निरीक्षण करें। नकारात्मक प्रवृत्तियों (काम, क्रोध, मद, लाभ, मोह, मत्सर) के स्थान पर सकारात्मक प्रवृत्तियों को अपने जीवन में स्थान दें, ये प्रवृत्तियाँ (दया, क्षमा, अहिंसा, ब्रह्मचर्य आदि) साधक योग के यम नियम, जैसे अहिंसा, सत्य, अस्तेय, अपरिग्रह ब्रह्मचर्य, शौच, स्वाध्याय,

ईश्वर, प्राणिधान का पालन करे। इंद्रिय संयम हेतु व्यर्थ के विचार मन में न रखे। उपयुक्त एवं आवश्यक ही देखे, सुने व बोले। मनोनिग्रह, अर्थात् मन को एकाग्र करने हेतु अपने ईष्ट का स्मरण, चिंतन जाग्रत् अवस्था के अधिक-से-अधिक क्षणों में करे। अपने सभी कार्य ईश्वर के लिए समझकर करे। नवधा भक्ति (नौ प्रकार की भक्ति, जैसे श्रवण, भजन कीर्तन, नाम-जप, स्मरण सखा अथवा सखीभाव, वात्सल्य भाव, दास भाव में जो सरल-सुलभ लगे, उसकी साधना करे। मनोभाव, आत्मबल शुद्धि हेतु जप, व्रत आदि करे।

साधक के अंदर अपने ईष्ट के दर्शन व मिलन हेतु व्याकुलता होनी चाहिए व उसे संपूर्ण तन्मयता, उल्लास, प्रफुल्लता से अपने ईश्वर की प्राप्ति में लगे रहना चाहिए। इन सब कार्यों से साधक की पात्रता विकसित होती है।

आराधना : तीसरा चरण है आराधना। आराध्य का अतिशय प्रिय विग्रह अथवा चित्र अपने यहाँ स्थापित करे। स्वच्छ आसन पर बैठे सुखासन, पद्‌मासन व सिद्धासन किसी का भी प्रयोग करे, प्राणायाम करे। शांत मन से ईष्ट के विग्रह को देखे, सतत प्रयास या अभ्यास से कमरे में मात्र साधक व ईष्ट रह जाते हैं, शेष का भाव नहीं रहता। मन-बुद्धि से ईश्वर की लीलाओं का चिंतन करे। गुणगान करे। लगातार ध्यान के अभ्यास से मन पूर्णरूप से ईश्वर के अनुरूप होने लगता है, जब साधक का मन, बुद्धि आदि ईष्ट क अनुरूप हो जाए व दोनों में अविरल एकत्व होने लगे तो यही स्थिति (समाधि) ईश्वर दर्शन या ईश्वर साक्षात्कार है।

इतना कहकर बालयोगी ने जैसे ही अपनी आँखें खोलीं, तालियों की ध्वनि से पूरा वातावरण गूँज उठा। गुरु ने बालक को हृदय से लगा लिया और उन्हें भी अपनी टोली में शामिल कर लिया। यह साधुओं की भ्रमण टोली थी, जो विभिन्न तीर्थस्थलों पर जाती, वहाँ पूजा-अर्चना करती और भगवद् कथा व प्रवचनों से भक्तगणों को अमृतपान कराती थी। इस टोली के साथ बालक योगी ब्रजधाम पहुँचे—कृष्ण की नगरी, यमुना का पावन धाम। यहाँ पर भी कृष्ण-राधा से संबंधित ग्रंथों व पुस्तकों को पढ़ने का सौभाग्य इन्हें मिला।

मथुरा, वृंदावन, गोकुल, बरसाना, यह कृष्ण स्थली जरूर हैं, यहाँ का साहित्य भी अनूठा है। यहाँ के लोगों द्वारा बोली जानेवाली ब्रजभाषा अत्यधिक

मीठी व कर्णप्रिय है। यहाँ का ब्रज साहित्य भी अपनी एक अलग गरिमा समेटे हुए है।

दिव्य बाल साधु की दिनचर्या यहाँ ज्यादा व्यस्त हो गई, प्रात: टोली के साथ बिहारीजी के दर्शन व विभिन्न प्राचीन मंदिरों में पूजा करना, प्रवचन देना व सुनना, फिर ब्रज साहित्य का पाठन व लेखन बालक का ज्ञान प्राप्त करने की जिज्ञासा ही उन्हें अन्य से अलग बनाती थी। वह जिस क्षेत्र में जाते, वहीं के होकर रह जाते। लोगों से उन्हीं की भाषा में संवाद करना, उन्हें लोगों में लोकप्रिय बना जाता। उनके प्रवचनों में राधाकृष्ण व गीता के दृष्टांतों का संपुट प्रचुर मात्रा में होता।

पौराणिक कथाओं में यहाँ के कई मंदिरों, प्राचीन इमारतों, धार्मिक स्थलों का वर्णन मिलता है। मथुरा, जहाँ कृष्ण का जन्म हुआ, यहीं पर टोली के गुरुजी के द्वारा बाल संत की भेंट यशस्वी संत श्री पथिकजी से हुई। तब वह उनकी सरलता, सहजता व बाल-स्वभाव से अत्यधिक प्रभावित हुए। उनकी स्वाभाविकता लोगों को अपना बना लेती थी। वह अपने शिष्यों से कहा करते कि अज्ञान ही मनुष्यों के दु:खों का मूल कारण है। वे बहुधा ये पंक्तियाँ गुनगुनाते रहते—

मन की तरंगें मार लो
बस हो गया भजन
आदत बुरी सँभाल लो
बस हो गया भजन।

उनकी इसी सहजता का प्रभाव बाल संत पर पड़ा, जो उनके कई प्रवचनों में प्रत्यक्ष दिखा।

जब यह सृष्टि एक रहस्यपूर्ण अद्भुत और मनमोहक कृति है तो इसका बनाने वाला कितना विवेकी, सर्वदृष्टा और सुंदर होगा, इसकी कल्पना भी नहीं की जा सकती, जो इसका नियता है, उसे हम अनेक नाम से पुकारते हैं। हम जो भी नाम उसे दें, वे सब एक ही हैं। आज विज्ञान भी यह मानने लगा है कि इस सृष्टि की रचयिता कोई सर्वशक्तिमान और अलौकिक शक्ति है, क्योंकि सृष्टि में विविधता नैसर्गिक सौंदर्य, जीवन-मृत्यु, सुख-दु:ख, वैभव, पराजय, दीनता

आदि को जानने का कोई यंत्र विज्ञान में नहीं है।

हम दूसरी ओर दृष्टि डालते हैं तो देखते हैं कि यहाँ साधु भी है और असाधु भी दुःख भी है सुख भी है। इन्हीं तमाम झंझावातों में मनुष्य निश-दिन उलझा हुआ है। कभी तो वह अत्यंत सुखी दिखाई पड़ता है और कभी प्रलाप करता है।

इस धरती पर अनेक योगी, ऋषि-मुनि, दार्शनिक तथा तत्त्ववेता हुए हैं, जिन्होंने अनुभव के आधार पर इस रहस्य को जानने का प्रयास किया और उन्होंने अनुभव के आधार पर जो साक्षात् देखा, उसे अपनी अगली पीढ़ी को दिया। योगी-मनीषी अपने लिए ही नहीं जीते, वरन् पूरी मानवता के लिए जीते हैं। उनका कहना है, इस संसार में संघर्षपूर्ण जीवन में सुख तभी मिल सकता है। जब व्यक्ति प्रभु को समर्पित हो जाए, जब तक ईश्वर की कृपा नहीं मिलेगी, तब तक जीवन में आनंद नहीं होगा। इसके लिए मनीषियों ने तीन बातों की चर्चा की है—भक्त, भक्ति और भगवान्। यदि हम इस संसार में पैदा हुए हैं, यहाँ जीवनयापन कर रहे हैं तो हमें ईश्वर के विषय में जानना चाहिए।

ईश्वर को जानने के लिए हृदय में उनके प्रति आस्था और विश्वास दृढ़ करना होगा। जो ईश्वर को जानने का प्रयत्न करता है, उसे भक्त कहते हैं और उन्हें जानने के प्रयास को भक्ति कहते हैं और जिसे जानना चाहते हैं, उसे भगवान् कहते हैं। भक्त बनने के लिए सर्वप्रथम अपने को ईश्वर के प्रति समर्पित करना होता है।

यदि हम ईश्वर के प्रति समर्पित हो जाएँ तो वह हमारी परेशानियों को दूर कर देंगे। गीता में भगवान् कृष्ण ने कहा है कि जो उनकी शरण में चला जाता है, उसका योगक्षेम वह स्वयं वहन करते हैं, जो प्रभु के प्रति आस्थावान् है, उनकी सारी चिंताएँ मिट जाती हैं।

ईश्वर के प्रति आस्था ही भक्ति है। इसके लिए सिर्फ विचारों की शुद्धता पर्याप्त है। व्यक्ति जिस अविनाशी प्रभु का अंश है, अंत में उसी में समाहित हो जाएगा। उस समय उसे भौतिक या अभौतिक किसी प्रकार की वस्तु की कामना नहीं रह जाएगी। उस समय आनंद ही आनंद है, तब क्या पाना किसकी कामना, जीवन और वहम एक हो जाते हैं, सर्वत्र ईश्वर ही दिखाई देते हैं।

प्रभु प्राप्ति के मार्ग को पदार्थों के त्याग का मार्ग माना जाता है, लेकिन बाहरी निवृत्ति को ही महत्त्व देना वांछित नहीं है। भक्ति का मार्ग परमेश्वर से प्रीति में है, यदि ऐसी भक्ति छिपी रहे तो उसकी महिमा बड़ी निराली होती है।

वैष्णव भक्ति सिद्धांत में गृहस्थ का जीवन श्रेष्ठ व साधनामय जाना जाता है। गुप्त रूप से साधनामय जीवन जीनेवाले लोग बिरले ही होते हैं। ऐसा भक्त सैकड़ों प्रलोभन के बीज साधनामय जीवन में लीन रहता है। प्रकट रूप से इसको समझने के लिए जमींदारी के वैभव भरे जीवन में आकंठ डूबे रहनेवाले पुंडरीक इसी कोटि के साधक थे।

एक बार पुंडरीक विद्यानिधिजी चैतन्य महाप्रभु से मिलने नवदीप गए। उनके भक्तिभाव की प्रशंसा सुनकर महाप्रभु के अंतरंग शिष्य गदाधर अपने मित्र मुकुंद के साथ उनसे मिलने वहाँ पहुँचे।

स्नान करके राजसी ठाठ-बाट से शैया पर बैठे विद्यानिधि ने उनसे बातचीत की। भोग-ऐश्वर्य की विपुल सामिग्री के बीच 'भक्त' को देखकर गदाधर बहुत आश्चर्यचकित हुआ और संदेह भी उपजा। मुकंद उनके मन की बात ताड़ गए। उन्होंने वार्त्तालाप के दौरान 'भगवद् पुराण' के कृष्ण कृपा के दो श्लोक गाए।

श्लोक सुनते ही पुंडरीक विद्यानिधि अचेत होकर नीचे गिर पड़े। उन्हें महाभान हो गया। वे सारा वस्त्र-श्रृंगार फेंककर कृष्ण-विरह में तड़पने लगे। वे बार-बार प्रभु का गुणगान सुनाने की प्रार्थना करने लगे। गदाधर को अपनी भूल का अहसास हुआ कि एक वैष्णव के प्रति किए गए अपराध की क्षमा पाने के लिए उन्होंने विद्यानिधि को अपना गुरु बनाया। जब चैतन्य महाप्रभु ने यह बात सुनी तो उन्होंने अत्यंत प्रसन्न होकर इसका अनुमोदन किया।

"जो व्यक्ति परिवार में ठीक से रह लेता है, वह प्रभु से मिल लेता है। यदि वह प्रभु से न मिल पाए तो प्रभु स्वयं उससे मिल लेते हैं। वास्तव में हमें परिवार में, समाज में और संसार में रहना आ जाए तो इन्हीं परिवारीजनों में, मानवमात्र में, बल्कि प्राणिमात्र में हमें प्रभु के दर्शन होंगे, फिर शारीरिक रोग व मृत्यु का भय हमें नहीं सताएगा। हम सुख-दुःख, जन्म-मरण, राग-द्वेष के बंधन से मुक्त होंगे। परिवार व समाज में सभी प्रकार के संघर्ष का अंत होगा। परस्पर सेवा, त्याग और प्रेम की भावना फल फूलेगी। हमारा जीवन परम शांति, स्वाधीनता

और प्रियता से ओत-प्रोत हो जाएगा।

उपरोक्त तथ्य कल्पना नहीं है, वरन् वेद, वाणी एवं संत वाणी के आधार पर निर्विवाद सिद्ध है। संतों ने हमें जो राह सुझाई है, वह इस प्रकार है—मिले हुए शरीर (शरीर, वस्तु, धन, बल, योग्यता, सामर्थ्य) को अपना मत मानो, ये हमें सदुपयोग के लिए मिले हैं, भोग के लिए नहीं। मिले हुए साथियों-संबंधियों को अपना मत मानो, वे हमें सेवा करने के लिए मिले हैं, सुख लेने के लिए नहीं। सभी के प्रति सद्भाव रखें, इसमें हम सब समान रूप से समर्थ हैं। दूसरों के दुःख में करुणित हो, यह अपना दुःख मिटाने का अचूक उपाय है। दूसरों की खुशी में प्रसन्न हो, यह अपनी प्रसन्नता सुरक्षित रखने के लिए अत्यंत आवश्यक है। काम आ जाओ, कुछ मत चाहो, जगत् से और न जगपति से। प्रभु के नाते सब अपने हैं सुख लेने के लिए कोई भी अपना नहीं, जो व्यवहार हमें दूसरे से अपने प्रति पसंद नहीं, हम वैसा व्यवहार दूसरों के प्रति कतई न करें। बुराई रहित होकर भलाई करें। की हुई भलाई का अभिमान न रखें और उसका प्रतिसाद न चाहें।

ये विचार तेजोमय युवा संन्यासी को एक ऐसे स्वामीजी से प्राप्त हुए, जो पहले गृहस्थ थे, फिर गृहस्थी के संपूर्ण दायित्वों को त्यागकर परम संत व साधुत्व को धारण किया। ईश्वर भक्ति किसी काल खंड, अवस्था, वर्ण, वर्ग भेद से परे है।

फिर उनका अगला पड़ाव गोवर्धन में पड़ा। यहाँ उनकी भेंट एक अन्य संत से हुई, जो गोवर्धन में लगभग बीस-पच्चीस वर्षों से वहाँ वास कर रहे थे। वे गोवर्धन में चंद्र सरोवर के निकट वर्षों से एक ही स्थान पर रह रहे थे। प्रारंभ में वह एक गृहस्थ थे, जिन्होंने अपना घर-द्वार छोड़ दिया था। वह बहुत कम बोलते थे, जितना भी बोलते, ब्रजभाषा में ही बोलते। उनके मुख से निकले वाक्यों को उनके शिष्य ही समझ पाते। कभी-कभी तो वह कुछ बोलते ही नहीं, वरन् कुछ शब्द स्लेट पर लिख देते, जिनका तात्पर्य उनके शिष्य ही समझाते।

वह बिल्कुल ही अलग व्यवहार व सदाचार रखते थे। उनकी कुटिया में जब कोई भी आता, वह बिना भेदभाव से उनका स्वागत स्वयं नमन करते, उनकी मान्यता थी कि उनके पास जो कोई भी आएगा, वह परमात्मा के

अतिरिक्त और कोई नहीं हो सकता। सबसे अद्भुत संयोग महान् बालयोगी के साथ यह रहा कि जब वह स्वयं प्रथम बार उन सरल, सहज, दिव्य आत्मायुक्त उन संन्यासी की कुटिया में पहुँचे, तो संत ने स्वयं उनका स्वागत किया और शिष्यों के बजाय उन्होंने स्वयं ही ब्रजभाषा में ही उनको संबोधित किया—

पधारो संत शिरोमणि पधारो!

उनकी कुटिया में ब्रजभाषा में कई प्रेरणादायी वाक्यांश लिखे थे। बालयोगी बालक ने लगभग 200 वाक्यांशों को एकत्र किया, जो आज भी उनके पास सुरक्षित हैं, जिनमें से कुछ प्रमुख वाक्यांश हैं—

जब मन पुछै कि का करै
तो और कछु मत करौ
जो शास्त्र कहै, वेद कहै
बस वईऐ करौ।

इसका तात्पर्य है कि जब संशय की स्थिति हो और समझ में कुछ न आए कि क्या करे, तो शास्त्र सम्मत वेद निहित गुरु द्वारा निर्देशित मार्ग ही अपनाए। इन्होंने इन्हीं वाक्यांशों के माध्यम से सार्थक जीवन जीवने के लिए मूल मंत्र दिए कि किस प्रकार एक गृहस्थ साधु धर्म का पालन करना सिखाता है। जनमानस में बोली जानेवाली स्थानीय भाषा का कितना प्रभाव पड़ता है। ये आपने इन्हीं गुरु से सीखा, साथ-ही-साथ उनमें भिन्न-भिन्न भाषाओं को सीखने का अदम्य भाव जागा।

ब्रजधाम में निवास के फलस्वरूप आपकी भेंट कई विद्वान् साधु व संतों से हुई, इससे इनको बहुत बड़ी शिक्षा मिली कि हर साधु व संतों का एक अपना मौलिक दर्शन होता है। अपना ज्ञान होता है व अपनी विचारधारा होती है। अपनी ही भाषा-शैली होती है। उसको प्रकट करने का अपना ही तरीका होता है, जो स्वाभाविक व्यावहारिक व मौलिक होता है। अत: मौलिक बनें। लेखन की रुचि के कारण वह प्रतिदिन कुछ-न-कुछ लिखते ही रहते थे। मौलिकता पर उनके विचार इस प्रकार हैं—

"व्यक्तित्व संसार की सबसे खूबसूरत एवं शक्तिशाली चीज है। इसके अनेक आयाम हैं। बौद्धिक, व्यावहारिक, भावात्मक, एवं आत्मिक इसकी

अंतर्निहित शक्तियाँ हैं। यह विडंबना ही है कि हमारे पास बुद्धि होकर भी हम बुद्धिमान नहीं हैं। योग के क्षेत्र में बुद्धि का बड़ा पैना विश्लेषण मिलता है। यहाँ पर बुद्धि की परिपक्व अवस्था को बुद्ध, अर्थात् गूढ़ कहा जाता है और बुद्धि के समग्र विकास को बुद्ध माना जाता है। इन दोनों के बीच की स्थिति है—'बुद्धिमान' तनाव, उदासी या फिर चीजों का सही निर्णय इसी के माध्यम से होता है। बुद्धि के विभिन्न आयामों को विकसित करके ही इसका सही उपयोग किया जा सकता है। बुद्धि को संपदा के रूप में प्रयोग करने के लिए सबसे पहला चरण है—धाराप्रवाह सोच।

हम कितनी जल्दी सोचते हैं। हमारी सोच का प्रवाह टूटता तो नहीं? सोच में व्यतिक्रम तो नहीं आता? ये सारी बातें हमारी प्रतिभा की परिचायक हैं। यह गुण लेख लिखने, बोलने तथा किसी निर्दिष्ट विषय को सोचने के लिए आवश्यक है। अतः सोच का पैनापन एवं प्रवाह बनाए रखने का प्रयास करना चाहिए। हमारे इरादे दृढ़ हों, संकल्प मजबूत हो, पर इन्हें पाने की प्रक्रिया कई प्रकार की होनी चाहिए।

बुद्धि संपदा तभी बन सकती है, जब इसमें मौलिकता हो। मौलिकता का मतलब है, अपने किए कार्य पर अपना हस्ताक्षर होना चाहिए। हमारे कार्य की विशिष्ट पहचान होनी चाहिए, यह न तो किसी की नकल हो, न बेढब हो।

हम जो भी सोचें, वह जुदा हो। जो भी बोलें, आकर्षक हो और जो भी करें, खास पहचान लिये हुए हो। हमारा अपना एक अनोखा अंदाज होना चाहिए, जो बस, हमारा अपना हो और किसी का नहीं। यह गुण ही मौलिकता है, जिसके हर पहलू में एक नई क्षमता समाई होती है। हर व्यक्ति में एक अनोखापन निहित है, बस, इसे पहचानने एवं विकसित करने की आवश्यकता है।

फिर पुनः वह हरिद्वार लौट आए और गंगा मैया की कल-कल ध्वनि में अपने जीवन की सार्थकता खोजने लगे।

उधर गाँव में भी माँ ने अपने को सँभाल लिया, परंतु भोजन के समय माँ हमेशा अपने पुत्र की थाल अवश्य लगाती, परंतु स्वभाव में एक अतिरिक्त गंभीरता व मौन धारण कर लिया था। हँसना, बोलना कम कर दिया था, जैसे वह कोई अनकही तपस्या कर रही हों। मिष्ठान्न का पूर्ण त्याग कर दिया था,

जब कोई मिष्ठान्न खाने की बात करता तो उनका जवाब होता—बचवा को मिठाई बहुत भाती थी, उसको बिना खिलाए मैं कैसे खा सकती हूँ, अब तो जब वह आएगा, मुझे अपने हाथों से मिठाई खिलाएगा, तभी मैं ग्रहण करूँगी और वह चुपचाप उनके कमरे में चली जातीं। इसी बीच दादी का भी देहांत हो गया, माँ का यह संबल भी चला गया। वह सूनी-सूनी आँखों से किसी की बाट जोहती रहती, फिर भगवत्-स्मरण में लग जाती। पिताजी गाँव के लोगों से मिलकर अपना ध्यान बँटाने का प्रयास करते, साथ-ही-साथ बेटे की खोज-खबर रखने का भी प्रयास करते। बाकी लोगों ने यथास्थिति से समझौता कर लिया था, पर उस अद्‌भुत बालक की कमी गाँव में सभी को खलती। पूरा गाँव ही उस समय एक बृहत् परिवार की तरह था, सभी एक-दूसरे के सुख-दुःख में शामिल रहते थे। गाँव में, घर में काम करनेवाली सेविकाओं को भी चाची या काकी कहकर संबोधित किया जाता था। न तो इतनी दीवारें थीं, न ही इतना परायापन सभी बुजुर्गों को सम्मान दिया जाता था और छोटों को स्नेह। उस पर बालक जैसे मृदुभाषी व सरल स्वभाव के बालक पर तो सभी अपना स्नेह बरसाते थे।

हरिद्वार में बाल संत सभी को भगवान् व धर्म की वास्तविकता का ज्ञान देते, जीवन की छोटी-छोटी आवश्यकताओं को प्रवचनों की विषय-वस्तु बनाकर लोगों को समझाते। ज्ञान क्या है? सफलता कैसे प्राप्त की जाती है? सद्‌मार्ग क्या है, ईश्वर भक्ति क्या है, सच्चा भक्त कौन है? सरल शब्दों में छोटी-छोटी पौराणिक कथाओं के दृष्टांत देकर अपने प्रवचनों से लोगों में ज्ञान बाँटते।

उस पर प्रभावशाली आभामंडल लोगों में श्रद्धाभाव जगाता, जल्द ही हरिद्वार में बालयोगी के भक्तजनों की संख्या दिन-प्रतिदिन बढ़ने लगी।

ज्ञान क्या है, शिक्षा की उपयोगिता क्यों है? इसको प्रभु भक्त सहृदय युवा संत कथा के माध्यम से इस प्रकार समझाते—

"एक ऋषि के दो शिष्य थे। वे हमेशा दोनों को समान शिक्षा देते और कहते, ईश्वर हर जगह उपस्थित है। कई वर्ष बीत गए। ऋषि ने शिष्यों को हर तरह का ज्ञान दिया, ताकि वे जीवन में कभी मात न खा सकें। दोनों शिष्य बड़े

निपुण थे, फिर भी गुरुजी उनकी निपुणता का परीक्षण करना चाहते थे।

गुरुजी काफी वृद्ध हो चुके थे और अस्वस्थ भी रहने लगे थे। एक दिन उन्होंने सोचा कि क्यों न दोनों में से किसी को अपना उत्तराधिकारी नियुक्त किया जाए, ताकि मरने के बाद कोई तो मेरा ज्ञान दूसरों में बाँट सके। यह सोचकर उन्होंने दोनों शिष्यों को बुलाया और एक-एक फल देते हुए कहा, "इसे ऐसी जगह खाना, जहाँ तुम्हें कोई देख न सके। उसके पश्चात् मेरे पास आओ।"

दोनों शिष्यों ने फल ले लिया। एक शिष्य एक कक्ष में गया और उसने सभी दरवाजे व खिड़कियाँ बंद करके वह फल खा लिया कि मुझे कोई नहीं देख रहा है। तत्पश्चात् वह गुरुजी के पास पहुँचा।

दूसरा शिष्य पूरे दिन गाँव में इधर-उधर भटकता रहा और फल खाए बिना ही गुरुजी के पास लौट आया।

पहले शिष्य ने गुरुजी से कहा, "गुरुजी, मैंने एकांत कक्ष में फल खा लिया, वहाँ मुझे कोई नहीं देख रहा था।"

दूसरा शिष्य बोला, "गुरुजी, क्षमा करें, मुझे ऐसी कोई जगह नहीं मिली, जहाँ कोई न देख रहा हो। आपने हमें सिखाया है कि परम पुरुष परमात्मा हर जगह उपस्थित रहता है? ऐसे में मैं फल कहाँ खाता?"

उस शिष्य की बात सुनकर गुरुजी बोले, "तुम्हीं मेरे उत्तराधिकारी हो।"

शिक्षा की उपयोगिता तभी है, जब उसे पूर्ण रूप से आत्मसात् किया जाए।

सद्मार्ग क्या है, ईश्वर भक्ति क्या है, सच्चा भक्त कौन है?

'श्रीमद्भागवत गीता' से उदाहरण लेता है—

"शुक्ल कृष्णे गती होते, जगत: शाश्वते मते।
एकया यात्यना वृत्तिमन्ययावर्तते पुन:

अर्थात् वैदिक मतानुसार इस संसार से प्रयाण करने के दो मार्ग है—एक प्रकाश का, दूसरा अंधकार का जो व्यक्ति प्रकाश के मार्ग से जाता है, वह वापस नहीं आता, किंतु अंधकार के मार्ग से जानेवाला पुन: लौटकर आता है।

"वेदेषु यज्ञेषु"

महाभारत का युद्ध समाप्त हो चुका था। विजय रथ में अर्जुन की बिठाकर भगवान् श्रीकृष्ण पांडवों के शिविर की ओर चल पड़े। वहाँ पहुँचकर श्रीकृष्ण

ने अपने पैर का अँगूठा रथ पर टिकाए रखकर अर्जुन को आदेश दिया, "रथ से तत्काल उतरकर दूर जाकर खड़े हो जाओ।"

विजय रथ से योद्धा का सारथी से पहले उतर जाना परंपरा के विरुद्ध था। इस प्रकार से शीघ्रता करना भी अर्जुन की समझ में नहीं आ रहा था, लेकिन वह तत्काल रथ से उतरकर दूर खड़े हो गए। इसके बाद श्रीकृष्ण ने ज्यों ही अपना पैर रथ के नीचे रखा, रथ की ध्वजा से कपिराज अदृश्य हो गए और सारा रथ धूँ-धूँ करके जलने लगा।

कुछ ही क्षणों में रथ आग में तब्दील हो गया, यह दृश्य देखकर भय और आश्चर्य से काँपते अर्जुन ने श्रीकृष्ण से इसका कारण पूछा।

श्रीकृष्ण ने कहा, "युद्ध में तुम्हारे ऊपर जितने भी दिव्य शस्त्रों का प्रयोग हुआ था, उनके तेज से यह रथ कभी का जल गया चुका था। इसे मैंने अपनी शक्ति से बचाए रखा था। यदि तुम इस रथ से उसी क्षण न उतरते तो तुम भी भस्म हो जाते। तुम्हारे समर्पण ने ही तुम्हारे प्राणों की रक्षा की है।"

समर्पण किसी कमजोरी या निम्नता का प्रतीक नहीं होता। यदि समर्पण श्रेष्ठ व परमात्मा के प्रति हो तो वह दृढ़ निश्चय व अनुशासन का प्रतीक होता है। इसे साध लेने पर मनुष्य स्वतः भगवत् कृपा का पात्र बन जाता है। वस्तुतः भगवद् कृपा तो निरंतर बढ़ रही है, लेकिन उसको प्राप्त करने का पात्र बनने के लिए समर्पण अत्यंत आवश्यक होता है।

प्रकृति का नियम है, जहाँ जमीन नीची और गहरी होती है, वहीं वर्षा का जल एकत्र होता है। वह ऊँचे पर्वतों पर नहीं ठहरता। इसी तरह समर्पण स्वयं को विनम्र तथा गहरा बनाकर ईश्वर की कृपा का पात्र होने की प्रक्रिया है।

प्रवचन का यह सहज, सरल, कथामय स्वरूप सभी के आकर्षण का केंद्र बन गया। सभी मंत्रमुग्ध से इस बाल साधु का प्रवचन आत्मसात् करते और उनके समीप खिंचे चले आते, बालक अपनी ही तंद्रा में डूबा अपनी अमृतवाणी के द्वारा लोगों को भाव-मुग्ध करता रहा।

जब बालक ने अपना उद्‌बोधन समाप्त किया तो करतल ध्वनि से पूरा गंगा घाट गूँज उठा, तभी वहाँ स्थित एक आश्रम के स्वामीजी ने बालक के पास आकर कहा, "अति सुंदर, तुम्हें हिंदू शास्त्रों का अच्छा ज्ञान है। क्या तुम मेरे

आश्रम की शोभा बढ़ाओगे?" बालक ने प्रश्नवाचक दृष्टि साधुओं की टोली के गुरुजी पर डाली। गुरुजी की सहर्ष अनुमति के पश्चात् बालक आश्रम के स्वामीजी के साथ आश्रम रवाना हो गए। बालक आश्रम में रहकर आश्रम के जीवन की दिनचर्या को आत्मसात् करने लगे। उनके जैसे और भी योगी आश्रम के सदस्य थे। गुरु सेवा, ईश्वर प्रार्थना, गौ सेवा वह विधिवत् करने लगे। योग विद्या, धर्म, ज्ञान, वेद ज्ञान उनके अध्ययन साधना को और प्रबुद्ध कर रहा था। सायंकाल को होनेवाले भगवत् भजन व प्रवचन में वह विधिवत् भाग लेते और स्वामीजी के प्रिय पात्र बनते। आश्रम के भक्तजनों में वह अपना स्थान बनाते चले गए। गंगा मैया का पूजन उनका सबसे प्रिय कर्म था। वह घंटों गंगाजी के तट पर बैठ जाते और गंगा की अविरल धारा को एकटक निहारते रहते, जैसे गंगा की कल-कल ध्वनि में भी वह आध्यात्मिक शब्दों को खोज रहे हों। ईश्वर कहाँ है, शायद हमारे भीतर है ईश्वर—ये शब्द उन्हें उद्वेलित करने लगे।

उन्हीं के शब्दों में—"विश्वजनीय धर्म ईश्वर के विषय में क्या कहता है? वह कहता है कि ईश्वर के अस्तित्व का प्रमाण हमारे भीतर है। यह एक आंतरिक अनुभूति है। आप अपने जीवन के कम-से-कम एक ऐसे क्षण का अवश्य स्मरण कर सकते हैं, जबकि प्रार्थना व पूजा के समय आपकी शारीरिक चेतना की बेड़ी करीब-करीब समाप्त हो गई हो और अनुभव का द्वैत-सुख और दुःख, क्षुद्र प्रेम और घृणा इत्यादि का आपके मन से लोप हो गया हो। विशुद्ध आनंद एवं शांति आपके मन में उमड़ आई हो और आपने परम शांति, ब्रह्मानंद और संतुष्टि का आनंद लिया हो।

यद्यपि इस प्रकार का उच्च अनुभव सब व्यक्तियों को बहुधा प्राप्त नहीं होता, यद्यपि निस्संदेह प्रत्येक मनुष्य ने निश्चय ही किसी-न-किसी समय प्रार्थना या पूजा की, मनोदशा में या ध्यान में कुछ क्षण विरुद्ध शांति का आनंद लिया होगा।

किसी भी पदार्थ या वस्तु को हासिल करने के लिए सामान्य नियम यह है कि वह जहाँ है, वहीं से प्राप्त होगी। मिसाल के तौर पर सोने के आभूषण सुनार के यहाँ मिलेंगे, अनाज के गोदाम से नहीं। प्रकृति का सिद्धांत है कि आम के

वृक्ष से आम मिलेंगे, लीची नहीं।

हम सब इस बात से भलीभाँति वाकिफ हैं। प्रायः हम सब इस बारे को कोई भूल या गलती भी नहीं करते, लेकिन जब बात आती है परमात्मा की, भगवान् की, खुदा की, वाहेगुरु की, तो यह जानते हुए कि वह हमारे अंदर है, हम उसे बाहर ढूँढ़ते हैं। संतों ने यही कहा है कि जो हमारे अंदर है, हम उसे बाहर ढूँढ़ते हैं—

मोको कहाँ ढूँढ़े रे बंदे
मैं तो तेरे पास रे।

दूसरी बात यह है कि जो चीज प्रत्यक्ष है, हमारे सामने मौजूद है, उसे ढूँढ़ने की क्या जरूरत! ढूँढ़ी तो वह चीज जाती है, जो गुम हो गई हो। परमात्मा को ढूँढ़ने की भला क्या जरूरत, वह तो हर पल, हर साँस में हमारे साथ मौजूद है।

महात्माओं ने यही बात कही है कि जो चीज पहले से ही हमारे अंदर मौजूद है, प्राप्त है, हमें उस चीज की उपस्थिति का ज्ञान सिर्फ इसलिए नहीं होता, क्योंकि वह अभी तक आवृत्त है। उस पर हमारी अज्ञानता का आवरण पड़ा है।

परमात्मा का निवास हमारे अंदर है, हमारे हृदय में ही वह विद्यमान रहते हैं, लेकिन हम उन्हें मंदिर, मसजिद, गुरुद्वारे, चर्च और अनेक तीर्थस्थानों पर ढूँढ़ते रहते हैं। जब अज्ञानता का परदा हटता है और ज्ञान का प्रकाश होता है, तब वह चीज जो हमारे अंदर मौजूद है, उसकी अनुभूति होती है। इस प्रकार हम परमात्मा को भी प्राप्त कर सकते हैं, क्योंकि हमारे जीवन का चरम लक्ष्य ही भगवान् को पाना है।

'रामचरितमानस' की एक चौपाई है—

निर्मल मन जन, सो मोहि पावा।
मोहि कपट छल, छिद्र न भावा॥

अर्थात् भगवान् कहते हैं कि जिनका मन छल-कपट रहित नदी के जल के समान निर्मल हो, जो सहज हो, जो किसी बाहरी आवरण से ढला न हो, वही मुझे प्यारा होता है और वही मुझे पा भी सकता है। लेकिन जो लोग छली होते

हैं, कपट से भरे होते हैं, वे लोग ईश्वर को पसंद नहीं।

गोस्वामीजी ने 'रामचरित मानस' में कई स्थलों पर ऐसी बातें बताई हैं, जिसका अनुसरण कर कोई भी भक्त ईश्वर-प्राप्ति के समीप पहुँच सकता है—

ईश्वर अंस जीव अविनासी,
चेतन अमल सहज सुखरासी॥

अर्थात् जब प्रत्येक जीव ईश्वर का अंश है तो फिर क्या कारण है कि जीवन में मानसिक संताप, शोक, चिंता और व्यग्रता घर कर जाती है? क्यों कोई जीव ईश्वर का अंश होते हुए भी ईश्वर से दूर रहता है?

इसका उत्तर काफी सहज भाव से इस उदाहरण के द्वारा समझाया जा सकता है कि जिस प्रकार कोई मकड़ा अपना जाल बनाना प्रारंभ करता है और बनाते-बनाते जाल इतना बड़ा हो जाता है कि वह मकड़ा अपने बनाए हुए जाल में स्वयं ही फँस जाता है, इस जाल से निकलने के उसके सारे प्रयास निरर्थक हो जाते हैं।

मनुष्य का जीवन भी इन्हीं स्थितियों पर निर्भर करता है, जब कोई बच्चा जन्म लेता है तो वह ईश्वर के काफी करीब होता है, क्योंकि वह अपने चहुँओर छल, कपट, झूठ आदि का जाल बनाने में सक्षम नहीं होता। उसकी निष्पाप आँखें, निर्मल हृदय, सबको मोहनेवाली मुसकान ईश्वर प्रदत्त होती है; लेकिन जैसे-जैसे वह बड़ा होता है, दुनिया में प्रवेश करने लगता है, त्यों-त्यों वह दुनिया की सच्चाइयों व बुराइयों से अवगत होने लगता है। इसी को आधार बनाकर वह अपनी दुनिया बसाता और उजाड़ता रहता है। दुविधा में फँसा वह सही-गलत का अंतर भूल जाता है।

वह अपने प्रिय स्थल गंगा घाट की सीढ़ियों पर बैठे-बैठे कितने ही विचार अपने मन में धारण करते, लेखनबद्ध करते या यों ही मन-मस्तिष्क में समा लेते। वह नेत्र बंद करके गंगा की कल-कल ध्वनि में अपने हृदय में समाने का प्रयास करते, लेकिन तभी गंगा मैया की ध्वनि के पीछे अम्माँ का चेहरा आ जाता। वह अचकचाकर अपनी आँखे खोल देते, फिर मन-ही-मन विचार करते, 'तू तो तप करने के लिए अम्माँ व घर को त्यागकर निकला था, तू तो फिर से अपने लक्ष्य से भटक रहा है, यह तो तुम्हारा लक्ष्य नहीं है कि आश्रम

में रहो व प्रवचन करो? तुम्हें तो तप करके अपने को जानना है। ईश्वर को जानना है, समाज को पहचानना है।' मावनता का वरण करना है, पर यहाँ पर फिर से उलझकर रहा गया हूँ। मुझे अपने लक्ष्य की प्राप्ति के लिए तपोवन रूपी हिमालय पर जाकर तप करके ईश्वर और अपने बीच एक निकटता लानी है। लौकिकता से अलौकिकता को प्राप्त करना है।

एक दृढ़ निश्चय के साथ बाल-साधु गंगा तट से उठकर आश्रम चल देते हैं, परंतु मन की विकलता वहाँ भी परिलक्षित होती है। अन्य साधुओं के प्रश्न करने पर वह आदरपूर्ण शब्दों से उन्हें संतुष्ट कर कक्ष में जाकर ईश्वर साधना में लीन हो जाते हैं। बहुत का कथन मौन रहकर ही समझा जा सकता।

मौन भी आध्यात्मिक साधना का सबसे पहला सूत्र माना गया है, इसलिए व्यक्ति मौन के महत्त्व को समझकर वाणी के प्रयोग में सचेत हो जाए। मौन का वास्तविक अभिप्राय है—वाणी का सार्थक उपयोग। मौन का संबंध हमारे मन-बुद्धि, संयम के नियंत्रण से है और आध्यात्मिक साधना के लिए मौन को प्रमुख माना गया है।

वह युवा संन्यासी भी मौन की महत्ता को जानते थे। बाल-युवा संत बालक ने मौन धारण करके अपने को ईश्वरीय साधना में लगा दिया। समय का जैसे उन्हें पता ही नहीं चला।

वह फिर विचार करने लगे कि आश्रम का जीवन भी उनके लिए अत्यंत आध्यात्मिक रहा। प्रतिदिन आश्रम में रहते पर संत को ज्ञान प्राप्त करने का भरपूर अवसर मिला, मगर शनैः-शनैः उन्हें लगने लगा कि जिस उद्‌देश्य को लेकर वह घर से निकले थे, वह लक्ष्य नहीं प्राप्त कर पा रहे हैं, फिर भी अब उन्हें लक्ष्य की प्राप्ति के लिए हिमालय दर्शन पर जाना ही होगा। साध्य प्रवचन में उनकी यह स्वीकारोक्ति कहीं-न-कहीं परिलक्षित हो उठी—

"एक बार एक नन्हा बालक खेलते हुए गिर पड़ा। जख्म की पीड़ा दर्द भरी पुकार में फूट पड़ी। यह सुनकर माँ उसी क्षण अपना सारा काम-धाम छोड़ दौड़ती हुई आई। बच्चे को अपनी गोद में ले लिया। कुछ दिन बाद वही बालक माँ से चुहल करने के इरादे से रोने का अभिनय करता है। माँ को पुकारता है, परंतु इस बार माँ उसके पुकारने पर ध्यान नहीं देती। तब बालक माँ के पास

जाकर शिकायत भरे लहजे में न आने का कारण पूछता है। माँ सहज भाव से उत्तर देती है, "बेटे, इस बार तेरी पुकार में अभिनय था दर्द नहीं।"

क्या आज ऐसी दशा हमारी नहीं है? हम भी जब परम पिता परमात्मा को पुकारते हैं तो उसे मौन ही पाते हैं तो हम कभी उस पर पत्थर तो कभी कठोर हृदय होने का आरोप लगा बैठते हैं। कभी-कभी तो उसके अस्तित्व को ही नकार बैठते हैं, परंतु उस परम सत्ता को कठोर हृदय कहने से पहले जरा अपने हृदय में भी झाँककर देखें, कहीं हमारी पुकार में भी बालक की तरह मात्र औपचारिकता या दिखावा तो नहीं? कहीं सुगंधित फूलों से सजी हमारी पूजा की थाली से स्वार्थ एवं लोभ की दुर्गंध तो नहीं उठ रहीं?

भगवान् कृष्ण 'गीता' में कहते हैं—"अनन्य भाव से ही मेरा चिंतन करते हुए जो भक्त हमेशा मेरी उपासना करते हैं। उनका योगक्षेम है, वहन करता हूँ। योग, अर्थात् अप्राप्त वस्तु की प्राप्ति हो जाना और 'क्षेम' अर्थात् प्राप्त वस्तु की रक्षा करना। प्रभु जब दोनों दायित्व अपने ऊपर ले लेते हैं तो वही होता है—'योग क्षेमं वहाम्यहम्'।

एक अलौकिक सुरक्षा कवच को पाने के लिए हमारे सामने एक ही शर्त है—अनन्य भाव से प्रभु स्मरण।

अनन्य, अर्थात् पूर्ण रूप से भक्त प्रभुमय हो जाए, क्योंकि—

प्रेम गली अति साँकरी
जा में दो न समाय

आज तक हम इस शर्त पर कभी खरे नहीं उतरे। यही कारण है कि प्रभु हमारे पुकारने पर भी मौन है। इतिहास साक्षी है कि अनन्य प्रेम के आगे प्रभु ने अपने वचन 'योग क्षेमं वहाम्यहम्' को बार-बार निभाया है। भक्तों के प्रति उनका प्रेम एवं उनकी कृपा के दृष्टांत अनंत हैं। आज जब हम इन घटनाओं को सुनते हैं तो हमारे भीतर यह प्रश्न उठता है कि वास्तव में ऐसा संभव है?

आवश्यकता है प्रभु को प्रभु से माँगने की। संसार की तुच्छ वस्तुओं को माँगने की बजाय उनकी उँगली थामने की। भगवान् कृष्ण ने भी 'गीता' में यही कहा है, "यूँ तो मुझे अपने सभी भक्त आर्त (दुःख निवारण के लिए पुकारनेवाले) अर्थार्थी (संसारिक पदार्थों के लिए पुकारनेवाले) एक जिज्ञासु

(शास्त्रों द्वारा मुझे जानने की इच्छा रखनेवाले) प्रिय है, परंतु ज्ञानी भक्त (भीतर मेरे तत्त्व का साक्षात्कार करनेवाले) मुझे अत्यंत प्रिय हैं। 'योगक्षेमं' का दायित्व मैं पूरी तरह से उन्हीं का वहन करता हूँ, क्योंकि वह मुझे तत्त्व से जानते हैं और मुझसे ही माँगते हैं। यही उनके प्रेम की कसौटी है।"

इतना कहकर वह बाल संत चुप हो गए, तभी तालियों की ध्वनि से उनकी तंद्रा भंग हुई, जैसे वह भी प्रभु से प्रभु को माँग रहे हों! एक असीम सी गंभीरता उनके मुख पर छाई थी। एक दृढ़ शक्ति उनके चेहरे पर स्पष्ट परिलक्षित हो रही थी। वह हाथ उठाकर सबको अभिवादन करने के पश्चात् शांत मन से अपने कक्ष की तरफ बढ़ चले।

□

हिमालय, तप व गुरु दीक्षा

ईश्वर प्राप्ति की आकंठ इच्छा बाल आध्यात्मिक संत को हिमालय की तरफ खींचने लगी।

को वह विचार करने लगे, इसी तरह एक स्थल से दूसरे धार्मिक स्थल पर भ्रमण से उन्हें अपने लक्ष्य की प्राप्ति नहीं होगी, अतः जब आप सच्चाई जानने को तड़पते हैं, तब पहाड़ों व गुफाओं ने आपको आकर्षित करना शुरू कर दिया है।

"तप ही वह साधन है, जिससे आप स्वयं को ईश्वर में लीन कर सकते हैं। ईश्वर-प्राप्ति के लिए एकांतवास ही वह साधन है, जिसे साधक बनकर ही प्राप्त किया जा सकता है। साध्य प्रवचन में युवा साधु बालक जैसे ईश्वरमय हो गए ईश्वर प्राप्ति की उत्कंठा उनके वचनों में स्पष्ट परिलक्षित हो उठी, "तप क्या है?" प्रभु में अनुरक्ति पाना। भगवान् के प्रति परम प्रेम ही उन्हें पाने का सहज उपाय है, यही भक्ति योग का सार है। प्रेम के मार्ग में अपने सुख की कामना के लिए कोई स्थान नहीं है। व्यक्ति अपनी सांसारिक इच्छाओं को त्यागकर प्रभु से केवल उनकी अविचल भक्ति एवं कृपा ही माँगता है, उसके आचरण व व्यवहार में चातक-वृत्ति दिखाई पड़ती है। वह तो एकमात्र प्रभु का ही आश्रय चाहता है। उसकी अभिलाषा रहती है कि अपने कर्मवश जिस योनि में भी जन्म लेना पड़े, भगवान् के चरणकमलों का आश्रय बना रहे।

भक्त के लिए तो प्रभु का विस्मरण ही सबसे बड़ी विपदा है और प्रभु का स्मरण ही सबसे बड़ी संपदा, तभी तो भक्तराज हनुमान ने—

नाथ भगति अति दुखदायिनी।
देहु कृपा करि अनपायनी॥

कहकर प्रभु से उनकी दुर्लभ भक्ति का ही वर माँगा। भगवान् श्रीराम के बाण से आहत वानरराज बाली जानता था कि वे पूर्ण ब्रह्म परमात्मा हैं और उनके हाथों मरने से मेरा कल्याण ही होगा।

प्राण त्यागते समय बाली ने पूछा, "किस दोष से आपने मुझे मारा?"

श्रीराम समीप आकर बोले, "तू पातकी है," बाली ने अत्यंत नम्रतापूर्वक उनसे प्रश्न किया, "आप तो स्वयं मेरे सम्मुख खड़े हैं तो क्या मैं अभी भी पातकी हूँ?" स्वयं भगवान् के वचन हैं—

सम्मुख होई जीव मोहि जबहीं।
जन्म कोटि अघ नासहिं तबहीं॥

भगवान् ने कहा, "अगर तुम जीवन दान माँगो तो मैं देने को तैयार हूँ।" बाली ने विचार किया कि स्वयं प्रभु श्रीराम साक्षात् मेरे नेत्रों के सामने प्रकट हैं, ऐसा सुयोग दोबारा कब मिल सकेगा? उसने प्रभु के प्रति आभार प्रकट करते हुए उनसे यही माँगा—

अब नाथ करि करुना बिलोकहु देहु जो वर माँगऊ।
जेहि जोनि जन्मौं कर्म बस तह राम पद अनुरागऊ॥

जब बाली जैसे राजा को परमात्मा के हाथों सद्‌गति मिली, हम तो योनियों में श्रेष्ठ मनुष्य के रूप में जनमे हैं तो क्यों न अपना जीवन ईश्वरभक्ति में समर्पित कर दें!

यह कहते-कहते युवा संत का कंठ भावावेश में अवरुद्ध हो गया, तभी गुरु ने आकर उन्हें गले लगा लिया।

फिर क्या, युवा संत पुनः तप करने के लिए हिमालय की ओर चल पड़े। हरिद्वार से पैदल मार्ग पर चलते-चलते गंगोत्री की पर्वत-मालाओं पर पहुँचकर उन्हें ऐसा लगा, जैसे वह स्वयं भगवान् के स्थल पर पहुँच गए हों! चारों ओर हिमाच्छादित पर्वतमालाएँ स्वयं ही एक देवालय सी प्रतीत होती हैं, उनसे निकलती हुई गंगा नदी की श्वेत धारा धरा को स्वर्गमयी बना रही थी, वहाँ का हर प्रहर एक अलग प्राकृतिक छटा बिखेरता सा प्रतीत होता है। प्रातः सूर्योदय के समय हिम से आच्छादित पहाड़ियाँ मानो केसरिया रंग धारण करके स्वयं साधुमय होकर गंगा मैया की आराधना में लीन खड़ी हों और अपराह्न

में श्वेत वस्त्र धारण करके सूर्य की तपिश को अपने अंदर समा लेना चाहती हों। सांध्यकाल में सूर्य की स्वर्णमयी आभा से ये पर्वतमालाएँ स्वर्णमयी होकर अपनी अलग ही आभा बिखेरती सी प्रतीत होती हैं। रात्रि में यही चंद्रमा की प्रभा से प्रभावित होकर चाँदनी सी बिखेरकर पूरी रात्रि को प्रकाशित कर देती है। बालक जैसे इन पर्वतमालाओं में खो सा गया, यहाँ का अद्‌भुत दृश्य उनके हृदय में बसी ईश्वर-प्राप्ति की उत्कंठा को और जाग्रत् करने लगे।

वहीं पर उन्होंने एक कुटिया बनाई और वही पर रहने लगे, प्रातः पूजा व ध्यान में चला जाता, फिर वह आँख बंद करके ध्यान में मग्न हो जाते, उन्हें अपने आसपास की गतिविधियाँ भी नहीं हिला पातीं।

वहीं पर चार-पाँच साधु और भी अपनी कुटिया बनाकर रहते। सभी साधना में रत रहते। प्रारंभ में उनका अन्य साधुओं से मेल-जोल नहीं होता था, ऊपर से आयु का बड़ा अंतर भी था। वे उत्तरकाशी के प्राकृतिक वातावरण में प्रायः खो से जाते। वहाँ के वन-पर्वत उनके निकटस्थ सहचर थे। वे उनके अलौकिक सौंदर्य के प्रत्यक्ष दृष्टा थे।

कहते हैं कि ईश्वर व प्रकृति दोनों एक-दूसरे के पूरक हैं। उस पर हिमालय, जहाँ पुराणकाल से ही तप व ईश्वर दर्शन व ईश्वरीय ज्ञान प्राप्त करने के लिए अनेकानेक ऋषि-मुनियों ने अपने को प्राप्त किया व ईश्वरमय हो गए। वहाँ साधु महात्मा स्वयं ही कुछ विलक्षण घटनाओं के द्वारा अपने अंदर की शक्ति का ज्ञान प्राप्त करते हैं। प्रकृति द्वारा प्रदत्त ज्ञान सचमुच अनूठा होता है, जो शनैः-शनैः ईश्वर की प्राप्ति का मार्ग प्रशस्त करता है। ऐसी ही प्रकृति प्रदत्त घटनाएँ युवा साधु बालक के साथ भी घटने लगीं, जिससे उनका ज्ञान व धैर्य ईश्वरत्व की प्राप्ति की ओर बढ़ चला।

साधना के आरंभ में इस युवा संन्यासी ने भोजन त्याग रखा था, केवल कुछ आलू खाकर ही निर्वाह कर रहे थे। तब वहाँ के लोग उन्हें 'आलू बाबा' कहने लगे, इसी नाम से उनकी चर्चा आपस में करते। हर ओर अन्य साधु भी अपनी-अपनी कुटियों में बैठे आध्यात्मिक मार्ग के सोपानों पर उत्तरोत्तर चढ़ने का प्रयास करते, वहाँ के भक्तजनों द्वारा सभी साधुओं का नामकरण किया जाता। लोक में नाम रखने की भी अपनी ही एक कला होती है। वहाँ कहीं योग

विशिष्ट, कहीं गीता, कहीं उपनिषदों का निरंतर पाठ होता रहता। यदा-कदा वह अन्य साधुओं के आमंत्रण पर वहाँ जाते और ज्ञान अर्जन करते।

अनेक संन्यासी होने पर भी उनका आपस में आना-जाना कम ही होता। वे कभी-कभी ही आपस में मिलते व चर्चा करते। प्रायः वे अपने पूजा-पाठ में ही लगे रहते। सभी की ईश्वर भक्ति अनूठी थी, सब अपने जप व तप से ईश्वर के समीप पहुँचने का प्रयास करते। तभी एक अद्‌भुत घटना घटी। वे अपनी सांध्यकालीन साधना में बैठने की तैयारी ही कर रहे थे, अपना कमंडलु स्वच्छ करके उसमें जल भरकर रखा ही था कि एक चिड़िया ने आकर कमंडलु के जल को चोंच मारकर जूठा कर दिया तथा जल में दो-तीन बार चोंच डुबाई और फुर्र से उड़ गई, शायद वह प्यासी थी, उन्हें कुछ झुँझलाहट सी हुई, फिर जाकर उन्हें जल लाना पड़ेगा, वह पुनः कमंडलु को स्वच्छ करके जल भरकर लाए और साधना में रत हो गए।

अगले दिन फिर से कमंडलु स्वच्छ करके जल भरकर रखा। साधना में बैठे ही थे कि पुनः वह चिड़िया आई और जल जूठा करके फुर्र हो गई। वे आज भी खीज उठे और पुनः जल भरकर लाए। अब तो ये रोज का क्रम होगा। धीरे-धीरे उनकी यह खीज एक एक स्मित मृदुल हास्य में परिवर्तित हो गई और नित्य की दिनचर्या में शामिल हो गई। अब वह जैसे ही प्रथम बार कमंडलु में जल भरते। तीव्रता के साथ चिड़िया के आने की प्रतीक्षा करने लगे। उनके अंदर का रोष व क्रोध जाता रहा, जीवन का एक नया अध्याय उनको प्रकृति ने सिखा दिया। उस चिड़िया से एक सुखद सा नाता जुड़ने लगा।

अपनी भावनाओं को लिखने की कला उन्हें बालपन से ही आती थी। उन दिनों प्रभु के नाम पाती लिखना उनका नित्य का आनंद बन चुका था, जिससे वह स्वयं को ईश्वर के ज्यादा प्रत्यक्ष पाते। एक दिन ईश्वर के नाम पाती लिखने के पश्चात् वह ज्यादा ही भावुक हो उठे। करुण पुकार से भगवान् से प्रश्न करने लगे, फिर स्वयं ही अपने मन को समझाने के लिए समाधान भी निकालने लगे? क्यों नहीं दिखते भगवान्, दिखेगा भी कैसे, वही तो देखनेवाला है! जो सबमें है, कण-कण में है। वह इतना विशाल है कि दोनों आँखों से दिख ही नहीं सकता। सच तो यह है कि भगवान् को खुली आँखों से देखने का कोई उपाय भी नहीं है।

भगवान् ऐसे हैं, जैसे मानव शरीर में आँखें। आप आँखों से अपने हाथ-पैर देख सकते हैं। उनसे होनेवाली क्रियाएँ देख सकते हैं, परंतु आँखों को कैसे देखेंगे? आँखें स्वयं देखनेवाली हैं। उनका दर्शन संभव नहीं। सोचकर देखे कि स्वयं को अगर किसी आईने या किसी वस्तु में देखना संभव नहीं होता तो हम अपनी आँखों को कैसे देखते? आँखें देखती हैं, यह सच है।

हाँ, हम मन की आँखों से अपने ईश्वर के दर्शन कर सकते हैं, अपने अराध्य की आराधना कर सकते हैं।

उपासना क्या है? उपासना का अर्थ है—ईश्वर के पास बैठना। हम जब अपनी शुद्ध भावनाओं को पूर्ण श्रद्धा के साथ अपने ईश्वर को अर्पित करते हैं तो वह उपासना कहलाती है। इस प्रकार ईश्वर का ध्यान करके एवं प्रार्थना करके हम उसके समीप हो जाते हैं। विपत्ति के क्षणों में जब प्रार्थना हृदय से निकलती है तो सीधी परमात्मा तक पहुँचती है। उपासना शरीर, मन व वाणी का संयम है। जितने करुण हृदय से आप ईश्वर की उपासना करेंगे, अपनी व्यथा उससे कहेंगे, उतने ही शीघ्र आपके आराध्य आपकी उपासना स्वीकार करेंगे। इस संबंध में एक प्रसंग है—

एक उच्च कोटि के महात्मा अपने आराध्य के मंदिर में नित्य जाते थे और प्रार्थना के स्थान पर अपने आराध्य से कहा-सुनी करते थे तथा अपनी भाव-भंगिमाओं से अपना गुस्सा प्रदर्शित करते थे। यही क्रम जब कई दिन तक चलता रहा तो एक दिन हमने व्यथित होकर उनसे पूछा कि हे महाराज! आप प्रार्थना करने के स्थान पर अपने आराध्य से लड़ते क्यों हैं?

उन्होंने भरे स्वर में बताया कि मैं अपने आराध्य से मिलने सैकड़ों मील दूर से पैदल चलकर आया हूँ, क्योंकि उन्होंने मुझे बुलाया था। जब मैं इतनी दूर से पैदल चलकर आया हूँ तो क्या वह अपने सिंहासन से उठकर मेरे पास नहीं आ सकते? बस, मेरी उनसे यही लड़ाई है।

उनका जवाब सुनकर सब निरुत्तर हो गए और प्रार्थना व प्रेम का यह भी एक रूप है। यह तय है कि उपासना से विपत्तियाँ दूर होती हैं।

ईश्वर क्या है प्रस्तर ईश्वर हमारे विश्वास का विषय है, हमारी आस्था का विषय है। अगर हमारी आस्था मजबूत है तो सामने ईश्वर है, यदि हममें आस्था

नहीं, विश्वास नहीं तो वह श्रेयस्टर है, प्रतिमा है बहती नदियाँ है, हमारी आस्था ही हमें उधर ले जाती है—

आस्था है तो बंद द्वार में भी रास्ता है।
आस्था नहीं तो कहीं कोई रास्ता नहीं॥

भगवान् का सच्चा भक्त वह है, जो उसके विधान को पवित्र सुखकर, प्रियकर, मंगलकारी और हितकारी माने। उसमें त्रुटि न देखे, दोष न देखे, न्यूनता न देखे। इस दिशा में जैसे-जैसे आपका चिंतन मजबूत होता जाएगा, वैसे-वैसे आप निर्भर होते जाएँगे। अतएव, भगवान् का बनकर जियो, पदार्थों का बनकर नहीं। भगवान् का बनने का अर्थ है, सत्य का बनकर जियो।

वृथा गतम् तस्य नरस्य जीवनम्

उस आदमी का जीवन बेकार चला जाता है, जो सत्य में नहीं जीता, जो यथार्थ के साथ नहीं जीता। जो यथार्थ का जीवन है, सत्य का जीवन है, उस धरातल पर खड़े होकर जीवन जिएँ, फिर आप देखेंगे कि आपका जीवन आसान हो गया।

हिमालय प्रवास के दौरान यह उनकी प्रथम शीतऋतु थी। ठंड काफी बढ़ चुकी थी। कभी-कभी ये ठंड असहनीय हो जाती, पर ईश्वर आस्था में रत देह इस ठंड में भी शरीर को ताप देती रहती। अन्य साधुओं की भक्ति भी इस अलख को जलाए रखती, पर बाह्य शरीर ठंड के कारण इतना रूखा हो गया था कि त्वचा कहीं-कहीं से फटकर रक्त झाँकने लगता, जो बहुत कष्ट देने लगता। हाथ-पैरों की त्वचा तैल्य के अभाव में रक्ताभ हो गई थी। देह की अत्यधिक रूक्षता के कारण वह कहीं से तैल्य की व्यवस्था के लिए बेचैन हो उठे।

मध्याह्न में वह पहाड़ के नीचे, जो थोड़े से घर थे, वहाँ कुछ लोगों का निवास था, वहाँ से कुछ तैल्य माँगने के उद्देश्य से पहाड़ के नीचे उतरने लगे, तभी एक तेजोमय वृद्ध संन्यासी को नीचे से ऊपर जाते देखा। उस व्यक्तित्व में कुछ ऐसा था कि वह स्वयं उनके आगे नतमस्तक हो गए।

उनका सीधा सा प्रश्न था, "कहाँ जा रहे हो ?"

"नीचे।"

उन्होंने पुनः पूछा, "नीचे क्यों जा रहे हो, तुम्हें तो ऊपर, बहुत ऊपर जाना है ?"

वह मौन होकर सोचने लगे। नीचे जाने का मार्ग भूलकर वह पुनः उस वृद्ध साधु के साथ ऊपर को चलने लगे और लज्जा से वह सिर झुकाकर सोचने लगे, 'अरे, मैं यह क्या कर रहा था, मैं यहाँ साधक बनकर आया हूँ। साधना मार्ग है ही देहाध्यास से छूटने के लिए, फिर देह की थोड़ी सी रूक्षता ने मुझे इतना विचलित क्यों कर दिया ? शायद तप का सही अर्थ वह वृद्ध संन्यासी उन्हें समझा दिया।' मन-ही-मन वह उनका धन्यवाद कर अपनी कुटिया में लौट आए।

इस तरह रोज वह नित्य साधना के नए नियम गढ़ते और ईश्वर व सत्य के पथ पर एक पग आगे बढ़ जाते। अनुभव का नित्य दर्शन उन्हें और दृढ़ बनाता जाता। धीरे-धीरे धैर्य व गंभीरता ईश्वर-प्राप्ति की उत्कंठा उनके मन को स्थिर व अचल बनाने लगी। उनकी साधना अन्य लोगों के लिए भी अनुकरणीय बनने लगी, उनका तेजपूर्ण व्यक्तित्व लोगों में श्रद्धा का भाव उत्पन्न करता। लोगों की बढ़ती भीड़ उनके व्यक्तित्व व कृतित्व को प्रभावकाशी बनाने लगी। मन-ही-मन वह अपने को सबसे श्रेष्ठ मानने लगे। तभी एक घटना ने उन्हें सच्ची ईश्वरभक्ति के दर्शन करा दिए।

अन्य साधुओं के साथ वे आध्यात्मिक चर्चा करते। उनमें एक साधु ऐसा भी था, जो बहुत कम बोलता था, किंतु उसकी कुटिया से प्रायः ही एक फिल्मी गीत गुनगुनाने की आवाज सुनाई देती, गीत की पंक्तियाँ थीं—

"छिपने वाले सामने आ
छुप-छुपकर मेरा जी न जला।"

सुनकर उन्हें प्रायः अच्छा नहीं लगता। वे सोचते कि यह कैसा साधक है, जो सबकुछ त्यागकर हिमालय की कंदराओं में साधना के लिए आया, लेकिन अभी भी इसकी रुचि फिल्मी गीतों में अटकी पड़ी है ? यह कैसा साधक है, जो मोह-माया में जकड़ा है ? भोर में मध्याह्न में, सांध्यकाल में, जब भी वह साधना में लीन होते, उनकी कुटिया से लगी कुटिया में उसी फिल्मी गीत की पंक्तियाँ सुनाई देतीं—

"छिपनेवाले सामने आ
छुप-छुपकर मेरा जी न जला
सूरज में किरण, बादल में पवन
कब तलक छिपेगी, ये तो बता?"

उन्हें रोष आ जाता, पर वह मन को समझाते और पुनः साधना में लग जाते।

एक दिन साँझ का समय था, सूर्यदेव के अवसान का काल। जाती हुई संध्या की अरुणिमा में रात्रि के आगमन की धुलती हुई सुरमई आभा साधना के लिए सर्वोत्तम काल, पर तभी फिर—

"छिपनेवाले सामने आ
छिप-छिपकर मेरा जी न जला।"

की आती निरंतर ध्वनि से उन्हें क्रोध आ गया। उनसे रुका ही नहीं गया। वे उस साधु को समझाने के लिए कि अगर साधना नहीं हो पा रही है तो इस मार्ग को त्याग दें। बस, तत्काल वह अपनी कुटिया से निकलकर सीधे उस साधु की कुटिया की तरफ निकल पड़े, पर कुटिया के पास आते ही वह ठिठक गए, कुटिया का द्वार थोड़ा खुला हुआ था, झिर्री से छनकर सद्यः प्रज्वलित दीप का प्रकाश बाहर आ रहा था। साधु के मुख पर पड़ते दीपक के प्रकाश से स्पष्ट दिखाई दिया। मुँदी हुई आँखों निरंतर बहते आँसू से भीगे कपाल पीड़ा से युक्त मुखमंडल और करुणा विगलित वही स्वर—

छिपनेवाले सामने आ
छिप-छिपकर मेरा जी न जला

पद्मासन में बैठा वह साधु उस अनंत सत्ता को पुकार रहा था। उसकी परम प्रभु से लगी लौ प्रत्यक्ष ही दिख रही थी, अपनी आसपास की हर वस्तु व घटना से बेखबर!

वह अवाक् रह गए। मन लज्जा से भर उठा। पूर्व के भाव तिरोहित हो गए। वे उस साधु के प्रति असीम श्रद्धा से भर उठे। वह जिसे साधु का छिछोरापन समझ रहे थे, वह तो उस अनंत सत्ता के प्रति उनकी गहन प्रार्थना थी। इतनी तड़प, इतनी बेचैनी और विफलता को देखकर उनका मन उस साधु के प्रति नतमस्तक हो उठा।

वह चुपचाप अपनी कुटिया में लौट आए। मन में एक नया विचार कौंध गया कि ईश्वर के प्रति सच्ची लगन हो तो जप, तप, ध्यान, मंत्र व गीत किसी भी विधि का कोई अर्थ नहीं रह जाता, मात्र भावना ही प्रधान होती है। ईश्वरभक्ति ही सर्वोपरि है। मन की सारी श्रेष्ठता जाती रही। साधना क्या होती है ?

साधक क्या होता है ? ईश्वर भक्ति क्या होती है, यह बालक को उस साधु से ज्ञात हो गया। अगर मन में सच्ची ईश्वरभक्ति हो तो ईश्वर-प्राप्ति साधन विधि में नहीं, साधक की भावना में होती है और स्वत: ही उनके मुख से निकल पड़ा—

छिपनेवाले सामने आ
छिप-छिपकर मेरा जी न जला

भक्ति और भगवान् का नया अध्याय उनके सामने था, जैसे वह ईश्वर को पाती लिखकर अपनी भक्ति की साधना करते हैं! ईश्वर भक्ति व भावना के भूखे हैं। सच्ची भक्ति क्या होती है, इसका पाठ उन्होंने पढ़ लिया था।

जो ईश्वर को जानने का प्रयत्न करता है, उसे भक्त कहते हैं और उसे जानने के लिए किए गए प्रयास को भक्ति कहते हैं और जिसे जानना चाहते हैं, वह भगवान् है। भक्त बनने के लिए सर्वप्रथम अपने को प्रभु के प्रति समर्पित करना होता है।

जब यह सृष्टि एक रहस्यपूर्ण, अद्भुत और मनमोहक कृति है तो इसका बनानेवाला कितना विवेकी और सुंदर होगा! इसकी कल्पना नहीं की जा सकती, जो इसका नियंता है, उसे हम अनेक नामों से पुकारते हैं। हम जो भी नाम उसे दें, वह सब एक ही है।

हम दूसरी ओर दृष्टि डालते हैं तो देखते हैं यहाँ साधु भी हैं असाधु भी, आशा भी है, निराशा भी, दु:ख के साथ सुख भी है। इन्हीं सब झंझावतों में मनुष्य निश-दिन उलझा हुआ है। कभी तो वह अत्यंत सुखी दिखाई देता है, कभी प्रलाप करता है। यदि हम इस संसार में पैदा हुए हैं, यहाँ जीवनयापन कर रहे हैं तो हमें ईश्वर की भक्ति करनी ही चाहिए। ईश्वर को जानने के लिए हृदय में उनके प्रति आस्था और विश्वास दृढ़ करना होगा।

यदि हम प्रभु के प्रति समर्पित हो जाएँ तो वह हमारी सारी परेशानियों को

दूर कर देंगे। गीता में भगवान् कृष्ण ने कहा है कि जो उनकी शरण में चला जाता है, उसका योग क्षेम वह स्वयं वहन करते हैं। जो प्रभु के प्रति आस्थावान है, उसकी सारी चिंताएँ मिट जाती हैं।

भक्ति का रूप, गुण व आधार नहीं होता, प्रभु केवल अपने भक्त की भक्ति देखते हैं। प्रभु संबोधन, प्रभु भक्ति किस प्रकार की जाए, किस तरह की जाए, केवल प्रभु भक्ति ही सर्वोपरि है, कोई भगवान् से शिकायत करता है, कोई उपवास करके, कोई भक्ति में संगीत के माध्यम से भगवान् को पुकारता है, कोई याचक बनकर याचना करता है, परंतु सबका अभिप्राय मात्र प्रभु आराधना ही होता है।

'हरि अनंत हरि कथा अनंता'

'जाकी रही भगवान जैसी, प्रभु मरत देखी तिन तैसी'

काफी समय पहले एक महात्मा हिमालय पर रहते थे। उन्होंने सबकुछ त्याग दिया था, यहाँ तक कि उनके अंग पर एक वस्त्र भी नहीं था। वे सदैव प्रभु के ध्यान में मगन रहते थे, जब दर्शनार्थी आते थे तो उन्हें उपदेश देते थे। एक दिन कुछ शिक्षित लोग उनके पास आए। उन्होंने कहा, "महाराज! हम दुनिया को नहीं छोड़ना चाहते। उसी में रहकर आत्मिक उन्नति करना चाहते हैं।"

महात्माजी बोले, "लोग दुनिया के मोह-माया में फँस जाते हैं और उनकी आत्मा पर परदा पड़ जाता है, अतः मोह-माया को छोड़े बिना मनुष्य की आत्मिक उन्नति नहीं हो सकती।"

फिर इधर-उधर की बातचीत चल पड़ी। एक प्रश्न के उत्तर में महात्माजी ने कहा, "मैंने बहुत कम आयु में ही घर-बार छोड़कर संन्यास ले लिया था। बहुत से तीर्थों पर घूमा-फिरा हूँ।"

कुछ देर बाद उन लोगों ने कहा, "अच्छा महाराज! अब हमें आज्ञा दीजिए। हम लोग अभी अन्य जगह भी जाएँगे।" महात्माजी बोले, "गौ मुख भी हो आओ। वहाँ के रास्ते में मेरा एक शिष्य रहता है। उससे अवश्य मिल लेना। वह बड़ा बुद्धिमान है। वेद, पुराण, उपनिषद्, महाभारत सबकुछ पढ़ डाला है। पहले यहीं मेरे पास रहता था। बड़ा सहारा था उसका, लेकिन पता नहीं एक दिन उसे क्या सूझा कि यहाँ से चला गया और अब बिल्कुल बियाबान

में अकेला रहता है। जब तक मेरे शरीर में दम था, उसके लिए खाने-पीने की चीजें पहुँचा देता था, लेकिन अब मेरा चलना-फिरना कठिन हो गया है। भगवान् जाने उसका काम कैसे चलता होगा!"

कहते-कहते महाराजजी इतने दुःखी हो गए कि उनकी आँखों से आँसू बहने लगे। यह देखकर एक व्यक्ति ने कहा, "महाराज, अभी तो आप हमें उपदेश दे रहे थे कि मोह को छोड़े बिना आत्मिक उन्नति नहीं हो सकती!"

महात्माजी बोले, "ये आँसू मोह के नहीं है, प्रेम के हैं। मोह फँसाता है और प्रेम उबारता है; लेकिन तुम इस अंतर को नहीं समझोगे। उस अंतर को समझना, जहाँ आसान नहीं, वहीं उससे भी मुश्किल है, उसे जीवन में उतारना।"

संत बालक दिन-प्रतिदिन साधना के नित नए व अनूठे अध्याय से ज्ञान प्राप्त कर रहे थे। वह ज्ञान, जो किसी भी ग्रंथ व पुराणों में नहीं है, जो मात्र प्रकृति की देन है।

एक दिन युवा बालक कुछ अन्य युवा साधुओं की टोली के साथ हिमालय की ऊँची चढ़ाइयों में चढ़ने के लिए गए। वे ऊर्जावान् साधु तेजी से चढ़ाई चढ़ने लगे। कुछ साथी थककर बीच में ही ठहर गए। धीरे-धीरे चढ़ाई और कठिन से कठिनतर होती जा रही थी। साँस फूलने लगी थी, देह पसीना-पसीना हो रही थी। कुछ और साधु ठहर गए, बाल-साधु अभी भी उत्साहित थे, उनके साथ केवल एक-दो साधु ही बचे थे। थोड़ी चढ़ाई चढ़ने के बाद वह भी साथ छोड़ गए, वे केवल अकेले ही चलते रहे। अब उन्हें भी थकान महसूस होने लगी। उन्हें लगा कि अब धीरे-धीरे देह साथ छोड़ने लगी है। एक कदम आगे बढ़ाया तो कुछ भी घट सकता है। एक पग भी चलना मुश्किल हो रहा था। वह सामने की एक शिला पर ढह से गए। कुछ क्षण विश्राम करने पर पुनः चेतना लौटती सी लगी। श्वास की गति कुछ स्थिर सी हुई, वह कुछ स्वस्थ महसूस करने लगे और परिस्थिति के अनुकूल उन्होंने भी वापस लौटने का मन बना लिया, तभी सहसा उन्हें शिलाखंड पर कुछ लिखा दिखाई दिया। उन्होंने पढ़ा, उस पर लिखा था—

"उत्थान कठिन है, पतन सहज"

यह वाक्य उन्हें जीवन का नया दर्शन समझा गया। शायद उनसे पहले

आनेवाला कोई साधक अपना अनुभव उस शिलाखंड पर लिख गया था। वह लघु सा वाक्य उनके जीवन का मूल मंत्र बन गया।

यह सच में जीवन का मूल-मंत्र है। आगे बढ़कर अपना लक्ष्य प्राप्त करने में बहुत परिश्रम करना पड़ता है। एक साधक की तरह हर पल साधनारत् रहकर ही व्यक्ति उत्थान को प्राप्त करता है, पर पतन का मार्ग बहुत ही सहज व सुलभ हो जाता है। व्यक्ति अपने मन के अधीन होकर सही समय पर सही या गलत का आकलन नहीं कर पाता और पतन के गर्त में गिर जाता है। यह मंत्र बाल संत ने जीवन-मंत्र के रूप में ग्रहण किया।

उत्थान कठिन है, जीवन में अपने लक्ष्य की प्राप्ति व सफलता की प्राप्ति, चाहे वह कर्म क्षेत्र हो, सत्य क्षेत्र हो, धर्म क्षेत्र हो या अध्यात्म, सभी का चरम बहुत दुरुह मार्ग पर चलकर ही प्राप्त होता है। परिश्रम, वाणी संयम, साधना, आराधना, पूजा-अर्चना अनुशासित होकर ही अपने उत्थान को प्राप्त करते हैं। पतन सहज है, मगर उत्थान सहज नहीं है। एक दिन में हमें सौ अवसर मिलते हैं कि हम भ्रष्ट हो जाएँ, लेकिन एक दिन में क्या सौ अवसर मिलते हैं कि हम उत्थान की ओर बढ़ें ?

पतन इतना कठिन नहीं है। कोई मनुष्य यह नहीं कहता कि बहुत दिन हो गए, मैं भ्रष्ट नहीं हुआ, मैं पतित नहीं हुआ, कोई युक्ति योग बताइए। भ्रष्ट होने का क्या साधन हो सकता है ? ये इतना सहज होता है कि हमें विचार भी नहीं होता कि हम गर्त की ओर बढ़ रहे हैं।

बिना विचारे जो करे, सो पाछे पछतायै।
काम बिगाड़ै आपनो, जग मे होत हँसायै॥

हाँ, इष्ट होने के लिए अभिष्ट की सिद्धि के लिए तथा पवित्र होने के लिए शास्त्रों के अनेक मंत्र व उदाहरण हैं—

ॐ अपवित्र पवित्रो वा सर्वास्थ
ङ्गतोऽविवा य: स्मरेत पुण्डरी काक्ष

अपने हाथों में सामान्य शुद्ध जल, गंगाजल या पवित्र तीर्थों का जल उसे अपने मस्तक पर डालें तथा नेत्र, भुजा, नाभि और वृक्षस्थल पर लगाएँ। आप पवित्र हो जाएँगे, लेकिन क्या ऐसे भी मंत्र है कि हाथ में जल लेकर यह कहें कि

मैं अपवित्र हो जाऊँ ? क्योंकि पतन तो सहज हैं इंद्रियों में और पतन की क्रियाएँ भी सहज है, अत:—

उत्थान कठिन है पतन सहज

प्रकृति-प्रेमी युवा योगी को प्रकृति से बहुत प्यार था। प्राकृतिक सौंदर्य उन्हें हमेशा से आकर्षित करते थे।

हिमालय प्रवास उन्हें उसी मार्ग पर ले चला। उत्तराखंड की उत्तरकाशी सृष्टि निर्माता की अद्‌भुत कल्पना है, शायद यहाँ के सौंदर्य पर रीझकर देवगणों ने भी इसे अपनी निवासस्थली बनाया होगा, इसीलिए इसे देवभूमि भी कहा जाता है। उत्तरकाशी एक ऐसा मनोरम स्थल है, जहाँ देवाधिदेव भगवान् शंकर का निवास है। चारों ओर फैली धवल शिखरावलियाँ की मनोहारी छटा मंत्रमुग्ध कर देती है।

युवा साधु की दिनचर्या सूर्य की प्रथम किरण से आरंभ हो जाती, प्रात: हिमानुकूलित शीतल जल से स्नान के पश्चात् पूजा-अर्चना व ध्यान के पश्चात् अल्पाहार लेना, फिर से प्रभुभक्ति में लीन हो जाना, अपराह्न में वेद-पुराणों का अध्ययन करना और प्रबुद्ध साधुओं के साथ धार्मिक चर्चाओं में रत् रहना। दिन कब शुरू होता व कब खत्म हो जाता, वह यह जान ही नहीं पाते। प्रतिदिन कुछ-न-कुछ लिखना उनकी दिनचर्या में शामिल था, पर ईश्वर-प्राप्ति की लगन उन्हें सदा प्रोत्साहित करती रहती—

"संन्यास भीतर की अवस्था है, वह तो घटित होता है, लिया नहीं जाता, आध्यात्मिक जीवन एक ऐसी नाव है, जो ईश्वरी ज्ञान से भरी होती है। यह नाव जीवन के उत्थान के थपेड़ों से हिलेगी-डुलेगी, लेकिन डुबेगी नहीं। यह मझधार को जरूर पार कराएगी। उसकी पतवार उस माझी के हाथ में रहती है, जो जगत् का पालनहार है। वस्तुत: मनुष्य को समझने का प्रयत्न करना चाहिए कि उसका कुछ भी नहीं है। सारी दृश्य व अदृश्य वस्तुएँ प्रभु की ही हैं। वही उसका स्वामी है। हम सिर्फ अपने कर्मफल के आधार पर उसका उपयोग कर रहे हैं, जब प्रभु चाहेंगे, हमें मुक्त कर देंगे।

संसार के स्वामी प्रभु जीवों से भी सेवा तब तक लेते रहते हैं, जब तक जीव उनके अनुरूप कार्य करता रहता है। तत्पश्चात् उसके पूर्व कर्म के अनुरूप

उसे दूसरे शरीर में रखा जाता है। जब तक शरीर नहीं मिलता, तब तक वह दर-दर भटकता रहता है। पूर्वजन्म का सिद्धांत इसी आधार पर वर्णित है। जीवात्मा के उच्च स्तर पर मनुष्य को कार्य करना होगा। बिना कर्मों के जीव की आत्मा शुद्ध नहीं होती। जब तक आत्मा शुद्ध नहीं होती है, तब तक सकाम कर्म करते रहना चाहिए। मनुष्य को कोई शक नहीं होना चाहिए कि प्रभु पूर्ण है और वह स्वयं अंशमात्र है। अंश कभी अंशी के तुल्य नहीं हो सकता।

साधु बालक अपने मन की व्यथा व ईश्वर के प्रति उनकी भवना पन्नों पर उतार देते। उससे उन्हें एक असीम शांति की अनुभूति होती, वह ईश्वर भक्ति में मग्न हो जाते। इससे उन्हें एक अपूरणीय आनंद की प्राप्ति होती।

एक दिन अपराह्न वेला में वह यों ही भ्रमण को निकल पड़े। राह में एक साधारण से युवक को वृक्ष के नीचे बैठा देखा, जो मंद-मंद स्वरों में कुछ गुनगुना रहा था। उसके मुख पर एक असीम संतोष व्याप्त था, उसकी मुख कांति अलौकिक थी। उसके आभामंडित मुखमंडल का तेज उन्हें उसके पास ले गया, "क्या कर रहे हो?"

उत्तर मिला, "भेड़ें चरा रहा हूँ।"

"भेड़ें कहाँ हैं, आसपास तो नहीं हैं।"

उत्तर—"वे चरते-चरते दूर निकल गई होंगी। साँझ ढलने पर वापस लौट आएँगी। वे अपने आनंद में हैं और मैं अपने आनंद में। न वे बाधित कर रही हैं मेरे आनंद को और न मैं उनके आनंद को।"

वह अवाक् से उसे देखते रह गए। न भेड़ों के रास्ता भटक जाने का भय और न ही किसी जंगली जानवर के खा जाने का डर। इतनी निर्भयता व ऐसी निश्चिंतता! अपने निजत्व के होने का इतना आनंद बोध! मन में एकाएक विचार आया कि आनंद मन की आंतरिक स्थिति है, यह खोजने की वस्तु नहीं। जिस आनंद की खोज में मैं हिमालय तक चला आया हूँ, वह इस गड़रिए को सहज ही प्राप्त है। उसकी अवस्था व स्थिति दोनों ही मेरे समक्ष थीं।

इस घटना ने उन्हें सच्चे आनंद-पथ की खोज की ओर अग्रसर किया—

"जब भी समय मिले, एकांत में बैठकर ज्ञान चिंतन करना है। अविनाशी प्रभु की याद निरंतर रहने का अभ्यास ही इस अल्पकाल के जीवन को पूर्णता

की ओर ले जाएगा। अपनी बुद्धि द्वारा आध्यात्मिक ज्ञान सागर मथकर मूल्यवान् रत्न प्राप्त करना ही जीवन का लक्ष्य होना चाहिए। दुःख व अशांति में भी शांत रहो, सभी अशुद्ध कामनाओं को त्यागकर शुद्ध कामना करनी है। कोई भी भूल छिपाकर अपने को ठगों नहीं, निष्काम सेवा द्वारा अपने संबंध, संपर्क को भी पाठ पढ़ाओ। अपनी सूक्ष्म कमजोरियों का चिंतन कर उसे मिटाना है। यह 'स्वादर्श चिंतन' कहलाता है। आध्यात्मिक, अलौकिक, अतींद्रिय द्वारा ही आनंद पथ प्रशस्त्र होगा। इसके लिए निरंतर प्रभु की याद में रहना होगा। शुद्ध मन-वचन-कर्म द्वारा मानव की सच्ची सेवा ही आनंद की अनुभूति देगी।

दूसरों को ज्ञान दो, परंतु स्वयं ज्ञान के अलावा कुछ न लो। मैं और मेरेपन को समाप्त कर संपूर्णता व समानता का अनुभव करनेवाले त्यागी बनो। जब मेरा पना समाप्त हो जाता है तो समानता का अपनापन प्रारंभ हो जाता है, अंहकार मिटने लगता है। बुरा कर्म, बुरी दृष्टि, बुरी लत अंहकार की ओर ले जाएगी। अंधकार में दीपक अंधकार को उजाले में परिवर्तित करने की शक्ति जुटाओ। जब त्याग की भावना जाग्रत होगी तो सुख का अनुभव होगा। किसी वस्तु की चाह नहीं रह जाएगी। एक प्रभु की ही चाहत रहेगी, अपना संपूर्ण प्रभु को देकर देखो तो आनंद ही आनंद मिलेगा।

अपने को हम उसी के हाथ दे सकते हैं, जो हमें प्रिय हो हमारी आत्मा जिसके सौंदर्य को स्पर्श कर सके, हम उसी के हाथ अपना सबकुछ न्योछावर कर देते हैं। विश्वात्मा के अनुरूप सौंदर्य का स्पर्श हमें अनुप्रणित करता है। हम उससे एकात्मता अनुभव करते हैं और यह एकात्मकता हमें हमारे विशद स्वरूप की अनुभूति कराती है, यही अनुभूति आनंद का अमित स्रोत उत्पन्न कराती है।

जो मनुष्य विश्व सौंदर्य के साथ एकाकार नहीं हुआ, उसने जीवन का अर्थ नहीं जाना। उसके लिए जीवन निरुपयोगी, भार सदृश्य बना रहता है। प्रकृति अपने सौंदर्य का अमित कोष उन्मुक्त रूप से लुटाती रहती है, हम ही अपने द्वार बंद रखते हैं। प्रकृति के इस अनुराग भरे आह्वान को हम समझ सकें तो हमें प्रत्येक वृक्ष शाखा, फूल और पत्ते-पत्ते से अपने नाम की पुकार सुनाई देगी। हमें लगेगा, जैसे ये सब हमसे बातें करने को आतुर हैं। प्रतिदिन प्रातः यदि हम सुनहरी किरणों के साथ उदय होते सूर्य का पूर्व दिशा में मेघ खंडों

को अनुराग रक्त से रँगती हुई उषा की अरुणिमा का और ओस कणों से स्नान करती कलिकाओं का सौंदर्य देखें तो हमारी आँखों में भी उषा का स्वर्णिम प्रकाश भर जाएगा। हम यदि वृक्ष की छोटी-छोटी शाखाओं के अग्रभाग पर फूटते नन्हे-नन्हे पत्तों का प्यार से स्पर्श करें तो हमारे हृदय में भी आनंद का अमित स्रोत उमड़ पड़ेगा।

□

जीवन-दर्शन

उत्तरकाशी से तीन मील दूर उजैली व लक्षेश्वर नामक स्थान हैं, जो सदैव योगियों व संन्यासियों के आकर्षण के केंद्र हैं। वहाँ तपोवन महाराज तपोवन कुटीर में लगभग 50 वर्षों तक रहे, उनके शिष्य श्री चिन्मयानंदजी थे। उनके गुरु भाई श्री गोविंद गिरीजी महाराज थे। कहते हैं, नियति भविष्य की जननी है। एक दिन वह उजैली की ओर कहीं जा रहे थे कि अचानक किसी दिव्य शक्ति ने पीछे मुड़कर देखने के लिए प्रेरित किया, पीछे मुड़कर उन्होंने देखा कि किसी कुटिया के गवाक्ष से कोई संकेत से उन्हें बुला रहा था, जहाँ वे खड़े थे, वहाँ से किसी की भी पुकार उन तक नहीं पहुँच सकती। इंगित से बुला रही आकृति से अपरिचय की गंध ने उन्हें असमंजस की स्थिति में डाल दिया। मैंने संकेत से ही पूछा, "क्या मैं प्रत्युत्तर में उधर से भी सिर हिलाकर 'हाँ' में स्वीकृति का संदेश मिला।

तब वह अनिच्छा से ही उधर चल पड़े, क्योंकि उनकी संध्या का समय हो गया था। ऊपर पहुँचकर कुटिया में जब प्रवेश किया तो एक साध्वी भद्र महिला से साक्षात्कार हुआ। उन्होंने उनसे पूछा कि क्या मैं कल आ सकता हूँ, मुझे संध्या की पूजा करनी है, पहले ही विलंब हो चुका है।

वे अपने गुरु की अवज्ञा से किंचित् रोषपूर्ण वाणी में उनसे बोली, "उन्होंने आज तक इस तरह कभी किसी को नहीं बुलाया, आपको इस तरह बुलाने में कहीं किसी अनाम, अज्ञात व अव्यक्त सत्ता का संकेत तो नहीं?" उनके मध्य होनेवाले वार्त्तालाप की आवाज निश्चित ही अंदर पहुँच गई। अभी वह कुछ बोल पाते कि अंदर से एक तेजोमय पुंज बाहर आकर बोले, "अरे, नहीं-नहीं तुम कल

ही आना, अपनी दिनचर्या बाधित करने की कोई आवश्यकता नहीं।"

उन्हें लगा, भावावेश में उनसे कोई अवज्ञा हो गई, पर उनके चेहरे की सहजता व मुख पर फैली मधुर स्मृति ने उन्हें आश्वस्त कर दिया। वे तत्काल अनायास ही बोल उठे, "मैं आपके लिए कुछ बनाकर लाऊँ?"

वे पुनः हँसकर बोले, "अच्छा, गजरैला बनाकर ले आओ।"

उन्हें बाद में पता चला कि वे स्वामी गोविंद गिरीजी थे।

दूसरे दिन नियत समय पर वह गजरैला, यानी 'गाजर का हलवा' लेकर कुटी में पहुँचे तो स्वामीजी ने उन्हें कक्ष में ही बुला लिया। चारों ओर बहुमूल्य ग्रंथ ही ग्रंथ थे। उनके समीप ही अन्य ग्रंथों के साथ मुंडक और मांडूक्य उपनिषद् भी रखे थे। ग्रंथों को देखकर वह सबकुछ भूल गए और बालसुलभ जिज्ञासा के साथ वह पूछ उठे, "क्या आप मुझे ये उपनिषद् पढ़ाएँगे, मैं इनका अध्ययन करना चाहता हूँ?" स्वामीजी ने प्रसन्नतापूर्वक इसकी स्वीकृति दे दी। आश्चर्य की बात थी कि किस तरह प्रकृति उन्हें तैयार कर रही थी भविष्य के लिए। उस समय जूना अखाड़े से उनकी कोई संबद्धता नहीं थी। यद्यपि मुंडक व मांडूक्य उपनिषद् के अध्ययन के लिए किसी भी प्रकार का निषेध नहीं था, परंतु जूना अखाड़े के संन्यासियों के लिए इसका अध्ययन अति आवश्यक होता है। स्वामी गोविंद गिरीजी से उन्होंने मुंडक व मांडूक्य उपनिषदों का अध्ययन किया। इसके अतिरिक्त अन्य प्रक्रिया ग्रंथ भी पढ़े, उनकी साधना अबाध रूप से चल रही थी, अब उन्होंने अन्य कहीं आना-जाना भी त्याग दिया। पठन व पाठन ही ऐसी कला है कि व्यक्ति को अपने आप को भी भूल जाता है। वह पूजा-अर्चना, ईश्वरभक्ति व अध्ययन में स्वयं को भी भूल चुके थे।

एक दिन किसी ने उनकी कुटिया का द्वार खटखटाया। खटखटाने का ढंग आगंतुक की अधीरता का परिचय दे रहा था। उन्होंने द्वार खोला, सामने स्वामी गोविंद गिरीजी के शिष्य को खड़ा पाया। गुरु के शिष्य ने बिना रुके कहा, "स्वामीजी का स्वास्थ्य यकायक अत्यधिक बिगड़ गया है, अतः हम उन्हें हरिद्वार ले जा रहे हैं।" यह सुनकर बिना समय गँवाए, वह भी तुरंत शिष्य के साथ चल दिए। स्वामीजी का क्लांत चेहरा देखकर मन आशंकित हो उठा। उनको हरिद्वार विदा करते समय एक रिक्तता का आभास हुआ।

स्वामीजी के जाने से उपनिषद् के पठन व पाठन में भी अवरोध आने लगा, तब युवा संन्यासी को अनुभव हुआ—

गुरु गोविंद दोऊ खड़े, काके लागू पाँव।
बलिहारी गुरु आपने गोविंद दयौ बताए॥

उन्होंने अपनी इस व्यथा को इन शब्दों में वर्णित किया—

"गुरु जीवन के विकास की एक प्रमुख आवश्यकता है, गुरु दर्शन व ज्ञान दोनों की ही आधारशिला तैयार करता है। आत्मा के दो मार्ग हैं—देखना व जानना।

"यः किञ्चित् करोति यश्च किञ्चित्
जानाति स आत्मा"

चेतना के बिना करोति नहीं बन सकता। शेष जो कुछ भी दिखाई पड़ रहा है, वह त्रिगुण सत्, रज, तम का आवरण मात्र है। अज्ञान के परदे को हटाकर स्वयं का ज्ञान कराना ही गुरु का कार्य है। आज के इस भौतिक युग में गुरु कोई हजारों में एक मिलता है।

सौभाग्य से ही गुरु प्राप्त होता है और सौभाग्य से ही अच्छा शिष्य गुरु के लिए पुत्रवत् होता है। उसकी परंपरा को आगे चलाने की दृष्टि से भी और तैयार करने की भावभूमि के अनुरूप भी। शिष्य में भावभूमि हो तो गुरु स्वयं उसके पास चलकर आता है। गुरु को यह ज्ञान रहता है कि कौन व्यक्ति उनका शिष्य बनने लायक है। सच तो यह है कि शिष्य गुरु को स्वयं न तो आसानी से ढूँढ़ सकता है और न ही पहचान सकता है।

फूल समान शिष्य में गुरु महक भरता है। परीक्षा भी लेता रहता है, सेवा, डाँट-फटकार सबकुछ शिष्य के अहंकार को गलाने के लिए आवश्यक हैं।

गुरु के बिना ज्ञान-प्राप्ति नहीं की जा सकती, अनेक महत्त्वपूर्ण विद्याएँ गुरु के माध्यम से ही प्राप्त हो जाती हैं और विद्या का प्रवेश द्वार तो अनुभवी मार्गदर्शक के द्वारा ही खुलता है। अपनी निज की त्रुटि, अपूर्णता, बुराई, स्थिति एवं प्रगति के बारे में कोई विरला ही अनुमान लगा सकता है। जिस प्रकार अपना मुख अपनी आँखों से नहीं देखा जा सकता, उसके लिए दर्पण की या किसी अन्य से पूछने की आवश्यकता होती है। उसी प्रकार अपने दोष-दुर्गुणों की मनोभूमि के

आत्मिक स्तर के एवं प्रगति का भी पता अपने आप नहीं चलता। कोई अनुभवी ही इस संबंध में विश्लेषण कर सकता है और उसी के द्वारा उद्धार एवं कल्याण का मार्गदर्शन किया जा सकता है।

अच्छे गुरु के पास बैठने से ही मन शांत होता है, विचारों का ताँता टूटने लगता है। कुछ बोलने व प्रश्न करने की भी आवश्यकता नहीं होती। यह भी आवश्यक है कि शिष्य स्वयं भी सद्भाव के साथ ही बैठे। गुरु के मुखमंडल पर तेज होता है, उनकी शक्ल शिष्य को अपने ईष्टदेव जैसी दिखाई देती है।

गुरु मित्र होता है, सलाहकार होता है। शिष्य के सामने अनेक प्रकार की चुनौतियाँ रखता है। गुरु-शिष्य का संबंध गहन आत्मीयता का होता है। गुरु का प्रतिबिंब शिष्य होता है।

'जानत तुमहिं, तुमहिं होई जाई' के अनुसार गुरु से ज्ञानमय प्रकाश पा जाने के अनंतर शिष्य भी गुरुभाव में ही तो चला जाता है।

अब युवा हिमालयवासी संन्यासी गुरु की तलाश में लग गए वह जान गए थे कि गुरु ही उन्हें ईश्वर-प्राप्ति का मार्ग दिखा सकता है। गुरु ही वह संत है, जो अपने शिष्य के आध्यात्मिक उत्थान के लिए महत्त्वपूर्ण भूमिका प्रदान करता है। गुरु ही वह तत्त्व है, ऐसा ज्ञानपुंज है, जिससे विकीर्णित रश्मियाँ। जब शिष्य के मानस को स्पर्श करती हैं तो उसका संपूर्ण व्यक्तित्व उजास से परिपूर्ण हो जाता है।

तब उन्होंने स्वामी अवधूत प्रकाशजी महाराज के बारे में अन्य संन्यासियों से जाना। वह उनसे मिलने के लिए तुरंत आतुर चल पड़े। उनकी कुटिया में वह पहुँचे ही थे कि स्वामीजी से मिलने की आज्ञा मिल गई।

अंदर पहुँचकर स्वामीजी को प्रणाम करने के बाद जैसे ही प्रथम दृष्टि स्वामीजी पर पड़ी—

"नीचे क्यों जा रहे हो, तुम्हें तो ऊपर, बहुत ऊपर जाना है" के शब्द कानों में गूँजने लगे। स्वामीजी का मधुर स्वर उन्हें पुनः चेतना में ले आया। स्वामीजी बोले, "क्या हुआ, मेरा कथन तुम्हारे मन-मस्तिष्क में गूँज रहा है?" और भावाभितेक में वह स्वामीजी के चरणों में दंडवत् हो गए, "आप ही मुझे ईश्वरीय ज्ञान प्रदान करा सकते हैं गुरुजी।"

स्वामी अवधूत प्रकाश—"वत्स, मैं जानता था कि तुमसे पुनः भेंट अवश्य होगी। मुझे भी तुम्हारे जैसे शिष्य की आवश्यकता थी।"

युवा संन्यासी ने उस तेजपूर्ण स्वामीजी की सेवा में अपने को समर्पित कर दिया।

गुरु अवधूत प्रकाशजी महाराज के बारे में उन्होंने निम्न शब्दों में वर्णन किया है—"शास्त्र उनमें श्वास लेता था, वेद उनमें विहार करता था, एक पुरुषोत्तम का परिचय देनेवाले पुराण उनके रोम-रोम से निःसृत होते थे। एक-एक वीतराग एवं पूर्ण पुरुष के निकट रहने का अनुभव स्वयं में अद्भुत होता है।"

परंपरागत गुरु-दीक्षा के पश्चात् उनकी दीक्षा आरंभ हुई। गुरुजी के अनुशासन में विधिवत् उन्होंने ज्ञान प्राप्त करना आरंभ किया। शिष्य होने के कारण गुरु-सेवा उनका प्रथम धर्म था। यहीं से उन्होंने योग विद्या सीखी। रोज प्रातः योगाभ्यास के पश्चात् वह पूजा की तैयारी करते। गुरु का संपूर्ण कार्य का दायित्व उन्होंने सहर्ष सँभाल लिया। गुरु के साथ पूजा-अर्चना के बाद वह मंत्रोच्चारण का सही क्रम सीखने लगे। वेद व उपनिषद् (108 उपनिषद्) का अध्ययन किया। संस्कृत का भी संपूर्ण ज्ञान गुरुजी के द्वारा ही उन्हें प्राप्त हुआ। वह गुरु के अनुशासन में विद्याध्ययन में रत रहते। अत्यधिक कठोर अंकुश न होते हुए भी गुरुदेव की पैनी दृष्टि सदैव उनके क्रियाकलापों, यहाँ तक कि उनकी सोच का भी निरीक्षण करती रहती। गुरु ईश्वर के समक्ष होता है, उनके सहस्र नेत्र, सहस्र श्रवण व सहस्र भुजाएँ होती हैं, जिससे वह प्रतिपल शिष्य के संपूर्ण अंतर्मन को पढ़ लेता है।

वह अपने गुरु की प्रशंसा के पात्र बनने के लिए परिश्रम करते, वह गुरु के लिए स्वादिष्ट भोजन बनाते, सुचारु रूप से आश्रम की साज-सज्जा करते व आश्रमीय व्यवस्था को चलाने में योगदान देकर आत्मप्रशंसा के भाव उनके चेहरे पर जाग्रत् हो जाते। गुरुदेव उनकी भाव-भंगिमा पढ़ लेते और बड़े ही कौशल से अपनी वाकशक्ति द्वारा ऐसा कुछ कह देते कि उनकी आत्म-प्रवंचना न जाने कहाँ तिरोहित हो जाती और फिर उनका अपराध-बोध उनकी संस्तुति के लिए स्वयं को ही प्रताड़ित करने लगता कि एक संन्यासी को आत्म-प्रशंसा का क्या लोभ? एक शिष्य निस्स्वार्थ भाव से गुरु की सेवा करता है, अहं करना संन्यासी

धर्म के लिए सर्वथा अनुचित है। इस प्रकार गुरुदेव प्रतिक्षण उन्हें कुछ-न-कुछ नया ज्ञान देते, उन्हें परिष्कृत करते रहते, गढ़ते रहते। केवल इतना ही नहीं, गुरुदेव ने उन्हें छंद मुक्त रचना से सरस गीत में भी रूपांतरित करने का प्रयास किया। सन् 1983 में उनकी दीक्षा पूर्ण हो गई। उन्हें लगा कि जीवन का एक सच्चा पड़ाव पूर्ण कर लिया, जो बिना गुरु के संभव नहीं था, अपने गुरु अवधूत प्रकाशजी महाराज को मन-मस्तिष्क से नमन कर उन्होंने अपनी गुरुश्रद्धा रेखांकित की।

भारत में गुरु का वह स्थान है, जो परमात्मा का भी नहीं। इस भावना पर समस्त भारतीय संतों, मनीषियों तथा संप्रदाय प्रवर्तकों में, बिना किसी विरोध के, मतैक्य है। गुरु सर्वेश्वर का साक्षात्कार करवाकर शिष्य को जन्म-मरण के बंधन से मुक्त कर देने का वह कार्य करते हैं, जो परमात्मा स्वयं न कर गुरु के द्वारा ही संपादित करते हैं। अतः संसार में गुरु का विशेष महत्त्व है—

बंदउँ गुरु पद कंज कृपा सिन्धु नररूप हरि।
महामोह तम पुंज जासु वचन रविकर निकट॥
बंदउँ गुरु पद पदमु परागा। सुरुचि सुबास सरस अनुरागा॥

मैं गुरु महाराज के चरण-कमलों की रज को प्रणाम करता हूँ, जो सुंदर, रुचि और प्रेम को उत्पन्न करके सुगंधित और सार सहित है।

श्री गुरुपद के सुमिरन से हृदय के निर्मल नेत्र खुल जाते हैं और संसाररूपी रात के सब दोष मिट जाते हैं। अंतर में गहन ज्योति देखनेवाली तुरीयावस्था की दृष्टि और विवेक दृष्टि हृदय के दो निर्मल नेत्र हैं। हृदय के निर्मल नेत्र खुलते ही रामचरित रूप माणिक, जो गुप्त अथवा अप्रगट है, सूझने लगते हैं। 'रामचरितमानस' ने लिखा है—

"श्री गुरु चरण, सरोज रज निज मन मुकुर सुधारि।
बरुनऊँ रघुवर विमल जसु जो दायक फल चारि॥"

इस दोहे का अर्थ है—मैं गुरु के चरण कमल की धूलि से अपने मनरूपी दर्पण को स्वच्छ कर रामजी के पवित्र यश का वर्णन करता हूँ, जो चारों फलों धर्म, अर्थ, काम और मोक्ष को देनेवाले हैं। मन जब जिस विषय का चिंतन करता है, तब उस विषय पर आसक्त होता है। इसी तरह जब मन से गुरु मूर्ति का चिंतन हो अथवा गुरु रूप का मानस ध्यान किया जाए तो मनरूपी दर्पण में सहज ही गुरु

पद रज लग जाएगी। गुरु शब्द की व्याख्या संस्कृति में कई अर्थों में की गई है—

'गरति सिंचति कर्ण योज्ञनिमृत इति गुरुः'

अर्थात् जो शिष्य के कानों ज्ञानरूपी अमृत का सिंचन करे, वह गुरु है।

'गिरति अज्ञानाथकारम् इति गुरुः'

अर्थात् जो अपने सदुपदेशों से शिष्य के अज्ञानरूपी अंधकार को नष्ट कर देता है, वह गुरु है।

शिष्य के हृदय में परमतत्व का प्रकाशक गुरु त्रिदेवों के साथ ही ब्रह्मा की साक्षात् प्रतिमा है—

'गुरुर्ब्रह्मा गुरु र्विष्णु गुरु र्देवो महेश्वरः।
गुरुः साक्षात् परमब्रह्मा तस्मै श्री गुरवे नमः।'

'मनुस्मृति' में गुरु व्यवहार की दृष्टि से तीन प्रकार का बताया गया है—

1. उपाध्याय, 2. आचार्य, तथा 3. गुरु।

प्रारंभिक शिक्षा प्रदान करनेवाले शिक्षक को 'उपाध्याय' कहते हैं तथा उच्चतर शिक्षा देनेवाले गुरु को 'आचार्य' कहते हैं, जबकि आत्मा तत्त्व का उपदेश देकर शिष्य के हृदय में शाश्वत ब्रह्म ज्ञान की ज्योति को प्रकाशित करनेवाले को 'गुरु पद' प्राप्त है। ऐसे गुरु के लिए भगवान् कृष्ण ने कहा है कि गुरु की महिमा मुझसे भी आठ गुना अधिक है।

संत कबीर तो यहाँ तक कहते हैं—

गुरु गोविंद दोऊ खड़े काके लागूँ पाय
बलिहारी गुरु आपने गोविंद दियो बताये

अर्थात् गुरु और परमात्मा दोनों एक साथ उपस्थित हो जाएँ तो मैं उस गुरु को सबसे पहले प्रणाम करूँगा, जिसने मुझे मेरे परमात्मा से पहचान करवा दी।

भारत में गुरु की महिमा इतनी विलक्षण है कि इस महिमा को सर्वोपरि मानते हुए पूरा सिख समुदाय ही इस व्यवस्था का अनुयायी है। सिख समुदाय में गुरु ही प्रथम पूज्य हैं।

गुरु का ध्यान कर चित्त को विलीन कर समाधि प्राप्त करने की विधि का उल्लेख 'पांतजल योगसूत्र' में मिलता है—

वीत राग विषयस्य वा चित्रम्

अर्थात् जिन महापुरुषों ने आत्म-चैतन्य का साक्षात्कार कर लिया है, उनका ध्यान करने से चित्त एकाग्र होकर समाधि को प्राप्त हो जाता है। महर्षि पतंजलि ईश्वर को ही समस्त गुरुओं का आदिगुरु मानते हैं।

उपनिषद् का वचन है कि बिना गुरु के दिव्य तत्त्वों का प्रकाश हृदय में आविर्भूत नहीं होता है।

यस्य दैवे पराभक्तिः यथा देवे तथा गुरौ।
तस्येते कथिताः ह्यर्थाः प्रकाशंते महात्मनः॥

अतः गुरु पूर्णिमा के पावन पर्व पर हम गुरुतम गुरु आदिनारायण की वंदना करते हुए उनको कोटिशः प्रणाम करते हैं—

शतदल शुभ्र कमल पर शोभित अति तेजोमय पीठ ललाम।
श्री गुरु शक्ति अंब से संयुत सतगुरु उस पर शोभाधाम॥
परमकृपामय सिंधु मनोहर अगजग व्यापक अति अभिराम।
उन जग उत्पादक पालक संहारक को मम कोटि प्रणाम॥

गुरु गुरु बनाता है, शिष्य नहीं। वर्तमान का शिष्य भविष्य में गुरुता को प्राप्त करता है। एक सद्गुरु की यही आकांक्षा होती है। वह अपने शिष्य को कहता है कि तू जब तक मुझे पराजित नहीं करता, तब तक गुरुकुल छोड़कर नहीं जा सकता। उधर शिष्य भी गुरु भक्ति में इतना विनम्र, आज्ञाकारी व अनुशासित होता है कि वह गुरु को पराजित करने की कभी सोच भी नहीं सकता। वह गुरु से उत्तरोत्तर शिक्षा ग्रहण करता रहता है, पर गुरु अपने शिष्य की शिक्षा की पूर्णता देखकर समझ जाते हैं कि उनका शिष्य गुरु की गुरुता को प्राप्त कर चुका है।

शिष्य क्या है, शिष्यत्व क्या है। वह आध्यात्मिक उन्नति हेतु जो गुरु द्वारा बताई साधना करता है, उसे शिष्य कहते हैं। शिष्यत्व का महत्त्व यह है कि वह उसे देवऋण, पितृऋण आदि ऋणों से निवृत्त रखता है।

गुरुतत्त्व सूक्ष्मतम है तथा साधक को केवल स्थूल का एवं कभी-कभी थोड़ा सूक्ष्म का ज्ञान होता है। अध्यात्म में शिष्य शिष्य धारण नहीं करता। अपितु गुरु ही शिष्य को अपनाते हैं और वे ही शिष्य को चुनते हैं। शिष्य का आध्यात्मिक स्तर उसके गुरु-प्राप्ति का आधार बनते हैं।

प्रत्येक व्यक्ति में सत्त्व, रज और तम, ये त्रिगुण होते हैं। व्यक्ति द्वारा

साधना अर्थात् ईश्वर-प्राप्ति के लिए प्रयत्न आरंभ करने पर उसमें विद्यमान—रज और तम गुण की मात्रा घटने लगती है एवं सत्त्व गुण की मात्रा बढ़ने लगती है। इसमें गुरु कृपा परम सहायक होती है। गुरु दीक्षा द्वारा सत्त्व गुण के सर्वोत्तम आध्यात्मिक स्तर को वह प्राप्त कर लेता है एवं तब वह शिष्य त्रिगुणातीत हो जाता है।

गुरु अवधूत प्रकाशजी महाराज के देहावसन के पश्चात् संन्यासी शिष्य दो वर्ष तक अपने गुरु के आश्रम में रहकर गुरु-दीक्षा का पालन करते रहे और गुरु की दी गई शिक्षा को बाँटते व बाँचते रहे। यही उनकी गुरु अवधूत प्रकाशजी महाराज को दी गई गुरुदक्षिणा थी। सच्ची गुरुदक्षिणा क्या है—

"एक ऋषि थे, आश्रम में वह अपने शिष्यों को आध्यात्मिक शिक्षा के बारे में बताया करते थे। जब शिष्यों की शिक्षा पूरी हो जाती है तो वे ऋषि से पूछते हैं, "गुरुदक्षिणा में क्या दें?" तब गुरु कहते हैं कि तुमने जो पाया है, दुनिया में जाकर उस पर अमल करो, अपने पैरों पर खड़े हो, फिर एक साल बाद तुम्हारा जो दिल चाहे, दे जाना।

उनमें से कोई एक पेशे में जाता है, कोई दूसरे में। अपने कामकाज में जिसे जो कमाई होती थी, उनमें से वे श्रद्धापूर्वक कुछ हिस्सा गुरुजी को दे दिया करते थे। एक बार गुरुकुल में एक सीधा-सादा शिष्य आया। वह साधारण गृहस्थ था। दिन भर मेहनत करके अपने परिवार का पालन-पोषण करता था, लेकिन ऋषि जब उसे शिक्षित करते थे, उस पर पूरे मनोयोग से अमल करता था। जब उसकी भी शिक्षा पूरी हुई तो उसने भी गुरु से पूछा, "गुरुदक्षिणा में क्या दूँ?" ऋषि ने उससे भी यही कहा कि दुनिया में जाओ, जो सीखा है, उस पर अमल करो और एक साल के बाद जो चाहो, वह दे जाना। एक साल बाद वह गुरु के पास लौटा और श्रद्धा से बोला, "गुरुदक्षिणा देने आया हूँ।" ऋषि उसे देखकर बहुत खुश हुए, हाल-समाचार जानने के बाद पूछा, "क्या लेकर आए हो?"

गृहस्थ ने दस लोगों को खड़ा कर दिया, जो उसके गाँव के थे, फिर बोला, "मैं गुरुदक्षिणा में ये दस नए शिष्य लाया हूँ।" गुरु ने पूछा, "दस लोग किसलिए?"

उसने कहा, "जो शिक्षा आपने मुझे दी थी, मैंने वह इन तक पहुँचाई। उतने

से ही इनका जीवन सँवर गया। अब आप गुरुदक्षिणा में इन सबको अपना शिष्य बना लें, ताकि इतने लोग और आपके बताए रास्ते पर सही तरीके से चल सकें।"

ऋषि बहुत खुश हुए और कहा, "तुमने मुझे सबसे अच्छी गुरुदक्षिणा दी है।"

वह एक अच्छे शिष्य साबित हुए। गुरुदक्षिणा के रूप में उन्होंने अपने गुरु के दर्शन व शिक्षा को सर्वत्र विस्तृत किया। एक-डेढ़ वर्ष तक उनका यह युवा शिष्य उनका अनुसरण करता रहा व स्वयं को एक श्रेष्ठ शिष्य के रूप में स्थापित कर अपने गुरु स्वामी अवधूत प्रकाशजी महाराज को गुरुदक्षिणा के रूप में संसार में उनकी दी हुई दीक्षा को वाचने हिमालय की कंदराओं में 1985 में कठिन साधना के बाद एक महायोगी हिमालय की गुफाओं से उभरा।

उन्होंने 'भारतमाता मंदिर' के संस्थापक आचार्य श्री स्वामी सत्यमित्रानंद गिरिजी महाराज से संपर्क किया और मठवासी जीवन में प्रवेश करने की शुरुआत की। सन् 1985 में ये युवा संन्यासी हिमालय से निकलकर पुनः हरिद्वार पहुँचे और 'भारतमाता मंदिर' के संस्थापक स्वामी सत्यमित्रानंद गिरिजी महाराज के पास पहुँचे। यहीं से उनकी मठ की दीक्षा आरंभ हुई।

आचार्य श्री स्वामी सत्यमित्रानंद गिरिजी महाराज को जाने बिना युवा संन्यासी का जीवन-दर्शन पूर्ण नहीं हो सकता था। सनातन परंपरा के संतों में सहज-सरल व तपोनिष्ठ स्वामी सत्यमित्रानंदजी महाराज का नाम उन संतों में लिया जाता है, जिनके आगे कोई भी पद या पुरस्कार छोटे पड़ जाते हैं। उनका जन्म 19 सितंबर, 1932 में आगरा के एक ब्राह्मण परिवार में हुआ था। उनके पिता का नाम शिव शंकर पांडेय तथा माता का नाम त्रिवेणी देवी था। प्रारंभ में ही धर्म और अध्यात्म में रुचि होने के कारण वह अध्यात्म की खोज करते-करते हरिद्वार पहुँचे। स्वामी सत्यमित्रानंद की आध्यात्मिक शिक्षा ऋषिकेश में हुई।

श्री आचार्य स्वामी सत्यामित्रानंद गिरिजी महाराज को 29 अप्रैल, 1960 को 26 वर्ष की आयु में भानुपुरा पीठ का शंकराचार्य बना दिया गया। स्वामी सदानंदजी महाराज ने उहें संन्यास की दीक्षा दी। करीब नौ वर्ष तक धर्म व मानव के कल्याण के लिए कार्य करने के पश्चात् सन् 1969 में उन्होंने शंकराचार्य के पद को सहज ही छोड़ दिया।

वह पुनः हरिद्वार लौट आए। वहाँ पर समन्वय कुटीर आश्रम बनाकर अपने शिष्यों को दीक्षा देने लगे। महामंडलेश्वर स्वामी सत्यमित्रानंद गिरिजी महाराज को भारत माता के प्रति असीम श्रद्धा थी। स्वामी सत्यमित्रानंद गिरिजी ने सन् 1971 में इस मंदिर की नींव रखी। संगमरमर के पत्थरों से निर्मित यह विशाल व अद्भुत मंदिर सन् 1983 में बनकर तैयार हुआ। तत्कालीन प्रधानमंत्री श्रीमती इंदिरा गांधी ने इसका उद्घाटन किया। इस मंदिर में आठ मंजिलें हैं। यह 180 फीट की ऊँचाई पर स्थित है। इसकी प्रथम मंजिल पर भव्य भारतमाता की मूर्ति है, जिसके नाम पर ही इस मंदिर का नाम 'भारतमाता मंदिर' रखा गया। इसमें स्वतंत्रता सेनानियों की भी मूर्तियाँ हैं। यह सच में अनूठा व अद्भुत मंदिर है। धर्म व राष्ट्रभक्ति के संगम कहलाने वाले इस मंदिर में देश के तमाम देशभक्तों, संतों की प्रतिमाओं के दर्शन मिलते हैं।

स्वामी सत्यमित्रानंद गिरिजी महाराज भले ही हिंदू धर्म से जुड़े संत थे, लेकिन उन्हें अन्य धर्मों के विषय में भी बहुत ज्ञान था। अतः उन्हें भारत के सर्वोच्च सम्मानों में से एक 'पद्मविभूषण' से सम्मानित किया गया।

ऐसे महान् स्वामी महामंडलेश्वर सत्यमित्रानंद गिरिजी महाराज को अपने गुरु के रूप में पाकर वह युवा संन्यासी मानो धन्य हो गए। यहीं पर उन्होंने विधिवत् गेरुआ वस्त्र धारण किए। जल्द ही अपनी विद्वत्ता व सेवा से उन्होंने अपने गुरु का हृदय जीत लिया और उनके प्रिय शिष्यों में प्रसिद्ध हो गए। अपने गुरु के साथ ही उन्होंने कई देशों की यात्रा भी कीं।

अपने गुरु के बारे में उन्होंने स्वयं कहा है—

"गुरु एक ऐसा धर्मग्रंथ होता है, जिसका नित्य पारायण शिष्य के मन-मस्तिष्क के समस्त विचारों को जाग्रत् करता है। गुरुदेव ने मेरा समस्त भार स्वयं अपने हाथों में सहर्ष सँभाल लिया। उनके द्वारा जब मेरी संन्यास दीक्षा हुई तो मैं स्वयं को उन्हें सौंपकर नितांत भी हो गया। ईश-कृपा से गुरुदेव के रूप में मुझे जो अनुपम निधि प्राप्त हुई थी, उसके समक्ष संसार की समस्त संपदा मेरे लिए निर्मूल थी। उनकी उदारता, सरलता, सहजता एवं बालवत् स्वभाव सदैव मेरे समक्ष उदाहरण बनकर मुझे उनके अनुशीलन की प्रेरणा प्रदान करते रहे। उनके द्वारा 'भारत माता मंदिर' का निर्माण उनके समन्वयवादी दृष्टिकोण का

परिचायक है। समाज की विसंगतियों को समाप्त करने के लिए विगत में अनेक समाज-सुधारकों ने अपना जीवन आहुत किया। गुरुदेव ने भी हरिजनों को मंदिर में प्रवेश दिलाने का जो दुस्साहसपूर्ण कार्य किया, वह न किसी वाद से प्रेरित था और न इसके मूल में यश-अर्जन अथवा लोक चर्चित होने का भाव ही था। मानव जाति के दुःख-दर्द व उनकी पीड़ा का निवारण ही उनका एकमात्र लक्ष्य रहा। आदिवासी क्षेत्रों में जाकर आदिवासियों के लिए उन्होंने जो-जो कार्य किए, वे अनुकरणीय हैं। साधना के उच्चस्थ शिखर पर पहुँचकर भी उन्होंने जो सिद्धियाँ, विभूतियाँ एवं आध्यात्मिक शक्तियाँ अर्जित कीं, उनका कभी प्रदर्शन न कर उन्हें सदैव गोपन ही रखा। गुरु की विराटता कबीर की ये पंक्तियाँ याद दिलाती हैं—

सब धरती कागद करूँ लेखनी सब बनराय।
सात समुद्र की मसि करूँ गुरु गुण लिखा न जाय॥

ऐसे गुरु का स्नेह भाजन होकर मैं स्वयं को गौरवान्वित महसूस करता रहता हूँ। उनके व्यक्तित्व के अगुणित आयाम हैं। यदि गणना करने बैठूँ तो कहाँ तक सोचूँ, कहाँ ठहरूँ, एक ओर मूर्तिमंत गंभीर तो दूसरी ओर मृदु हास्य निर्मित विनोद! सत्-साहित्य के अध्येता ही नहीं, प्रणेता भी। स्वतंत्रता सेनानी, समाजोद्धारक, मनीषी-चिंतक, कवि, लेखक और न जाने क्या-क्या! यदि कोई मुझसे पूछे कि मेरे गुरु मेरे लिए क्या हैं, तो कदाचित् वाणी मेरा साथ ही छोड़ दे। कंपित अधरों से सिर्फ इतना ही कह सकता हूँ—वे मेरे आदर्श हैं, मेरे आराध्य हैं, मेरे प्राण हैं।"

मठवासी जीवन में उनकी वेद, पुराण व उपनिषदों का अध्ययन निर्बाध रूप से जारी था। विद्वान् व बहुविद्या के धनी गुरु के सान्निध्य में वह अन्य भाषाओं का भी ज्ञान प्राप्त कर रहे थे। लेखन व अध्ययन की समान रुचि के कारण वह अपने गुरु के प्रमुख शिष्य बन गए। गुरु के माध्यम से उन्होंने जूना अखाड़े में संन्यासी के रूप में प्रवेश किया और गुरु ने उन्हें नया नाम दिया—'अवधेशानंद'।

गुरु कुम्हार शिष्य कुंभ है,
गढ़-गढ़ काटे खोट।
अंदर हाथ सहारा दे
बाहर मारे चोट॥

अर्थात् जैसे कुम्हार अपने घड़े को आकार देता है तो अंदर से हाथ का सहारा भी देता है और साथ ही बाहर से चोट करके शिष्य को सही आधार देता है।

श्री गुरु परवर के सुमिरन से हृदय के दोनों निर्मल नेत्र खुल जाते हैं और संसाररूपी रात के सब दोष मिट जाते हैं। अंतर में ब्रह्म ज्योति देखनेवाली तुरीयावस्था की दृष्टि और विवेक दृष्टि हृदय के दो निर्मल नेत्र हैं।

□

संन्यास ग्रहण

सनातन धर्म में संन्यास का बहुत महत्त्व है। इस धर्म में संन्यासी को शिव के समक्ष माना जाता है। यों तो संन्यास का अर्थ होता है इंद्रियों का निग्रह, यानी कि इंद्रियों पर इतना नियंत्रण कर लेना कि वह व्यक्ति विशेष के मन के अधीन हो जाए। ऐसा एक साधक ही कर सकता है। युवा संन्यासी को परंपरागत संन्यास की दीक्षा के लिए किसी अखाड़े में सम्मिलित होना आवश्यक होता है।

यों तो युवा संत की अध्ययन विद्या शास्त्रों व वेद-उपनिषदों की शिक्षा गुरु द्वारा पूर्ण करा दी गई थी। वे अपने गुरु स्वामी सत्यमित्रानंदजी के सहयोग से पठन-पाठन, प्रवचन आदि में श्रेष्ठता प्राप्त कर चुके थे, लेकिन संन्यास धर्म का पालन करके सनातन धर्म के अनुसार एक व्यक्ति तभी पूर्ण संन्यासी बनता है, जब वह किसी अखाड़े में सम्मिलित हो और अखाड़े के विधि-विधान के अनुसार संन्यास में दीक्षा प्राप्त करे, तभी वह पूर्ण रूप से संन्यासी बन सकता है।

संन्यासी जीवन बेहद कठिन है। सभी इंद्रियों सहित काम, क्रोध, लोभ, मोह-माया को समाप्त कर ईश्वर आराधना में तल्लीन रहना पड़ता है। युवा संन्यासी बालक बहुत पहले ही इन सभी चरणों को पूर्ण कर चुके थे। मात्र चौदह वर्ष की अवस्था में ही वह सब मोह-माया त्यागकर ईश्वरभक्ति के चरमोत्कर्ष को प्राप्त कर चुके थे। संन्यास क्या है? संन्यासी क्या है। इसकी व्याख्या स्वयं संत बालक ने इस प्रकार की है—

"'संन्यास' शब्द का सर्वविदित अर्थ है—त्याग करना।

ऐहिक जीवन-शैली के सभी सुखों-भोगों को त्यागकर स्वजनों से दूर किसी निर्जन स्थान पर निवास करनेवाले लोग भारतीय जीवन-शैली में समाहित चतुर्थ

आश्रम 'संन्यास' कहा जाता है, परंतु कुछ भक्त अल्प आयु में ही संन्यास धर्म की ओर अग्रसर हो जाते हैं।

वस्तुत: 'संन्यासी' शब्द अति प्राचीन है। हमारे आदिग्रंथों, वैदिक वाङ्मय में इसके विषय में व्यापक विवेचन किया गया है। 'श्रीमद्भागवतगीता' में भी भगवान् श्रीकृष्ण ने अर्जुन को ज्ञान और कर्तव्य का उपदेश देते हुए संन्यास की चर्चा की है। अर्जुन शत्रु सेना में अपने ही स्वजनों व बंधु-बांधवों को देखकर विचलित हो जाते हैं। भगवान् श्रीकृष्ण जान लेते हैं कि अर्जुन स्वजनों के प्रेम में बँधकर अपने कर्तव्य-कर्म को भूला बैठा है। श्रीकृष्ण कहते हैं—अर्जुन, कर्तव्य कर्म तो तुम्हें करने ही होंगे, उनसे तुम भाग नहीं सकते, तुम्हें राग (प्रीति, स्नेह) और जय-पराजय आदि द्वंद्वात्मक भावनाओं का परित्याग करना होगा और अपने जीवन में सदैव संन्यास- वृत्ति बनाए रखनी होगी। ध्यान रहे, श्रीकृष्ण ने गीता में संन्यास का एकचित्त-वृत्ति के रूप में वर्णन किया है, न कि आश्रम के रूप में। वृत्ति, अर्थात् आचरण पद्धति, व्यवहार शैली। संन्यासी शब्द की व्याख्या करते हुए 'गीता' में कहा गया है—

ज्ञेय: स नित्य संन्यासी यो न द्वेष्टि न कांक्षति।

अर्थात् जो द्वेष नहीं करता और भोगों की कामना भी नहीं करता, वह सदैव संन्यासी के रूप जाना जाना चाहिए। संन्यास शब्द की व्युत्पत्ति है सम् और नि उपसर्गपूर्वक अस् धातु से। इसका अर्थ है सम्यक् प्रकारेण, पूर्णतया रख देना। गीता के पंचम अध्याय में बताते हैं कि कर्तव्य का अहंकार और फल-प्राप्ति की इच्छा का परित्याग ही संन्यास है।

संन्यास शब्द का अर्थ है सम्यक न्यास। जो अपना जीवन न्यास को देता है, स्वयं को ईश्वर के प्रति समर्पित करना। संन्यासी को सभी प्रकार के सुख-दु:ख, भय, वासना से मुक्त होना चाहिए। संन्यास का है मुक्त भाव से ईश्वर व उसकी सृष्टि का सम्मान, सेवा, संरक्षण व कल्याणार्थ कार्य करना। संन्यासी के लिए संपूर्ण विश्व ही उसका घर है। विश्व के सभी प्राणी उसके अपने हैं। वह सबके कल्याण व सुरक्षा के लिए यथासंभव प्रयासरत रहता है। संन्यास का अर्थ प्रेम है। संन्यास का अर्थ है—किसी भी कार्य को पूरी श्रद्धा व लगन से प्रेमपूर्वक करना। संन्यासी बनने की दीक्षा कई चरणों द्वारा पूर्ण की जाती है। युवा संन्यासी को भी

इन चरणों से गुजरना पड़ा—

प्रथम पंच गुरु दीक्षा : यह दीक्षा पाँच सोपानों के द्वारा पूर्ण होती है। सर्वप्रथम शिष्य का मुंडन गुरु द्वारा किया जाता है और चोटी गुरु द्वारा शिष्य की शिखा रखी जाती है। यह दीक्षा भी चोटी गुरु के द्वारा विधि-विधान के द्वारा पूर्ण की जाती है।

तदोपरांत अन्य गुरु, जिसे 'भगवा गुरु' कहा जाता है, शिष्यों को भगवा वस्त्र प्रदान करवाते हैं। पूर्ण मंत्रोच्चारण के साथ भगवा वस्त्र धारण कर शिष्य प्रथम चरण में प्रवेश करता है। भगवा वस्त्र धारण करने पर जैसे उनके जीवन में एक नया सवेरा आ गया हो। जिस प्रकार सूर्योदय के समय सूर्य का रंग केसरिया या भगवा होता है, जो एक नई दिशा, नया उदय, नया सवेरा लाता है, उसी प्रकार भगवा रंग। हमारे जीवन में सात चक्र होते हैं। हर चक्र का अपना एक अलग रंग होता है। भगवा रंग आज्ञा चक्र का रंग है, जो ज्ञान-प्राप्ति का सूचक है।

संन्यास जीवन में रंगों का भी विशेष प्रावधान है—

श्वेत रंग : ब्रह्मचर्य की पवित्रता व दीक्षा के लिए प्रायः शिष्यों को सफेद रंग धारण कराया जाता है। ये मात्र साधक होते हैं व सनातन धर्म की शिक्षा व दीक्षा लेते हैं। ये प्रारंभिक सोपान होता है। इसमें प्रायः कम आयु के बालक ही होते हैं, जो मंत्रों का जाप करना, प्रारंभिक श्लोकों का पाठन करना, अपने गुरु की सेवा करना, आश्रम के रखरखाव का ध्यान देना। उन्हें श्वेत वस्त्र प्रदान किए जाते हैं। इन साधकों को ध्यान रखना होता है कि उन वस्त्रों पर कोई दाग न लगने पाए। साथ ही वह पूर्ण ब्रह्मचर्य आश्रम दीक्षा पद्धति से संतुष्ट है या नहीं? वे यह दीक्षा स्वयं अपनी इच्छा से अपना रहे हैं या नहीं? अगर यह उन्हें दुष्कर लगता है तो गुरु की आज्ञानुसार वे दीक्षा को छोड़कर जा सकते हैं।

पीला रंग : जब संन्यास लेनेवाला पहली दीक्षा पूर्ण कर लेता है। ब्रह्मचर्य का पूर्ण व स्वेच्छा से पालन करता है। प्रथम चरण को पूर्ण करने के उपरांत गुरु की परीक्षा की कसौटी पर खरा उतरने के पश्चात् उसे पीत वस्त्र प्रदान किए जाते हैं। पीत वस्त्र दया, क्षमा और करुणा का प्रतीक है। उसे पृथ्वी के समान ही क्षमाशील व धैर्यवान् बनना पड़ता है। इस समय प्रत्येक शिष्य (दीक्षा लेनेवाले) को प्रतिदिन सात घरों से भिक्षा लेने जाना पड़ता है, जहाँ कई व्यक्ति भिक्षा न

देकर उपेक्षा व ताने भी देते हैं। वह उन्हें तुरंत क्षमा कर धैर्य के साथ दूसरे स्थान पर भिक्षा के लिए चल पड़ता है। यहाँ उसे क्रोध को नियंत्रित करने की दीक्षा मिलती है। जितने भी महान् संन्यासी व संत हैं, उनकी सहनशीलता व स्मित हास्य ही उन्हें महानता प्रदान करते हैं।

ये गुण तो एकांतप्रिय युवा संन्यासी में बचपन से ही थे। उनका यही स्वभाव उन्हें अपने गाँव, अन्य से विलग करता था। धैय की पराकाष्ठा उनमें स्वयं परिलक्षित होती थी। हिमालय प्रवास के समय वह मात्र आलू को ही अपना आहार बनाकर महीनों तक अपनी क्षुधापूर्ति करते रहे। यहाँ तक कि कई-कई दिन उन्हें भोजन भी नहीं मिलता था। यही है इंद्रियों को अपने वश में करना!

लाल रंग : इस दीक्षा को पूर्ण करने के पश्चात् गुरु की गहन देख-रेख में गुरु संन्यासी को 'साधु' की उपाधि से विभूषित करता है कि अब वह साधनों के योग्य हो गया है। तब उन्हें लाल वस्त्र प्रदान किए जाते हैं। जो संन्यासी साधनारत होता है, वह अग्नि की ज्वाला के समान होता है, जो तन व मन से अग्नि के समान पवित्र और इच्छाओं का दमन करनेवाला होता है।

काला रंग : साधना पूर्ण होने पर संन्यासी काले वस्त्र धारण करता है। यह पूर्णता का प्रतीक है, जिस प्रकार काले रंग में कोई भी नहीं मिलाया जा सकता, अर्थात् काला रंग दीक्षा के पूर्ण होने का संकेत होता है। यह रंग मात्र कुछ महीनों के लिए साधु को धारण करना होता है।

भगवा रंग : सभी चरणों को पूर्ण करने के उपरांत, जो शिष्य पंच गुरुओं की शिक्षा-दीक्षा में खरा उतरता है, सभी इंद्रियों पर पूर्ण स्वामित्व प्राप्त कर लेता है, लोभ, क्रोध आचरण पर विजय प्राप्त कर लेता है, उसे गुरुओं द्वारा भगवा वस्त्र प्रदान किए जाते हैं और वह साधु से संन्यासी की उपाधि ग्रहण करता है।

तदोपरांत वह रुद्राक्ष धारण कर सकता है। यह संन्यासी की ईच्छा पर निर्भर करता है कि वह रुद्राक्ष कितने धारण करे, कौन से धारण करे व कैसे धारण करे।

भगवा वस्त्र धारण करना संन्यासी के हृदय में को विरक्ति का भाव जगाता है।

कामनाओं का छोटे नाले के इच्छित प्रसंग की ओर बहना ही लगाव या आसक्ति है। कामना जितनी अधिक मजबूत होगी, क्रोध भी उसी अनुपात में

बढ़ता है। 'गीता' के दूसरे अध्याय के 64वें श्लोक में विषयानुकरण का प्रयोग किया गया है। अत: संयम के लिए गेरुआ धारण किया जाता है। आत्म-संयम व त्याग का परिचायक होता है गुरुआ रंग। फिर लंगोटी व भभूत दी जाती है।

विर्जा हवन दीक्षा : यह संन्यासी धर्म की सबसे कठिन प्रक्रिया होती है।

तेजोमयी युवा संत ने मात्र छह माह में उपरोक्त दीक्षा पूर्ण कर ली, जिसमें अन्य को 06 से 12 वर्ष तक का समय लग जाता है। मात्र छह माह में 'पंच गुरु दीक्षा' उन्होंने पूर्ण कर ली। यह न्यूनतम अवधि होती है, फिर आई विर्जा हवन दीक्षा, जिसमें यज्ञ व हवन की संपूर्ण विधियों, समृद्धियों, समाधियों से परिचित कराया जाता है। जब यह दीक्षा दी जाती है, तब संन्यासी भगवा वस्त्र धारण कर, जनेऊ पहन, हाथ में दंड व कमंडलु लेकर नदी के तट पर जाता है।

सद्य: युवा संन्यासी भी अपने दीक्षित गुरु के साथ नदी पर पहुँचे।

गुरु : अब उसको अपने परिवार के एक-एक सदस्यों सहित खुद का भी पिंडदान करना होगा। यहाँ से ही वह अपने परिवार के लिए नगण्य हो जाएगा व परिवार उसको मृत मान लेगा। यहाँ से सारे रिश्ते-नाते, संबंधी, प्रियजन, मित्रजन, सभी से उसका मोहभंग होगा। यह संन्यासी की सबसे अहम प्रक्रिया है। अब आप ईश्वरमय हो जाएँगे। सब आपके हैं और आप सबके लिए हैं। व्यक्ति विशेष के लिए वह मृतप्राय हो जाएगा। आप मात्र आराध्य हैं और ईश्वर की आराधना ही अपना ध्येय है, स्वयं का भी पिंडदान करना है। मंत्रों के उच्चारण के साथ यह प्रक्रिया पूर्ण होगी।

निर्विकारयुक्त युवा संन्यासी कुछ क्षण खड़े रहे। चेतना शून्य से, उन्होंने आँखें बंद कर लीं, मुँदी हुई आँखों में पिता का चेहरा प्रकट हुआ, फिर भाई-बांधव का, अंत में ममतामयी माँ का चेहरा प्रत्यक्ष सा लगा। घबराकर उन्होंने आँखें खोल दीं। मन को कड़ा कर प्रक्रिया प्रारंभ करने की गुरु से अनुमति माँगी।

अंत में जैसे ही माँ का नाम लिया तो अनायास ही माँ का कथन उनको विचलित करने लगा, 'बेटा, तेरे तप के साथ ही मेरी तपस्या भी आरंभ होगी,' काँपते हाथों से माँ का पिंडदान किया।

स्वयं का पिंडदान वह यथावत् करते रहे, मंत्रों के उच्चारण में उन्होंने स्वयं को मोहमुक्त कर लिया। क्षणिक भावुकता पर दीर्घकालीन विजय प्राप्त कर ली।

मन का एक हिस्सा सदैव के लिए कटकर हवन की आहुति में समा गया। उन वैदिक मंत्रों ने उनको एक गरिमामयी महापुरुष संन्यासी बना दिया। गुरुओं को दंडवत् प्रणाम करके वह अपनी अगली परीक्षा को उद्यत हो गए।

उसी धूनी में पूरी रात्रि उन्हें बैठना था। उस रात्रि भगवान् के ध्यान में साधनारत रहकर ईश्वर को पुकारते, ध्यान लगाते, स्वयं को साधते संन्यासी ने रात्रि पूर्ण की। सुबह गुरु स्वामी आचार्य महामंडलेश्वर सत्यमित्रानंद ने अपने परम शिष्य को आश्रम आमंत्रित किया, फिर गुरु मंत्र दिया और वैदिक मंत्रों के एक नया नाम दिया 'अवधेशानंद'। अब वह 'जूना अखाड़ा' के 'संन्यासी अवधेशानंद' हो गए। 'अवधूत स्वामी अवधेशानंद' हो गए। नवजीवन, नया संबोधन उन्हें पुनर्जन्म जैसा लगा। वह गुरु के आगे नतमस्तक हो गए—उनके विचार से सद्गुरु बसंत के समान हैं। सद्गुरु बसंत के रूप में ही धरा पर आते है और असंख्य शिष्य उनके स्वागत के लिए आतुर हो जाते हैं, क्योंकि गुरु ही अपने अमृतज्ञान से शिष्यों को सराबोर करते हैं, जिनके परिणामस्वरूप शिष्यों का जीवन उमंग, उत्साह और उल्लास के बसंती रंग से खिल जाता है।

"वस्तुत: सद्गुरु ही शिष्य को यह अद्भुत शक्ति प्रदान करने में समर्थ है, जिसे पाकर जीवन के किसी भी मोड़ पर शिष्य स्वयं को कमजोर, लाचार, मजबूर और असहाय महसूस न करे। गुरु के आशीष से निर्धनों को परमात्मा रूपी परम धन, निर्बलों का उत्साहवर्धन व निराश दिलों को आशाओं का प्रसाद मिलता है। जीवन के संघर्षों में सफलता प्राप्त कर मनुष्य सदैव प्रसन्नचित्त रहता है।

सद्गुरु की प्राप्ति शिष्य के जीवन का सबसे बड़ा सौभाग्य माना गया है, जैसे बसंत ऋतु आती है तो लगता है कि प्रकृति के आँगन में उत्सव है। उसी तरह शिष्य के जीवन में बसंत तब आता है, जब उसे गुरु की प्राप्ति होती है। सजग शिष्य के जीवन में गुरु का प्रत्येक वचन नई दृष्टि पैदा करेगा, व्यवहार में बदलाव लाएगा और जीवन में शांति, आनंद और उत्सव का सुंदर वातावरण उत्पन्न करेगा।

परमात्मा की कृपा का जल सबके अंदर एक सा ही बह रहा है, लेकिन पनिहार बनकर जो भी खाली बरतन लेकर गुरु के द्वार पर जाएगा, उसका बरतन जरूर भर जाएगा। शिष्य अगर गुरु के पास जाए तो खाली झोली लेकर जाए और

कहे कि 'हे गुरुवर, मैं कोरा कागज हूँ, जो लिखना चाहे लिख दीजिए, खाली बरतन हूँ, जो भरना चाहें, भर दीजिए। पूर्णरूपेण रिक्त होकर आज तुम्हारे दर पर आया हूँ।' यों तो सारे दिन परमात्मा के बनाए हुए हैं, परंतु गुरु पूर्णिमा के अवसर पर गुरु व शिष्य आमने-सामने हों तो उस समय गुरु का वरदान चमत्कारी असर करता है। इस महान् अवसर को सबसे अधिक पुनीत माना गया है। इस अवसर को खोना नहीं चाहिए। झोली फैलाकर माँगना चाहिए कि तुम्हारा नाम जपने से बरकत हो और हमारी भक्ति में रस आए।

गुरु के सम्मुख बैठकर अपने अवगुणों को स्वीकार कर लेना चाहिए और ज्ञान व भक्ति के प्रकाश की कामना करनी चाहिए। उस दिन शिष्य अपनी आत्मिक उन्नति का ब्योरा गुरु के सामने रखे। जो कृपाएँ हुईं, उसके लिए गुरु का धन्यवाद करे, आभार प्रकट करे। तुम्हारी कृपा का पात्र बना रहूँ, ऐसा आशीर्वाद माँगे।

साधारण जिंदगी में व्यक्ति किसी को ऊँचाई पर नहीं देखना चाहता, लेकिन आध्यात्मिक जगत् में गुरु अपने शिष्य को अपने समान ज्ञानी बना देते हैं। शिष्य की ऊँचाई देखकर गुरु का हृदय-कमल खिल उठता है, जैसे-जैसे शिष्य की पात्रता का विकास होता है, गुरु भी न जाने क्या-क्या दे दें, इसकी कल्पना भी नहीं की जा सकती। जितनी गहन श्रद्धा होगी गुरु की, उतनी परमात्मा की और सद्गुरु की कृपा होगी।

श्रद्धा की संपत्ति की रक्षा करना शिष्य का काम है और अगाध श्रद्धा में फूल लगाना गुरु का काम है। पूजा से भी बढ़कर श्रद्धा व विश्वास है। श्रद्धा की अग्नि को बुझने न दें। गुरु के पास गहन श्रद्धा से जाएँ।

जिस प्रकार से कुम्हार मिट्टी से घड़ा बनाता है। मिट्टी को घड़े का आकार देने का कार्य कुम्हार करता है। उसी तरह हमारा जीवन भी कच्ची मिट्टी के पिंड की तरह है, उसे घड़े का रूप देने का कार्य सद्गुरु का है।

मिट्टी के बरतन बनाने के लिए कुम्हार जंगल से सबसे अच्छी मिट्टी लेकर आता है, उसमें से कंकड़, पत्थर साफ करता है। उसी प्रकार गुरु भी अपने शिष्यों के भीतर की बुराइयों, विकारों व अपूर्णता आदि को दूर करते हैं। पहले गुरु शिष्य की भूमिका को भलीभाँति समझ लेते हैं, उन्हें शिष्य के बारे में

पता चल जाता है कि वह कर्म मार्ग का साधक बनेगा या ज्ञान मार्ग का। भूमिका स्पष्ट हो जाने के बाद शिष्य को सही आधार देते हैं गुरु। उसके लिए आवश्यक है कि शिष्य मनसा: वाचा: कर्मणा: शुद्ध हो, साफ-सुथर हो। इसको इस प्रकार से समझे कि एक बार व्यापारी ने महात्मा बुद्ध के पास जाकर कहा कि मुझ पर कृपा करके सच्चा ज्ञान दीजिए। महात्मा बुद्ध ने कहा, "ठीक है, जब ज्ञान प्राप्ति का समय आएगा, तब तुम्हें मैं अवश्य ज्ञान दूँगा।" एक दिन महात्मा बुद्ध उसी व्यापारी के यहाँ भिक्षा लेने के लिए गए। सेठ के यहाँ भोजन में खीर बनाई गई थी। सेठ ने कहा कि अच्छा हुआ, आज घर में खीर बनाई है, लाइए अपना पात्र मुझे दीजिए, जिसमें आपको खीर दे सकूँ। महात्मा बुद्ध ने उनके सामने भिक्षा पात्र रख दिया।

सेठ की नजर पात्र की ओर गई। उसने देखा पात्र गंदा है। उसने कहा कि पात्र तो गंदा है, यदि इसमें खीर डालूँगा तो खराब हो जाएगी। खाने लायक नहीं रहेगी, तब महात्मा बोले, "तुम तो बड़े समझदार निकले, तुम्हें पता है कि पात्र यदि गंदा है तो उसमें कुछ भी नहीं रखना चाहिए, चीज गंदी हो जाएगी, खाने लायक नहीं रहेगी, मैं भी तुम्हें यही समझाना चाहता हूँ कि तुम कई दिनों से मुझसे कह रहे हो, मुझे ज्ञान दीजिए, मगर तुम्हारे मस्तिष्क का पात्र अभी गंदा है, पहले उसको साफ करना होगा, अगर तुम्हारा मसितष्क का पात्र साफ नहीं है और मैं ज्ञान की खीर उसमें डालूँगा तो वह खाने लायक रहेगी क्या? इसलिए गुरु पहले शिष्य को सुपात्र बनाते हैं, इसीलिए तो कहा गया है कि कुपात्र को ज्ञान और दान नहीं देना चाहिए। एक बात समझ लो कि गुरु आपको भव पार नहीं उतारेगा, उसकी गुरुता में आपकी जो श्रद्धा है, वही आपको तारती है।"

एकलव्य की कथा जिस ओर संकेत करती है, वह अति महत्त्वपूर्ण है। गुरु द्रोण जिन शिष्यों को स्वयं सिखा रहे हैं, उन्हें उस शिष्य ने पीछे छोड़ दिया तो गुरु की मूर्ति को सामने रखकर श्रद्धापूर्वक अभ्यास कर रहा है। श्रद्धा के समक्ष कोई व्यक्तित्व टिक नहीं सकता। गुरु को इस सत्य को स्वीकारना चाहिए। सद्गुरु स्वीकारते हैं, इसे तभी तो सब कुछ असंभव से संभव हो जाता है तो वे कहते हैं, "ईश्वर की कृपा से हुआ," श्रद्धा और उसके सुफल के बीच वह स्वयं को नहीं डालते। हाँ, जब कुछ ऐसा होता है, जो नहीं होना चाहिए था तो उसके लिए गुरु

स्वयं उसका श्रेय भी नहीं लेता। वे शिष्य को किसी भी परिस्थिति में डगमगाने नहीं देते। यही गुरु की गुरुता शिष्य को तारती है।

हमारे धर्म को गुरु को परमब्रह्म की संज्ञा दी जाती है। हर गुरु पूर्णिमा के दिन गुरु को चंदन करके फूलों के हार गले में डालकर सब गुरु की वंदना करते हैं। सद्गुरु की प्राप्ति शिष्य के जीवन का सबसे बड़ा सौभाग्य माना जाता है। सजग शिष्य के जीवन में गुरु का प्रत्येक वचन, कथन नई दृष्टि पैदा करता है और व्यवहार में बदलाव लाता है, जीवन में शांति, आनंद और उत्सव का सुंदर वातावरण उत्पन्न करेगा।

शिष्य अपने गुरु के पास जाए तो खाली झोली लेकर जाए और कहे कि हे गुरुवर मैं कोरा कागज हूँ, जो लिखना चाहे, लिख दीजिए, खाली बरतन हूँ, जो भरना चाहिए, भर दीजिए। पूर्णरूपेण रिक्त होकर आज तुम्हारे दर पर आया हूँ।

यूँ तो सारे दिन परमात्मा के बनाए हुए हैं, परंतु गुरु पूर्णिमा के दिन गुरु व शिष्य आमने-सामने हों तो उस समय गुरु का वरदान चमत्कारी असर करता है। इस महान् अवसर को पुनीत माना जाता है। इस अवसर को खोना नहीं चाहिए। झोली फैलाकर माँगना चाहिए, जिससे शिष्य की झोली ज्ञानरूपी वरदान से भर जाए।

गुरु के सामने अपने गुणों-अवगुणों को स्वीकार कर लेना चाहिए। ज्ञान व भक्ति के प्रकाश की कामना करनी चाहिए।

साधारण जिंदगी में व्यक्ति किसी को ऊँचाई पर नहीं देखना चाहता, लेकिन आध्यात्मिक जगत् में गुरु अपने शिष्य को अपने समान ज्ञानी बना देते हैं और शिष्य की ऊँचाई देखकर गुरु का हृदय कमल खिल उठता है, जैसे-जैसे शिष्य की पात्रता का विलास होता है। गुरु अपने शिष्य को अपने सदृश्य बनता हुआ देखना चाहता है। जितनी गहन श्रद्धा होगी, उतनी ही परमात्मा की और सद्गुरु की कृपा होगी।

एक गुरु केवल एक शिक्षक ही नहीं होता, वरन् शिष्य की ऊर्जा का आधार होता है। वह आपको एक ऐसा आयाम प्रदान कराता है, जहाँ कोई और नहीं पहुँचा सकता।

दिगंबर दीक्षा : अवधूत संन्यासी के उपरांत 'दिगंबर दीक्षा' दी जाती है।

'दिगंबर दीक्षा' के लिए आवश्यक है कि अवधूत संन्यासी को 13 अखाड़ों में से किसी एक की सदस्यता दी जाती है। यह दीक्षा धर्मध्वजा के नीचे दी जाती है। इस प्रक्रिया में संन्यासी को धर्मध्वजा के नीचे चौबीस घंटे तक हाथ में दंड और मिट्टी का पात्र लेकर खड़ा रहना पड़ता है। इस दीक्षा के बाद वह संन्यासी न तो पलंग पर सो सकता है और न ही सिले वस्त्र पहन सकता है। दिगंबर संन्यासी की पूजा शिव समान होती है।

श्री दिगंबर दीक्षा : यह दीक्षा संन्यासी को स्वयं या गुरु की सहमति से प्रदान की जाती है। इस दीक्षा में संन्यासी को गुरुदक्षिणा देनी होती है। एक गुरु मंत्र दिया जाता है। इसी गुरुमंत्र का पालन संन्यासी को आजीवन करना होता है। 'श्री दिगंबर संन्यासी' के लिए अनेक प्रकार की वर्जनाएँ निभानी होती हैं।

संन्यास की यह प्रक्रिया पूर्णरूप से गुप्त रखी जाती है। प्रमुख गुरु संघ एवं आचार्य महामंडलेश्वर ही इस प्रक्रिया को पूर्ण करवाते हैं। सभी अखाड़े के विधि-विधान भिन्न-भिन्न होते हैं, उनके नियम भी अलग-अलग होते हैं।

□

अखाड़ा

अखाड़ों की स्थापना आदिगुरु शंकराचार्य द्वारा 788-820 ई. में दशनामी संप्रदाय के द्वारा की गई। दशनामी संप्रदाय को दो प्रमुख भागों में विभाजित किया गया—

शास्त्रधारी : इसमें वे तपस्वी आते थे, जो सनातन धर्म में वर्णित वेद, पुराणों, उपनिषदों व धर्म व धार्मिक ग्रंथों को लिपिबद्ध कर सकें तथा उनका पठन व पाठन कर सकें और सनातन धर्म का विस्तार करें।

शस्त्रधारी : विदेशी आक्रांताओं से देश, हिंदू धर्म व हिंदुत्व की रक्षा के लिए नागा साधुओं के रूप में साधुओं की एक शस्त्रधारी सेना का गठन किया गया, जो हिंदू सेना के रूप में कार्य करते थे। उनका शिक्षण व प्रशिक्षण अत्यंत कठिन प्रक्रिया के द्वारा किया जाता था। वह हर परिस्थितियों में लड़कर शस्त्र द्वारा अपने देश व धर्म की रक्षा के लिए सदैव तैयार रहते थे। नागा साधुओं ने मुगल आक्रमणकारियों, जैसे तैमूरलंग व अहमद शाह अब्दाली के खिलाफ युद्ध करके अनेक धार्मिक स्थलों की रक्षा की थी।

समय के साथ साधुओं के अखाड़े शास्त्रार्थ, धार्मिक विचार-विमर्श का केंद्र बन गया।

भारत की आजादी के बाद इन अखाड़ों ने अपना सैन्य चरित्र त्याग दिया। अब उनके अनुयायी भारतीय संस्कृति और दर्शन के सनातनी मूल्यों का अध्ययन व अनुपालन करते हुए संयमित जीवन व्यतीत कर रहे हैं। इस समय 13 प्रमुख अखाड़े हैं—

(1) निरंजनी अखाड़ा : यह अखाड़ा 826 ई. में गुजरात के मांडवी में स्थापित हुआ था। इनके ईष्टदेव भगवान् शंकर के पुत्र कार्तिकेय स्वामी हैं। इसमें

दिगंबर, साधु, महंत व महामंडलेश्वर होते हैं। इनकी शाखाएँ प्रयागराज, उज्जैन, हरिद्वार, त्र्यंबकेश्वर व उदयपुर में हैं।

(2) जूना अखाड़ा : यह अखाड़ा 1145 ई. में उत्तराखंड के कर्णप्रयाग में स्थापित हुआ था, इनके ईष्टदेव रुद्रावतार दत्तात्रेय हैं।

(3) श्री महानिर्वाण अखाड़ा : यह अखाड़ा 681 ई. में स्थापित हुआ था। कुछ लोग इसका जन्म बिहार–झारखंड के बैजनाथ धाम में मानते हैं तो कुछ लोग हरिद्वार के नीलधारा के पास मानते हैं। इनके ईष्टदेव कपिल महामुनि हैं। इसकी शाखाएँ हरिद्वार, उज्जैन, त्र्यंबकेश्वर, ओंकारेश्वर व कनखल में हैं। प्राचीन पाशुपति परंपरा के अनुसार आज भी नित्यप्रति इसी अखाड़े के पुरीनामा नागा साधुओं के महंत भस्म चढ़ाते आ रहे हैं।

(4) श्री अटल अखाड़ा : यह अखाड़ा 569 ई. में गोडवाना क्षेत्र में स्थापित किया गया था। इसकी मुख्य पीठ पाटन में है, लेकिन आश्रम कनखल, हरिद्वार, उज्जैन, प्रयागराज और त्र्यंबकेश्वर में भी हैं। इसके ईष्टदेव भगवान् गणेश हैं।

(5) श्री आवाहान अखाड़ा : यह अखाड़ा 646 ई. में स्थापित हुआ और 1603 में पुनर्सांयोजित हुआ। इसके ईष्टदेव दत्तात्रेय व श्री गजानन हैं। इसका केंद्र काशी है। इसका आश्रम ऋषिकेश में भी है।

(6) श्री आनंद अखाड़ा : यह अखाड़ा 855 ई. में मध्य प्रदेश के बेटार में स्थापित हुआ था। इसका केंद्र वाराणसी में है। इसकी शाखाएँ प्रयागराज, हरिद्वार, उज्जैन में भी हैं।

(7) श्री पंचाग्नि अखाड़ा : श्री पंचाग्नि अखाड़ा की स्थापना 1136 ई. में हुई थी। इनकी ईष्टदेवी गायत्री हैं। इनका प्रधान केंद्र काशी में है। इनके सदस्यों में चारों पीठ के शंकराचार्य, ब्रह्मचारी साधु व महामंडलेश्वर शामिल हैं। इसकी शाखाएँ प्रयागराज, हरिद्वार, उज्जैन व त्र्यंबकेश्वर में हैं।

(8) श्री नागपंथी गोरखनाथ अखाड़ा : यह अखाड़ा 1910 ई. में स्थापित हुआ था, जो अहिल्या–गोदावरी संगम पर है। इसके संस्थापक शिवनाथजी हैं। इनके मुख्य देव गोरखनाथ हैं। इसमें बारह पंथ है। यह संप्रदाय 'योगिनी कोल' नाम से प्रसिद्ध है और इनकी त्र्यंबकेश्वर शाखा भयकंठिका के नाम से प्रसिद्ध है।

(9) श्री वैष्णव अखाड़ा : यह अखाड़ा 1595 ई. में दारागंज के श्री मध्य मुरारी में स्थापित हुआ था। समय के साथ इनमें निर्मोही, निर्वाणी, खाकी—तीन संप्रदान बने। यह त्र्यंबकेश्वर में मारुति मंदिर के पास स्थित है। सन् 1848 तक त्र्यंबकेश्वर में ही शाही स्नान हुआ करता था, किंतु '1848 में श्रीमंत पेशवा ने चक्रतीर्थ में स्नान किया। सन् 1932 से स्नान नासिक में होने लगा, जो आज भी कायम है।

(10) श्री उदासीन पंचायती अखाड़ा (बड़ा) : यह अखाड़ा सन् 1710 में स्थापित हुआ। इस संप्रदाय के संस्थापक श्री चंद्र आचार्य उदासीन हैं। इनकी शाखाएँ प्रयाग, हरिद्वार, उज्जैन, त्र्यंबकेश्वर, भदैनी, कनखल, मुल्तान, नेपाल, मद्रास में हैं।

(11) श्री उदासीन नया अखाड़ा : यह अखाड़ा भी सन् 1710 में स्थापित हुआ। इसे बड़ा उदासीन अखाड़ा के कुछ साधुओं ने विभक्त होकर बनाया। इसके प्रवर्तक महंत सुधीरदासजी थे। इनकी शाखाएँ प्रयाग, हरिद्वार, उज्जैन तथा त्र्यंबकेश्वर में हैं।

(12) श्री निर्मल पंचायती अखाड़ा : यह अखाड़ा सन् 1784 में स्थापित हुआ था। 1784 में हरिद्वार कुंभ मेले के समय एक बड़ी सभा में विचार-विनिमय करके श्री दुर्गा सिंह महाराज ने इसकी स्थापना की। इनका ईष्ट धर्मग्रंथ 'श्री गुरु ग्रंथ साहिब' है।

(13) निर्मोही अखाड़ा : निर्मोही अखाड़ा की स्थापना सन् 1720 में रामानंदाचार्य ने की थी। इस अखाड़े के मठ व मंदिर उत्तर प्रदेश, उत्तराखंड, मध्य प्रदेश, राजस्थान, गुजरात व बिहार में स्थित हैं। पुराने समय में इनके अनुयायियों को तीरंदाजी व तलवारबाजी की शिक्षा भी दिलाई जाती थी।

शंकराचार्य की सेना कहलानेवाले साधु-संतों के अखाड़े मंदिर, मठों व धर्म की रक्षा करने के लिए स्थापित किए गए इसलिए कुंभ मेले में पेशवाई से लेकर शाही स्नान तक का कपित इतिहास, इन अखाड़ों की सैन्य संरचना, युद्ध कौशल तथा हिंदू धर्म की रक्षा हेतु विदेशी आक्रांताओं के विरुद्ध लड़े गए विजित युद्धों का प्रत्यक्ष प्रमाण है।

□

श्री पंच दशनाम जूना अखाड़ा

आदि गुरु शंकराचार्य ने भारत में पहले मठ की स्थापना की। इस व्यवस्था में शामिल साधुओं, योगियों व ब्राह्मणों का एक आयोजन किया गया।

दशनामों के संन्यासियों के आधार पर 'दशनामी अखाड़े' की स्थापना की तथा भारत के चार कोनों पर चार महान् मठों की स्थापना की—

उड़ीसा में गोर्वधन मठ : इसके मठाधीश बने श्री पद्यमादाचार्य

केरल में श्रृंगारी शारदा मठ : मठाधीश श्री सुरेश्वराचार्य

गुजरात में द्वारका मठ : मठाधीश श्री हस्तमालाकाचार्य

हिमालय में ज्योर्ति मठ : इसके मठाधीश बने श्री टोटकाचार्य।

इन तत्कालीन मठों से दशनाम, पुरी, गिरि, भारतीय सरस्वती, तीर्थ, बान, अरण्य, सागर, पर्वत व आश्रम सभी वंशावली वृक्ष की शाखाओं के सदृश्य हैं। इन दशनामों की वजह से ही इनके समूह को 'दशनामी संप्रदाय' कहा गया। इसे 'भैरव अखाड़ा' भी कहा जाता था। इस अखाड़े का केंद्र वाराणसी में गंगा नदी के किनारे स्थित हनुमान घाट है। इनके इष्ट देव रुद्रावतार दत्तात्रेय हैं। सनातन वैदिक उपासना में दत्तात्रेय भगवान् का विशेष महत्त्व है। दशानाम संन्यासियों के अखाड़ों में विशेष आध्यात्मिक प्रवचन चलते हैं, यह विद्या का परम आचार्य हैं। भगवान् दत्तात्रेय के नाम पर 'दंत समुदाय' दक्षिण भारत में विशेष प्रसिद्ध है।

श्रीमद्‍भागवत के द्वारा 'द्तो मयाहमिति यद् भगवान् स दंत:'

मैंने अपने आपको तुम्हें दे दिया, भगवान् विष्णु के कहने पर भगवान्

विष्णु ही अत्रि के पुत्र रूप में अवतरित हुए और अत्रि पुत्र होने से यह 'आत्रेय' कहलाए।

दत्तात्रेय के जन्म की कहानी पुराणों में प्रसिद्ध है। उनकी माता का नाम अनसुया था। उनका पतिव्रत धर्म प्रसिद्ध था। कहते हैं कि ब्रह्माणी, रुद्राणी और लक्ष्मी को अपने पतिव्रता धर्म पर गर्व हो गया। उन्होंने तब एक अद्‍भुत लीला करने की सोची।

भक्त वत्सल भगवान् ने देवर्षि नारद के मन में प्रेरणा उत्पन्न की। नारद घूमते-घूमते देवलोक पहुँचे और तीनों देवियों के पास बारी-बारी पहुँचे तथा तीनों देवियों से कहा, "अत्रि पत्नी अनसूया के समक्ष आपका सतीत्व नगण्य है। तीनों देवियों ने अपने स्वामियों—विष्णु, महेश, ब्रह्मा से देवर्षि नारद की यह बात बताई और उनसे देवी अनसूया के पतिव्रत धर्म की परीक्षा लेने को कहा।

देवताओं ने बहुत समझाया, पर उन देवियों के हठ के सामने उनकी एक न चली। अंततः साधुवेश बनाकर वे तीनों देव अत्रिमुनि के आश्रम में पहुँचे। महर्षि अत्रि उस समय आश्रम में नहीं थे। अतिथियों को आया देख देवी अनसूया ने उन्हें प्रणाम कर अर्ध्य कंदमूलादि अर्पित किए, किंतु वह बोले कि हम लोग तब तक आथित्य स्वीकार नहीं करेंगे, जब तक आप हमें अपनी गोद में बिठाकर भोजन नहीं करातीं।

यह बात सुनकर प्रथम तो देवी अनसूया अवाक् रह गई, किंतु आतिथ्य धर्म का महिमा का लोप न हो जाए, फिर भगवान् का और पति का ध्यान किया तो वह ईश्वर की सारी लीला समझ गईं। पतिव्रत धर्म से उन्होंने तीनों भगवान् को छह-छह मास के शिशुओं में परिवर्तित कर दिया और वे भूख से रुदन करने लगे।

तब माता ने उन्हें गोद में लेकर दुग्धपान कराया, फिर पालने में झुलाने लगी। ऐसे ही कुछ समय व्यतीत हो गया, तब देवलोक में तीनों भगवान् वापस नहीं आए तो तीनों देवियाँ व्याकुल हो गईं। तीनों देवियाँ अनसूया के पास गई और माफी माँगी। देवी अनसूया ने तीनों देवों को पूर्व रूप में कर दिया। तीनों देवियों ने देवी अनसूया से वर माँगने को कहा तो देवी बोलीं, "आप तीनों देव मुझे पुत्र रूप में प्राप्त हो।"

तभी अत्रि ऋषि भी आश्रम में आ गए। अनसूया ने सभी भगवान् को

बालरूप में प्राप्त किया तथा वरदान के रूप में ब्रह्मा, विष्णु, महेश को पुत्रवत् रूप में पाने की कामना की। तीनों भगवान् के मुखवाले त्रिशिरोमणि भगवान् दत्तात्रेय का जन्म हुआ, जो माता अनसूया व अत्रि ऋषि की संतान माने जाते हैं।

जूना अखाड़ा के आदि गुरु भगवान् दत्तात्रेय हैं। 'जूना' शब्द गुजराती भाषा से लिया गया है, जिसका शब्दिक अर्थ 'प्राचीन या बूढ़ा' है।

13 अखाड़ों में सबसे बड़ा जूना अखाड़ा है। इसकी स्थापना आदिगुरु शंकराचार्य द्वारा 1145 ई. में उत्तराखंड के कर्णप्रयाग में हुई थी।

भारतीय सनातन धर्म के वर्तमान स्वरूप की नींव आदिगुरु शंकराचार्य ने रखी थी, उनका जन्म आठवीं शताब्दी के मध्य में हुआ था, जब भारतीय जनमानस व धार्मिक अवस्था का स्वरूप काफी छिन्न-भिन्न हो चुका था। भारत की धन-संपदा से खिंचे तमाम आक्रमणकारी भारत की तरफ आ रहे थे। कुछ तो लूटपाट करके खजाने के साथ वापस चले गए, कुछ भारत की दिव्य प्राकृतिक संपदा से ऐसे मोहित हो गए कि यहीं के हो गए। हिंदू धर्म व धर्म शास्त्रों को कई चुनौतियों का सामना करना पड़ा। मुगल आक्रमणकारी अपने साथ अपने धर्म को भी भारत में स्थापित करना चाहते थे। ऐसे में शंकराचार्य ने सनातन धर्म की स्थापना के लिए कई कदम उठाए, जिनमें से एक था—देश के चार कोनों पर चार पीठों का निर्माण करना—गोवर्धन पीठ, शारदा पीठ, द्वारका पीठ और ज्योतिर्मय पीठ।

इस अखाड़े से जुड़े साधु-संतों को आम जन-जीवन से दूर रहकर सभी प्रकार की मोह-माया से दूर रहना होता है। इन्हें रुद्रावतार माना जाता है, ये महादेव के आजीवन भक्त रहते हैं, इस अखाड़े के नियम बहुत कड़े होते हैं।

जिनका हर हाल में पालन करना होता है।

'जूना' गुजराती शब्द है, जिसका अर्थ होता है पुराना। जूना सबसे पुराना अखाड़ा है। मोहनजोदाड़ो में पाए गए सिक्कों में भी इस अखाड़े का जिक्र पाया गया है।

जूना अखाड़ा को साधु-संतों का सबसे बड़ा अखाड़ा माना जाता है। इसमें संतों की संख्या लगभग 60 लाख है। नागा साधु की सबसे बड़ी संख्या जूना अखाड़ा में है।

जूना अखाड़े का इतिहास देशभक्ति से ओत-प्रोत रहा है। ये 'दशनामी जूना अखाड़ा' क्यों कहा जाता है, जैसे ही बौद्ध मठों व विहारों के पतन के पश्चात् भारत में अद्वैत दर्शन का प्रभाव बढ़ा और वैदिक सिद्धांतों की पुर्नस्थापना होने लगी। आदि गुरु शंकराचार्य ने भारत के चारों हिस्सों में चार मठ स्थापित किए। इसमें स्थापित संन्यासियों के दस संप्रदायों को आदि गुरु शंकराचार्य ने अरण्य, आश्रम, भर्ती, गिरि, पर्वत, पुरी, भारती, सरस्वती, सागर, तीर्थ नामक दस संप्रदाय स्थापित किए। इन्हीं अलग-अलग संप्रदायों के संन्यासियों ने इन्हीं नामों को अपना अंतिम नाम बना लिया। इससे उनके संप्रदाय की स्वत: पहचान हो जाती है। स्वामीजी द्वारा जूना अखाड़ा का वर्णन—

"जूना अखाड़ा एक अनुशासन का नाम है, जो आध्यात्मिक व अद्यतन, जो संन्यास की प्राचीन विद्या है, जो पर्णकुटी के आरंभ से पूर्व के भी पूर्व में जो विद्या रही है, वह जूना अखाड़ा की विधा रही है। कंदराओं में जो प्राय: पर्णकुटी पर्णासनो में रहते हैं, ऐसे संन्यासियों को जहाँ संस्कार प्राप्त होते हैं। संन्यास की दीक्षा, संन्यास जीवन और संन्यास के अंत:करण की तैयारी जहाँ होती है। वह जूना अखाड़ा है, जहाँ 60 लाख संन्यासी व नागा साधु दीक्षित है।"

संन्यास शपथ

'ॐ भू संन्यात्तम मया, शुभ्र भू संन्यात्तम मया।
स्वं भू संन्यात्तम मया'

मैं धरती, अंबर, वायु, अग्नि, जल, निहारिका जैसा बन जाऊँ, मैं ठीक वैसा बन जाऊँ, जैसा वृक्ष है, जैसे वृक्ष का फल, पत्ती, छाल, सबकुछ दूसरों के

लिए है, उसकी गोंद, हरित छाया, वल्कल, हरीतिमा, गंध, सुगंध, मकरंद उसकी आर्दता, प्राण, वायु, उसकी जड़ों का सामर्थ, संन्यासी होने का अर्थ है।

परमार्थ के लिए संन्यासी अपना धन, वैभव, इहलोक, परिवार, संसार, अपना सबकुछ दूसरों के लिए अर्पित कर देते हैं और अपने आप को प्रकृति के रूप में जैसे सूर्य का प्रकाश दूसरों के लिए होता है, नदी का जल दूसरों के लिए होता है—

वृक्ष कबहूँ न फल भखें
नदी न संचै नीर
परमार्थ ले कारणै
साधुन धरा शरीर

संन्यासी की प्रारंभिक प्रतिज्ञाएँ भी यही होती हैं कि अब मेरा अपना कुछ भी नहीं, सब परमार्थ के लिए है। अब उसका कोई परिवार नहीं होता, समस्त विश्व ही उसका कुटुंब होता है।

'वसुधैव कुटुम्बकम्'

ही उसका ध्येय होता है। उनकी कोई सीमाएँ नहीं होती, कोई जाति नहीं होती, कोई वर्ण भेद नहीं होता, वह सम रहता है, सब प्रकार की भेद भिन्नता, संकीर्णता, जो त्याग देता है तथा मनोमालिन्य, मनोमूठता, चित्त का चांचल्य, देह की जड़ता, ऐंद्रिय उन्माद, सब को त्यागकर, सत्य को पाने के लिए वास्तविकता को उजागर करने का व्रत लेता है, वह संन्यासी होता है।

संन्यासी की मर्यादा

शास्त्र सम्मत विधि के अनुसार हर संन्यास की अपनी मर्यादा है। इन्हीं मर्यादाओं को ध्यान में रखकर कुछ प्रक्रियाओं का पालन करना होता है। इस प्रक्रिया में कठिन तप से गुजरना होता है। सभी इंद्रियों सहित काम, क्रोध, लोभ, मोह-माया, अहंकार व तृष्णा को त्यागना होता है। सेवा भाव, ध्यान के प्रति समर्पण, मोक्ष की कामना ही इनके संन्यास धर्म की मर्यादा होती है।

वर्तमान में जूना अखाड़ा प्रमुख महामंडलेश्वर आचार्य स्वामी अवधेशानंदि

गरि जी महाराज है, जिन्हें इस अखाड़े का प्रमुख वर्ष 1998 (महामंडलेश्वर) बनाया गया था। कुछ समय उपरांत उन्हें आचार्य की गरिमामयी उपाधि से विभूषित किया गया।

जूना अखाड़ा का संगठन : ये अखाड़े एक प्रशासनिक की तरह की काम करते हैं। हर प्रबंधक के लिए एक खास प्रणाली का प्रबंध होता है, जो इस अखाड़े को वर्षों से एक संपूर्णता प्रदान किए हुए हैं। इनकी व्यवस्था व संगठन अपने सभी प्रकार के नियमों व दायित्वों का पूर्णतया निर्वाहन करते आए हैं, जो इस अखाड़े को खास बनाता है। जूना अखाड़े का अपना एक संविधान है, जो 1860 ई. में स्थापित हुआ था।

सर्वप्रथम इन्हें चार मणियों में विभाजित किया गया है—

चार मणि : भारतीय संस्तुति पर आधारित है।

चौदह मणि : गिरि महात्म पर आधारित है

तेरह मणि : गिरि प्रबंध है

सोलह मणि : पुरी नामा पर आधारित है। ये नागा साधुओं की परिषद् होती है।

इन्हीं मणियों के आधार पर 52 परिवारों के अहम् सदस्यों का एक संगठन बनाया जाता है। ये लोग ही कठिन परीक्षा के उपरांत नागा संन्यासियों का चयन करते हैं, फिर महंत का चुनाव होता है, जिन्हें आम भाषा में 'मंत्री' भी कहते हैं। ये पूरा मंत्री संगठन की संख्या 17 की होती है।

अध्यक्ष : प्रथम—अध्यक्ष या सभापति होता है, इसका कार्यकाल छह वर्ष का होता है।

श्री महंत : द्वितीय—चार दिशा के चार श्री महंत होते हैं, ये भी छह वर्ष तक कार्यशील रहते हैं।

अष्ट कौशल : ये संख्या में चार होते हैं, जो दत्तात्रेय की गद्दी के संरक्षक होते हैं, जिन्हें बोलचाल की भाषा में 'सेक्रेटरी' या 'जमातिया महंत' भी कहते हैं।

धनापति महंत : ये अखाड़े की अर्थव्यवस्था का प्रबंध देखते हैं। ये भी संख्या में चार होते हैं, इनका भी कार्यकाल छह वर्ष का होता है।

महंत : इनकी संख्या भी चार होती है। ये अखाड़े की पूजा-अर्चना,

धर्म प्रचार, सद्य: संन्यासियों के संरक्षक व व्यवस्थापक होते हैं। इनका कार्य कार्यपालिका के सदृश्य होता है।

इस प्रकार कुल 17 सदस्यों का प्रमुख संगठन होता है, फिर संगठन के **पीर महंत**, जो धर्म प्रचार, हिंदू व वैदिक धर्म संरक्षण व प्रवक्ता का कार्यभार देखते हैं।

दिगंबर श्री

महामंडलेश्वर : संतों द्वारा संतों को प्रदान करनेवाली उपाधि है, जो उन्हें अन्य संतों में गुरुता प्रदान करती है। महामंडलेश्वर ऐसा संता होता है या संन्यासी होता है, जो विद्वत्ता व ज्ञान से परिपूर्ण हो। उसे ही इस उपाधि से अंलकृत किया जाता है। महामंडलेश्वर का चयन कुंभ या अर्धकुंभ में किया जाता है।

महामंडलेश्वर का अर्थ है 'विद्वानों का एक समूह', जिसका नेतृत्व महामंडलेश्वर करते हैं।

महामंडलेश्वर उम्र के हर पड़ाव पर बनाए जाते हैं, चाहे वह बाल संन्यासी हो या युवा संन्यासी हो या गृहस्थ हो और उम्र के किसी भी पड़ाव पर ब्रह्मचर्य के उपरांत या वानप्रस्थ आश्रम ग्रहण कर लिया हो, परंतु महामंडलेश्वर बनने के लिए यह निम्न जरूरी योग्यताओं को पूर्ण करें—

1. व्यक्ति में वैराग्य होना चाहिए।
2. संन्यासी होना चाहिए।
3. ब्रह्मचर्य का पालन आवश्यक है।
4. इहलोक व परिवार के बंधन से मुक्त हो।
5. वेद, पुराणों या वैदिक धर्म ज्ञाता का हो, ईश्वर के प्रति अटूट आस्था हो।

जो संन्यासी इस श्रेणी को पूर्ण करते हैं, उनका चयन होता है, फिर विधिवत् पट्टाभिषेक द्वारा महामंडलेश्वर पद पर अलंकृत किया जाता है।

ये उपाधि आजीवन विद्यमान रहती है।

आचार्य महामंडलेश्वर : चयनित महामंडलेश्वर में से सबसे विद्वान् को वेद, पुराण, उपनिषद् का ज्ञान होता है। धर्म का सच्चा पालन करनेवाला, धर्म प्रवचन में निपुण को 'आचार्य महामंडलेश्वर' की उपाधि के योग्य माना जाता है। □

नागा साधु

जूना अखाड़ा नागा साधु के बिना पूर्ण नहीं माना जा सकता, जूना अखाड़ा की एक प्रमुख परिषद् नागा साधुओं की है। वर्तमान समय में 60 लाख नागा साधु जूना अखाड़े से संबद्ध हैं।

इनके आश्रम हरिद्वार और तीर्थों के दूरदराज इलाकों में हैं, जहाँ ये आम जनजीवन से दूर, कठोर अनुशासन में रहते हैं। इनके बारे में बहुत सी गलत धारणाएँ भी हैं कि ये बहुत गुस्सैल होते हैं, लेकिन वास्तविकता यह है कि ये साधक बहुत ही सरल होते हैं। ये किसी को भी नुकसान नहीं पहुँचाते। इनकी अपनी ही एक अलग दुनिया होती है। ये उसी में रमे रहते हैं।

नागा साधु अपने विचार, खान-पान दोनों को ही संयमित रखते हैं। नागा साधु एक सैन्य पंथ है। त्रिशूल, तलवार, शंख व चिलम इनके सैन्य दर्जे को दरशाते हैं।

नागा साधुओं का इतिहास बहुत पुराना है। इसकी विरासत के निशान मोहनजोदड़ो के सिक्कों व चित्रों में भी पाए गए हैं, जहाँ नागा साधुओं को पशुपतिनाथ रूप में भगवान् शिव की पूजा करते हुए दिखाया गया है। बुद्ध व महावीर नागा साधुओं की तपस्या, लोगों और मातृभूमि के प्रति उनकी भक्ति को देखकर प्रभावित हुए थे, इसका भी प्रमाण मिलता है। दिगंबर जैन की परंपरा भी नागा अनुष्ठानों से जुड़ी हुई है। तत्पश्चात् आदिगुरु ने मठों व मंदिरों की संपत्ति को लूटनेवाले विदेशी आक्रमणकारियों से मुकाबला करने पर जोर दिया कि युवा साधु व्यायाम के द्वारा अपने शरीर को सुदृढ़ बनाएँ और शस्त्र चलाने में निपुणता हासिल करें। ये युवा शस्त्र साधु जरूरत पड़ने पर मठ, मंदिरों व श्रद्धालुओं की

रक्षा के लिए युद्ध करें व शक्ति का प्रयोग करें। इस तरह नागा साधुओं को सैन्य शिक्षा में निपुण किया गया। ये बहुत ही कठिन अनुशासन में रहते थे। इनका आत्मबल इतना सुदृढ़ था कि ये किसी भी परिस्थिति में अपने को ढाल लेते थे। सर्दी, गरमी, वर्षा किसी भी ऋतु का इन पर कोई प्रभाव नहीं पड़ता था। इनको शस्त्र, शास्त्र, धर्म, चिकित्सा सभी में प्रशिक्षित किया जाता था।

मुगलों के आक्रमण के दौरान सनातन धर्म व हिंदू संरचनाओं पर कई प्रकार के हमले हुए। उस समय नागा साधुओं ने अपने को संगठित करके अपने महान् देश व धर्म की रक्षा के लिए अनेक कठोर अभ्यास किए। भारत की वैदिक परंपरा की रक्षा के लिए भगवा ध्वज के नीचे विदेशी आक्रमणकारियों से लड़े।

नागा साधु वे ऋषि हैं, जिनकी कठोर साधना, मजबूत प्रतिबद्धता, प्रकृति के साथ उनकी संबद्धता उनकी एक प्रेरक शक्ति है। नागा शक्ति को प्राप्त करने की प्रक्रिया बहुत कठिन है। उनका अभ्यास इतना कठिन है कि इसकी तुलना दुनिया भर में किसी भी सैन्य अभ्यास से नहीं की जा सकती।

प्राचीनकाल के दौरान नागा साधुओं को वैदिक विरोधी आक्रमणकारियों से लड़ने के लिए तैयार किया गया था। नागा साधु मंदिर व मठों की रक्षा के लिए, तालवृक्ष, त्रिशूल, गदा, तीर-धनुष व शस्त्र कौशल से प्रशिक्षित थे। उन्होंने मथुरा, वृंदावन के पश्चात् गोकुल को भी अब्दाली के आक्रमण से बचाया था और उसके सैनिकों को मार भगाया था।

औरंगजेब की मुगल सेना, जो हिंदू मंदिरों को ध्वस्त करने के लिए गठित की गई थी, उन्होंने कई मंदिरों को ध्वस्त भी किया। उन्हें कई बार हराया भी था और कई मुगलों को मौत के घाट उतार दिया था। साहसी नागा साधुओं ने मंदिरों की रक्षा की और यहाँ तक कि मुसलिम बहुल इलाकों में भी आम हिंदुओं के लिए शिव शक्ति को जीवित रखा।

औरंगजेब व उसकी आक्रमणकारी सेना ने सन् 1664 में काशी विश्वनाथ मंदिर पर हमला किया। नागा साधुओं ने मंदिर की रक्षा की तथा उसे अक्षुण्ण बनाए रखा। उन्होंने औरंगजेब की लुटेरी सेना को इस हद तक मार गिराया कि औरंगजेब को वर्षों तक मंदिर विध्वंस के लिए रोके रखा। (इसका उल्लेख जेम्स लोक्तेफेल्ड की पुस्तक 'द इलेक्टेड इनसाइक्लोपीडिया ऑफ हिंदुज्म खंड-1'

में है) वाराणसी के नागा साधुओं ने औरंगजेब की सेना को इतनी बुरी तरह से पराजित किया कि इस ज्ञानवापी युद्ध में मुगल सेना पूरी तरह से मारी गई।

अद्वैत वेदांत परंपरा के मधुसूदन सरस्वती अकबर के समकालीन थे। आए दिन मुगल सैनिक हिंदुओं को लूटने व हिंदू पुजारियों को मारते थे। इन हिंदू पुजारियों ने मधुसूदन सरस्वती से शिकायत की। मधुसूदन सरस्वती स्वयं अकबर के दरबार में गए। उनसे मुगल सैनिकों को पकड़ने का अनुरोध किया। अकबर ने उनकी बात को नजरअंदाज कर दिया। फिर कोई अन्य विकल्प न होने के कारण उन्होंने नागा साधुओं से अनुरोध किया कि वे इन आक्रमणकारियों से हिंदुओं को बचाएँ। फिर जब ये दंगाकारी मुगल सैनिक साधुओं के घरों व छोटे मंदिरों को तोड़ने के लिए आए, तब नागा साधुओं ने उनको निर्दयता से मार डाला, फिर उस क्षेत्र के मुसलमानों ने कभी भी हिंदुओं और साधुओं को परेशान नहीं किया। (विलियम आर. स्क्रजी–'सोल्जर मोंक्स और मिलिटेंट साधुज)।

(1) मजबूत ब्रह्मचर्य और तपस्या के साथ ही उन्हें अपनी विषयवासना व भावनाओं पर पूर्ण नियंत्रण रखना होता है। ब्रह्मचर्य का पालन केवल भौतिक शरीर तक ही सीमित नहीं है, बल्कि नैतिक मूल्यों पर भी आधारित है। मानसिक रूप से एक नागा साधु को भौतिक व सांसारिक वस्तुओं का त्याग करना होता है, जब व्यक्ति पूर्णरूप से ब्रह्मचारी बन जाता है। कठोर परीक्षा में योग्य फिर आया ब्रिटिश काल भारत की स्थानीय संस्कृति को नष्ट करना भारत को उपनिवेश बनाने के लिए अंग्रेज द्वारा अपनाए गए तरीकों में से एक था। ब्रिटिश प्रशासन महान् नागा परंपरा को नष्ट करना चाहता था, इसलिए उन्होंने नागा साधुओं के आध्यात्मिक तंत्र को नष्ट करने के लिए एक योजना तैयार की।

उन्होंने जासूसों का एक समूह बनाया, जिसमें मुसलिम सिपाहियों का समावेश था। सिपाहियों को नागा साधुओं के दैनिक अनुष्ठानों पर कड़ी निगाह रखने के लिए कहा गया। नागा साधु बहुत बुद्धिमान होते हैं, क्योंकि वह भौतिक सुखों के कार्यों में अपनी मानसिक क्षमता का उपयोग नहीं करते। उनका दिमाग बहुत तेज होता है और वह किसी भी व्यक्ति पर नजर गड़ाकर उनके मन-मानस को पढ़ सकते हैं।

अंग्रेज मुसलिम सैनिकों द्वारा जासूसी करने के बाद नागा साधुओं ने उन्हें वहाँ से भगा दिया। सैनिकों ने उनका अनुसरण किया, अंत में उन्होंने इस योजना को ही रद्द कर दिया।

ब्रिटिश जासूसों द्वारा कड़ी निगरानी रखने पर भी वह यह नहीं जान पाए कि नागा साधु आते कहाँ से है और कहाँ गायब हो जाते हैं? कब गायब हो जाते हैं, ये भी वह नहीं देख पाए। जासूसों ने नागा साधुओं का पीछा किया। उन्होंने जंगल तक उनका पीछा किया, जासूसों के देखते-ही-देखते नागा साधु वहीं जंगल में गायब हो गए। आखिरकार उन्होंने पीछा करना बंद कर दिया। नागा साधुओं के इस आध्यात्मिक रहस्य व दर्शन का अनुभव करने के पश्चात् बहुत से जासूस पुनः हिंदू धर्म में लौट आए।

कई असफल प्रयासों के बाद अंग्रेजों ने ये योजना रद्द कर दी। इसे अपने कार्यकाल का भारत के सर्वोत्तम रहस्यों में से एक घोषित किया।

नागा साधु बनने के नियम

साधु जीवन वैसे तो बड़ा कठिन होता है, लेकिन नागा साधुओं का जीवन सबसे ज्यादा कठिन होता है। नागा साधु बनना आसान नहीं है, उन्हें बड़े कठोर नियमों का पालन करना होता है। जूना अखाड़े में नागाओं को सेना की तरह नागाओं को प्रशिक्षित व अनुशासित किया जाता है, वैसे तो हर अखाड़े में दीक्षा के कुछ अपने नियम होते हैं। कुछ नियम ऐसे भी होते हैं, जो सभी दशनामा अखाड़ों में एक जैसे होते हैं।

जब कोई साधु या संत या एक सामान्य व्यक्ति नागा साधु बनने के लिए आता है तो अखाड़ा अपने स्तर पर उनकी जाँच-पड़ताल करता है। उनका सामाजिक जीवन कैसा है? अगर अखाड़े को यह लगता है कि व्यक्ति साधु बननेवाले उनके निमयों व निर्धारित कसौटी पर सही है तो उसे अखाड़े में प्रवेश की अनुमति मिलती है। अखाड़े में प्रवेश लेते ही उसे अपनी संपत्ति को दान करना होता है, सामाजिक व आर्थिक जीवन का पूर्णतया त्याग करना पड़ता है।

अखाड़े में प्रवेश के बाद उनके ब्रह्मचर्य की परीक्षा ली जाती है, जो छह महीने से लेकर 12 वर्ष तक की होती है।

नागा साधु बनने की प्रक्रिया

अंर्धकुंभ, महाकुंभ और सिंहस्थ के दौरान नागा साधु बनाए जाने की प्रक्रिया शुरू होती है। संत समाज के 13 अखाड़ों में से केवल सात अखाड़े ही नागा साधु को दीक्षित करते हैं—जूना, महानिर्वाणी, अटल, निरंजनी, अग्नि, आनंद और आह्वान।

6 से 12 वर्ष की जाँच-पड़ताल के बाद ब्रह्मचर्य की दीक्षा दी जाती है। दीक्षा के बाद अखाड़े में शामिल होकर वह तीन साल तक अपने गुरु की सेवा करता है। गुरु उन्हें धर्म, दर्शन, कर्मकांड आदि की शिक्षा प्रदान करता है। इस शिक्षा के बाद महापुरुष बनने की दीक्षा प्रारंभ होती है।

इसके पश्चात् उन्हें अवधूत बनाने की तैयारी शुरू होती है। अवधूत बनाने के लिए नागा साधु को भस्म या भभूत देते हैं, जो उन्हें अपने पूरे शरीर पर लगानी होती है। उससे भी पहले नागा साधु का मुंडन करके नदी में 108 बार डुबकी लगवाई जाती है, जनेऊ धारण करवाया जाता है। इसके उपरांत वह अखाड़े के 5 संन्यासियों को अपना गुरु बनाता है, जो उन्हें संन्यासी जीवन की शपथ दिलाते हैं। शपथ के बाद उनका पिंडदान कराया जाता है। उसके बाद दंडी संस्कार किया जाता है, जिसमें दंड और कमंडलु उन्हें गुरु द्वारा प्रदान किया जाता है, वह दंड ओर कमंडलु लेकर पूरी रात ॐ नमः शिवाय का जाप करते हैं।

जाप करने के बाद सुबह होते ही व्यक्ति को अखाड़े ले जाकर उससे विढाया हवन करवाया जाता है, फिर दोबारा 108 बार गंगा में डुबकियाँ लगवाई जाती है, फिर अखाड़े के ध्वज के नीचे उसे दंडी त्याग करवाया जाता है। इस संपूर्ण प्रक्रिया को 'बिजवान' कहा जाता है।

अंतिम प्रक्रिया दिगंबर व श्री दिगंबर की होती है। दिगंबर नागा लंगोटी धारण करते हैं, लेकिन श्री दिगंबरधारी नागा नग्न रहते।

नागा बन गए साधु को फिर वन हिमालय, पहाड़ों में कठिन योग साधना या तपस्या करनी होती है। नागा बनने पर साधुओं को भस्म, भगवा वस्त्र, चिमटा, धूनी, कमंडल व रुद्राक्ष की माला को धारण करना होता है।

यह सुनिश्चित किया जाता है कि उसने पूर्ण आत्मनियंत्रण प्राप्त कर लिया है। वह नागा बनने के लिए परीक्षण-समूह में प्रवेश करता हैं। इस प्रक्रिया को

दीक्षा के रूप में जाना जाता है। इसके पश्चात् वह कई शर्तों व अनुबंधों को पूरा करते हैं।

वह व्यक्ति, जो अपनी इंद्रियों पर नियंत्रण प्राप्त करता है। वह देश, भगवान् व लोगों के प्रति प्रेम व सेवाभाव रखता हो। अपने लोगों पर क्रोध को नियंत्रित कर सके। देश व समाज के धार्मिक व सामाजिक दायित्व को सँभालने की क्षमता रखता हो। राष्ट्रधर्म निभाने के लिए वह सक्षम हो और निस्स्वार्थ भाव से देश व लोगों की रक्षा के लिए तत्पर हो। वर्ण-व्यवस्था के अनुसार 16 से 18 आयु के युवक, जो ब्राह्मण, वैश्य, क्षत्रिय व शुद्र देश की सेवा के लिए नागा साधु बनने के लिए आते हैं। किसी के लिए कोई प्रतिबंध नहीं है, बशर्ते वह नागा पद हासिल करने के लिए कठोर प्रक्रिया से गुजरने के लिए तैयार हो।

त्याग की पराकाष्ठा तब होती है, जब नागा साधु स्वयं को ईश्वर व समाज को समर्पित कर देते हैं। वह स्वयं का पिंडदान व श्राद्ध करके परिवार व संबंधियों को त्याग कर उनके लिए मृत समान हो जाते हैं और उसके बाद गुरु उन्हें नया नाम व पहचान देते हैं।

नागा साधु वस्त्रों का पूर्ण त्याग करते हैं। वह सांसारिक वस्तुओं का उपयोग नहीं कर सकते। वह केवल अपने शरीर पर भस्म ही लगा सकते हैं। यही उनका एकमात्र श्रृंगार है।

नागा साधु रुद्र के अवतार माने जाते हैं, इसलिए वह रुद्राक्ष की माला पहन सकते हैं व धारण कर सकते हैं, वह शिखा नहीं रख सकते, उन्हें केवल जटा रखने की अनुमति होती है।

नागा साधु दिन में मात्र एक वक्त ही भोजन करते हैं। नागा साधु केवल साात्त्विक भोजन ही ग्रहण करते हैं।

नागा साधु को धरती पर ही सोना होता है। ज्यादा-से-ज्यादा वह जमीन को एक कपड़े के टुकड़े से ढक सकता है। वह सोने के लिए बिस्तर का उपयोग नहीं कर सकता।

तत्पश्चात् दीक्षा प्राप्त करने के पश्चात् गुरु नागा को एक मंत्र देता है। उनका पूरा जीवन इसी गुरु मंत्र पर आधारित होता है। उन्हें पूरी तरह अपने गुरु पर भरोसा होता है। उसी मंत्र के साथ वह आजीवन तपस्या में रत रहते हैं।

नागा साधु घनी आबादी में नहीं रहते। वह ज्यादातर एकांतवास ही करते हैं, नागा साधु को केवल अपने ईष्टदेव, गुरु, साधु संन्यासी के सामने ही सम्मानपूर्वक झुकना होता है।

यह प्रक्रिया इतनी श्रमसाध्य, कठोर व कठिन है कि किसी भौतिक व्यक्ति का नागा साधु बनना असंभव है। जब कोई साधक अपने जीवन को नागा के रूप में स्थापित करने के लिए प्रस्तुत करता है तो अखाड़ा उसे आसानी से अनुमति प्रदान नहीं करता। अखाड़ा उस व्यक्ति की पृष्ठभूमि की जाँच कराता है। यह सुनिश्चित करने के बाद कि वह सच में अपना जीवन समर्पित करने का इच्छुक है, उसे अखाड़े में प्रवेश दिया जाता है, फिर उसे परीक्षणों की एक शृंखला से गुजरना पड़ता है। इस परीक्षण की अवधि 06 महीने से लेकर 12 वर्ष तक की होती है।

इसके बाद पंच गुरु, जो परमेश्वर माने जाते हैं, (भगवान् शिव, विष्णु, शक्तिमाता, सूर्य व भगवान् गणेश) साधक को भस्म, केसर, रुद्राक्ष व अन्य आध्यात्मिक वस्तुएँ दी जाती हैं, फिर उन्हें अवधूत बनाया जाता है। सिर के बाल हटा दिए जाते हैं। वैदिक संस्कारों का पालन करते हुए स्वयं का पिंडदान करना होता है। यह पिंडदान अखाड़ा के गुरु के मार्गदर्शन में किया जाता है।

अखाड़े के ध्वज के नीचे नागा को 24 घंटे बिना भोजन के खड़े रहना होता है। इस पूरे समय में उनके कंधों पर दंड रखा जाता है। हाथों में पानी का पात्र रखा जाता है। पूरी रात्रि अखाड़ा के सदस्य उन पर नजर रखते हैं, फिर उनके लिंग को निष्क्रिय किया जाता है। जिससे उनकी कामेच्छा पूरी तरह से नष्ट हो जाती है, यह अंतिम चरण है। सभी गतिविधियाँ सनातन धर्म व अखाड़ा के भगवा ध्वज के तहत आयोजित की जाती हैं।

समयानुसार नागा साधुओं की जिम्मेदारी और अधिकार उनके पदनाम के साथ बढ़ते जाते हैं, जैसे–जैसे वर्ष बीतता है, नागा साधुओं की कार्य व जिम्मेदारी और अधिक महत्त्वपूर्ण हो जाती है। क्रमानुसार इनके पदनाम निम्नवत् होते हैं—

(1) नागा

(2) महंत

(3) श्रीमहंत

(4) जमातिया महंत

(5) धनापति महंत

(6) पीर महंत

(7) दिगंबर श्री

(8) महामंडलेश्वर

(9) आचार्य महामंडलेश्वर

और चार आध्यात्मिक पद—

(1) कुटी चक

(2) बहुदक

(3) हंस

(4) परम हंस

नागाओं में परमहंस सर्वश्रेष्ठ माने जाते हैं। नागाओं में शस्त्रधारी नागा अखाड़े के रूप में संगठित है। इसके अलावा नागाओं में औधड़ी, अवधूत, महंत, कापालिक, श्मशानी आदि होते हैं।

प्रयाग के महाकुंभ में दीक्षा लेनेवालों को नागा, उज्जैन में दीक्षा लेनेवाले को खूनी नागा, हरिद्वार में दीक्षा लेनेवालों को बर्फानी व नासिक में दीक्षा लेनेवालों को 'खिचड़िया नागा' के नाम से जाना जाता है।

नागा आम जनजीवन से दूर कठोर अनुशासन में रहते हैं। इसके गुस्से के बारे में प्रचलित किस्से-कहानियाँ भी इन्हें भीड़ से व लोगों से दूर रखती हैं, लेकिन वास्तविकता यह है कि ये किसी को भी कोई नुकसान नहीं पहुँचाते हैं, परंतु जब इन्हें कोई तंग करता है तो वे उग्र हो उठते हैं। कहा जाता है कि भले ही दुनिया अपना रूप बदलती रहे, लेकिन शिव व अग्नि के भक्त इसी तरह शांत और भोले बाबा के रूप में रहते हैं।

नागा साधु योग करते हैं, जो उन्हें ठंड व ज्यादा गरमी से बचाता है।

ये साधु प्रायः कुंभ में ही दिखाई देते हैं। नागा साधुओं को लेकर कुंभ मेले में बड़ी जिज्ञासा और कौतूहल रहता है, पूरे शरीर पर घूनी रमाये ये नागा साधु 'शिवभक्त दिगंबर' भी कहलाते हैं, जिसका अंबर ही वस्त्र हो। कपड़ों के नाम पर शरीर पर धुनी रमाए ये नागा बाबा कुंभ में केवल शाही स्नान के समय ही

खुलकर श्रद्धालुओं के सामने आते हैं। आमतौर पर ये लोगों से दूर ही रहते हैं।

अधिकांश नागा साधु पुरुष ही होते हैं। कुछ महिलाएँ भी नागा साधु होती हैं। ये महिला साधु पुरुष साधुओं की तरह नग्न रहने के बजाय अपने तन पर एक गेरुआ वस्त्र लपेटे रहती हैं।

जूना अखाड़े में महिला संन्यासियों की एक अलग पहचान व खास महत्त्व है। जूना अखाड़े में इन्हें 'माई' कहकर संबोधित किया जाता है, इनके खान-पान, रहन-सहन की व्यवस्था पूरी तरह अलग होती है। जूना अखाड़े में महिला नागा साधुओं को भी खासा महत्त्व दिया जाता है। जूना अखाड़े में महिला संन्यासियों को भी मंडलेश्वर, महामंडलेश्वर के पद पर भी सुशोभित किया गया है।

महिलाओं की जूना अखाड़े की मंडलेश्वर दिव्या गिरि हैं। वह बड़ी ही स्पष्टता से कहती हैं। दिव्याति गिरि 2004 में विधिवत् साधु बनी थीं। उन्होंने विधिवत् नई दिल्ली के एक प्रतिष्ठित संस्थान से मेडिकल टेक्निशियन की पढ़ाई पूरी की है। दिव्या गिरिजी कहती हैं कि जूना अखाड़े के ईष्टदेव भी भगवान् दत्तात्रेय की माँ अनुसूईया देवी हैं। उन्हीं को ईष्ट मानकर 'माई अखाड़ा' की नागा संन्यासिनें उनकी आराधना करती हैं। जूना अखाड़े में विदेशी महिलाएँ भी नागा साधुओं की संगति में शामिल हुई हैं। वर्तमान में 300 से 400 की संख्या में महिला नागा संन्यासियों की है। उनकी कार्यशैली, नियम व अनुशासन सब एक जैसा है, परंतु वह पूर्णतया नग्न नहीं रहतीं, एक वस्त्र (गेरुआ) वह अपने शरीर पर लपेटे रहती हैं। वर्तमान समय में जूना अखाड़े में 108 महामंडलेश्वर हैं। जूना अखाड़ा के आचार्य महामंडलेश्वर 'स्वामी अवधेशानंद गिरिजी महाराज हैं', जिन्होंने जूना अखाड़ा को एक नया कलेवर दिया, नई स्फूर्ति प्रदान की है, सर्वधर्म समभाव का सिद्धांत प्रदान किया है। जूना पीठाधीश्वर स्वामी अवधेशानंद गिरिजी महाराज, हिंदू धर्म आचार्य सभा और समन्वय सेवा ट्रस्ट के अध्यक्ष हैं साथ ही वे श्री अमरनाथ श्राइन बोर्ड के अध्यक्ष भी हैं। इसके अलावा आप world council of village leader के Board member भी हैं। उन्होंने दस लाख से ज्यादा नागा संन्यासियों को दीक्षा भी दी है।

नागा साधु कहाँ रहते हैं, यह एक अबूझ पहेली है। कुछ सूत्रों के अनुसार नागा साधु जंगलों, पहाड़ियों और हिमालय में रहते हैं, जहाँ आम नागरिक रहने

की सोच भी नहीं सकता। नागा साधु अपनी यौगिक शक्तियों के द्वारा बहुत ज्यादा ठंड या गरमी में भी रह सकते हैं। वे ब्रह्मांड के 5 तत्त्वों को नियंत्रित करके सुकमा सरियेरा (सूक्ष्म शरीर) का उपयोग करते हैं। वे अपनी इच्छाशक्ति द्वारा समय व दूरी को नियंत्रित कर सकते हैं।

हिमालय के नागा साधु अधिक शक्तिशाली होते हैं और बहुत कठिन तपस्या करते हैं। वैदिक मंत्रों के द्वारा ही पूजा व तप करते हैं। हिमालय के सिध्द्र नागा साधु इस शरीर का उपयोग चेतना के स्तर को उच्चतम क्रम तक बढ़ाने के लिए करते हैं। वे अपनी निद्रा को भी नियंत्रित कर सकते हैं। वे अपने गुरु के इशारे पर ध्यान करते हैं।

दृढ़ नागा योगी अत्यधिक दर्द को भी अवशोषित कर सकते हैं। वह इसे ऐसे स्तर पर ले जाते हैं कि उनके शरीर की प्रतिरक्षा प्रणाली यातना को भी शून्य स्तर तक ले जाती है।

हठयोगी

जो साधु किसी कार्य या संकल्प का व्रत लेता है या यूँ कहें कि हठ ठान लेता है, ऐसे साधक साधु को 'हठयोगी' कहा जाता है।

हठयोग चित्तवृत्तियों के प्रवाह को संसार की ओर जाने से रोककर अंतर्मुखी करने की एक योग प्रक्रिया है। यह एक प्राचीन भारतीय साधना पद्धति है। हठयोग साधना शैव संप्रदाय की एक मुख्यधारा है। इस हठयोग का महत्त्व वर्तमान काल में भी उतना है, जितना पहले था। लोग हठयोग को एक ऐसे योग के रूप में जानते हैं, जिसमें हठपूर्वक कुछ शरीरिक व मानसिक क्रियाएँ की जाती हैं, जो मस्तिष्क को उस चरम पर ले जाती हैं। जहाँ योग व साधना के कारण दर्द का अहसास क्षीण हो जाता है। वास्तव में यह एक अद्भुत योग साधना है, जिससे प्राचीन काल से ऋषि-मुनि दैहिक व मानसिक शक्ति के द्वारा उस चरम स्तर पर पहुँच जाते थे कि दर्द, मृत्यु सब ऐच्छिक होता है, जिसका उदाहरण रामायण व महाभारत काल में भी मिलता है, जैसे भीष्म की शरशय्या व इच्छा मृत्यु। प्राचीन ग्रंथों में इस तरह की योग व साधना के अनेक उदाहरण के दृष्टांत हैं। वर्तमान में देश के हठ नागा साधुओं में ये योग विद्या देखी जा सकती है।

जूना अखाड़े के हठयोगी

महंत भोलागिरि तपस्वी हठयोगी उर्ध्ववाहु तपस्या, जो 38 वर्ष से एक हाथ को ऊपर उठाए हुए हैं, उन्होंने 38 वर्ष से हाथ नीचे नहीं किया है। दर्दरहित केवल अपनी मानसिक योग साधना के द्वारा वह इस दुरुह व असाध्य संकल्प को इतने वर्षों से साधे हुए हैं।

जूना अखाड़े व अन्य अखाड़ों में अनेकों ऐसे हठयोगी हैं, जो साधना द्वारा कभी अग्नि स्नान करते हैं, तो कोई नागा बाबा संकल्प शक्ति द्वारा 20 किलो के रुद्राक्ष व अन्य मालाएँ धारण करते हैं, तो कोई हठयोगी वर्षों के एक पाँव पर खड़े होकर योग साधनारत है।

महाकाल गिरि, जो 10 साल से झूले के द्वारा खड़े रहते हैं, जो मन की शक्ति के द्वारा वर्षों से खड़े हैं। पैर सुन्न हो गए हैं, खाना, पीना, सोना आदि वह खड़े होकर ही करते हैं। सच में नमन है, ऐसी आंतरिक शक्ति को!

ऐसी शक्ति व ऐसी भक्ति सिर्फ हमारे देश के साधु-संतों में ही प्राप्त होती है।

ये हठ साधना एक अनूठी शक्ति का उदाहरण है। धन्य है ये हमारे हठी नागा साधु! ये तो मात्र एक बानगी है, ऐसे हजारों हठयोगी हैं, जो अपने संकल्प को पूरा करने के लिए ऐसी कठोर साधनारत रहते हैं। ये साधना अकल्पनीय, अतुलनीय, अकथनीय व निशब्द है।

कुंभ में अपने शरीर पर भस्म लपेटे ये नागा साधक इस महापर्व के आकर्षण के केंद्र होते हैं, पर ये कौतूहल का विषय है कि कुंभ से पूर्व तथा कुंभ के पश्चात् ये नागा साधु कहाँ रहते हैं तथा कहाँ चले जाते हैं? यह यक्ष प्रश्न ब्रिटिश शासक भी नहीं जान पाए। इस वजह से उन्होंने इसे अपनी अवधि का सबसे बड़ा रहस्य घोषित किया था। यही कारण था कि वह कभी नागाओं को खोज नहीं पाए। इसे कहते हैं कि कुछ नागा साधना के लिए अपनी कंदराओं में ब्रह्मलीन हो जाते हैं, जबकि कुछ अपने अखाड़ों में चले जाते हैं, तो कुछ समाज में रहकर दिगंबर रूप छोड़कर एक वस्त्र में लोगों के बीच धर्म तथा अध्यात्म के प्रचार में लग जाते हैं। कुछ हिमालय पर बर्फ से घिरी चोटियों पर तप करने चले जाते हैं तो कुछ जंगलों में अपना निवासस्थान बनाते हैं।

ये दिगंबर रूप भगवान् शिव के रुद्रावतार हैं। महान् हैं दिव्य हैं। देश व

धर्म के सच्चे संरक्षक व प्रचारक हैं। सनातन धर्म इन्हीं से जनमता है और वृद्धि के चरम पर पहुँचता है।

नागा साधु और शृंगार : नागा साधु भगवान् रुद्र के करीब माने जाते हैं। अपने शरीर पर विभिन्न प्रकार की आध्यात्मिक चीजें धारण करते हैं। ये 17 प्रकार के शृंगार करते हैं। ये 17 शृंगार कौन-कौन से हैं? साधुओं का यह शृंगार उनके लिए अति महत्त्वपूर्ण बताया गया है, जो वह विशेष अवसरों पर ही करते हैं—

भस्म : भस्म पर्यावरण प्रदूषण से शरीर को सुरक्षित और सर्दी, गरमी से अप्रभावित रखता है। भस्म नागाओं के लिए दूसरी त्वचा के सदृश्य होती है। वे भस्म को अपने पूरे शरीर पर लगाते हैं। यह नागा साधुओं का एकमात्र परिधान होता है। नागा अपने शरीर पर भस्म और रुद्राक्ष की माला के अलावा कुछ नहीं पहनते। यह भस्म कई प्रकार की होती है। सफेद भस्म लकड़ी या कोयले से बनी होती है। कुछ नागा साधु मसान की भस्म का लेप भी शरीर पर लगाते हैं। हवन की राख को भी शरीर पर मलते हैं। स्रोत, स्मार्त और लौकिक, तीन प्रकार की भस्म होती है। श्रुति यज्ञ विधि की भस्म को स्रोत भस्म, स्मृति की विधि से यज्ञ किया गया हो तो वह स्मार्त भस्म तथा कंडे या गोबर को जलाकर बनी भस्म लौकिक भस्म कहते हैं, विरजा हवन की भस्म को सर्वोत्तम मानी गई है। भगवान् शिव अपने शरीर पर भस्म रमाते हैं। नागा रुद्र के रूप के सदृश्य माने जाते हैं, अतः भस्म उनका प्रमुख शृंगार है।

फूल : गेंदा हिंदुओं द्वारा धार्मिक परंपराओं के लिए पसंद किया जाता है, क्योंकि गेंदा केसर का प्रतिनिधित्व करता है। लंबे समय तक ताजा रहता है। नागा साधु गेंदा के फूलों की माला पहनना पसंद करते हैं। वे अपनी जटाओं पर भी इसे सजाते हैं। वैष्णव संप्रदाय के नागा साधु, जहाँ तुलसी की माला पहनते हैं, वहीं शैव संप्रदाय के नागा साधु रुद्राक्ष की माला धारण करते हैं।

तिलक : नागा साधु अपने माथे को विभिन्न प्रकार के तिलक से सुशोभित करते हैं। तिलक विभिन्न अखाड़ों की पहचान और शक्ति का प्रतीक है। तिलक पूरे माथे पर या माथे के मध्य भाग को पूर्ण करता है। तिलक में सनातन धर्म के दृष्टिकोण को रखते हुए नागा साधु के व्यक्तित्व में ये तिलक केसरिया या लाल रंग के होते हैं। वैष्णव संप्रदाय के साधु-संत खड़ा तिलक लगाते हैं। उसमें भी

अखाड़ों व उपसंप्रदाय के अनुसार आकृति व रंग में परिवर्तन होता है। वैष्णव संप्रदाय में कई प्रकार के तिलक होते हैं। शैव संप्रदाय में आड़ा तिलक लगाया जाता है, परंतु इनका आकार बड़ा या छोटा हो सकता है। शिवजी के त्रिनेत्री तीन लाइन का आडा तिलक शैव संप्रदाय का प्रमुख तिलक माना जाता है। बीच में बड़े या छोटे आकार की बिंदी, जो प्राय: पीले चंदन या लाल चंदन से बनी होती है, नागा साधुओं की प्रमुख पहचान बन चुकी है। ये प्राय: शिवलिंग के श्रृंगार में लगाए गए तिलक के सदृश्य होती है। कुछ नागा साधु भस्म की भी तिलक लगाते हैं। तिलक लगाने में साधु-संत विशेष एकाग्रता बरतते हैं। तिलक इतनी सफाई से लगाते हैं कि प्रतिदिन उसमें एकरूपता बनी रहती है।

रुद्राक्ष : रुद्राक्ष भगवान् शिव का परिचायक है। रुद्राक्ष शिव का आशीर्वाद है। रुद्राक्ष का पहनना जीवन के सिद्धांतों का सही ढंग से पालन करना सिखाता है। इस सिद्धांत को तोड़ने की अनुमति किसी भी संन्यासी को नहीं होती। इसे पहनने के नियम बहुत कड़े होते हैं।

नागा साधु अपने कंठ और हाथों में रुद्राक्ष पहनते हैं, कई साधु अपनी जटाओं को भी रुद्राक्ष से सजाते हैं। भगवान् शिव के सदृश्य नागा साधु रुद्राक्ष से अपना श्रृंगार करते हैं। रुद्राक्ष माला नागा साधुओं के आभामंडल को गौरवान्वित और बढ़ाती है।

कुछ नागा साधु व संन्यासी अपने शिष्यों व सेवकों के आशीर्वादस्वरूप रुद्राक्ष की माला भी देते हैं। ये धर्म के प्रति उनके निस्स्वार्थ सेवाभाव को प्रदर्शित करता है। जो उसे प्राप्त करता है, वह व्यक्ति भाग्यशाली होता है और जीवन में सफलता प्राप्त करता है।

जूना अखाड़े के बाबा प्रभु गिरिजी महाराज ने न केवल सिर पर रुद्राक्ष से बना मुकुट धारण कर रखा है, वरन् हाथों तथा गले में भी रुद्राक्ष धारण कर रखा है।

जूना अखाड़े के एक अन्य साधु ने अपने पूरे शरीर को रुद्राक्ष से ही ढक रखा है। एक और अन्य साधु ने शिव रूप जैसा रूप धारण कर रखा है तथा जटाओं व शरीर पर 20 किलो वजन के रुद्राक्ष धारण कर रखे हैं, जिसमें कुल 13,500 रुद्राक्ष हैं।

हथियार या शस्त्र : नागा साधु योद्धा होते थे। वे अनवरत युद्धाभ्यास करते रहते हैं। नागा साधु अपने हथियार का बहुत सम्मान करते हैं। उनके हथियार तलवार, त्रिशूल व गदा होते हैं। ये हथियार न केवल आत्मरक्षा व धर्म रक्षा के लिए होते हैं, बल्कि ये नागाओं के दृष्टिकोण को भी प्रतिलक्षित करते हैं। वस्तुतः नागा साधु का वास्तविक स्वरूप एक योद्धा का होता है। एक योद्धा के रूप में उनको निपुण किया जाता है, हर परिस्थिति में रहना, चाहे कैसी भी सर्दी हो, गरमी हो, बरसात हो, वह हर परिस्थितियों में अपने को ढाल लेते हैं। सच्चे अर्थों में वे एक साधक होते हैं। वह यह शिक्षा देते हैं कि व्यक्ति योग व साधना के द्वारा किस तरह शारीरिक, मानसिक, बौद्धिक कमजोरियों पर विजय प्राप्त कर सकता है। यह सच्चे अर्थों में एक योद्धा होते हैं। वह वास्तविक रूप में भी आत्मरक्षा के लिए शस्त्र धारण करते थे, जो कलांतर में नागा साधुओं की पहचान बन गई। वह फरसा, तलवार और त्रिशूल साथ रखते हैं। साधु अपने हाथ में कमंडलु, त्रिशूल व चिमटा भी रखते हैं तो कुछ साधु धातु के कुछ ताँबे के कमंडलु का उपयोग करते हैं। नागाओं को चिमटा रखना अनिवार्य होता है। चिमटा हथियार भी है और औजार भी। कुछ नागा साधु अपने हाथ में तलवार भी रखते हैं।

जूना अखाड़े में व अन्य अखाड़ों में वर्तमान समय में भी प्रतिदिन अस्त-शस्त्र के पूजन का प्रावधान है। वे आज भी अपने पुरातन नियम और व्यवस्थाओं को अक्षुण्य रखना चाहते हैं।

रत्न : कुछ नागा साधु रत्नों को भी धारण करते हैं, लेकिन वह मात्र नवग्रह को साधनेवाले नवरत्न होते हैं, जो नवग्रहों के साथ तालमेल बिठाने के लिए नवग्रहों के अनुरूप होते हैं। कुछ रत्न मूँगा, माणिक, पुखराज नागा साधुओं के श्रृंगार का हिस्सा होते हैं। ये रत्न मात्र भव्यता के लिए ही नहीं होते हैं, बल्कि इनका उपयोग उनकी आध्यात्मिक पुनरावृत्ति को बढ़ाने के लिए किया जाता है। वैदिक ज्योतिष का विज्ञान नवग्रहों के चारों ओर घूमता है। वह हजारों साल पुराना है और हमारे वेद-पुराणों का ही एक भाग है, जिसका ज्ञान प्राचीन समय से ही हमारे ऋषियों-मुनियों और साधुओं को है। नौ रत्न, नौ ग्रहों का प्रतिनिधित्व करते हैं। ग्रहों की शंति के लिए नवरत्न धारण करते हैं। कोई-कोई नागा साधु गले में रुद्राक्ष की माला के अलावा नारंगी व नीले रंग के बड़े-बड़े मोती की

माला पहनते हैं तथा स्फटिक की माला भी धारण करते हैं। ये मालाएँ साधारण नहीं होतीं। इन्हें बरसों तक सिद्ध किया जाता है। ये मालाएँ नागा साधुओं के आभामंडल में वृद्धि करती हैं तथा उनके अखाड़ों का भी प्रतिनिधित्व करती हैं। कहते हैं, अगर नागा साधु किसी भक्त को खुश होकर उसे दे देते हैं तो वह उस भक्त के लिए वरदान स्वरूप होती है। कई नागा साधु रत्नों की मालाएँ भी धारण करते हैं। महँगे रत्न, जैसे मूँगा, पुखराज, माणिक आदि रत्नों की मालाएँ धारण करनेवाले नागा साधु कम ही होते हैं, लेकिन उन्हें धन से मोह नहीं होता, लेकिन ये रत्न उनके श्रृंगार का आवश्क हिस्सा होते हैं।

लंगोट : आमतौर पर नागा साधु निर्वस्त्र ही होते हैं, लेकिन कई नागा साधु लंगोट भी धारण करते हैं। इसके पीछे कई कारण है, जैसे भक्तों को उनके पास आने में झिझक न हो। कई साधु हठयोग के तहत भी लंगोट धारण करते हैं, जैसे लोहे की लंगोट, चाँदी की लंगोट या अन्य धातुओं या लकड़ी की लंगोट। यह भी एक तरह का उनका तप ही होता है।

जिस तरह भगवान् शिव बाह्यआडंबर या शेर की खाल को वस्त्र की तरह पहनते हैं, वैसे ही कई नागा साधु जानवरों की खाल पहनते थे, परंतु जीव-जंतुओं के प्राकृतिक संरक्षण के कारण बाघ चर्म से बने वस्त्रों का उपयोग करने लगे।

जटाएँ : कुछ नागा साधु बाल नहीं कटवाते हैं तथा जटा धारण करते हैं। इसके पीछे भी एक तथ्य है। जटाओंवाला योगी अधिक ऊर्जावान्, अथक शक्तिशाली व निडर होता है। बाल हमारे शरीर की चुंबकीय ऊर्जा का एक प्राकृतिक संवाहक है, जो शरीर में ऊर्जा उत्पन्न करता है तथा जो शरीर का तापमान मौसम के अनुकूल रखता है। यह भी एक कारण है। योगी व नागा कभी भी गरमी-ठंड मौसम के बदलाव से प्रभावित नहीं होते। वे हमेशा स्वस्थ व मजबूत रहते हैं।

कुछ नागा साधुओं की जटाएँ बहुत लंबी व मजबूत होती हैं कि वे अपनी जटाओं से कई अद्भुत व चमत्कारिक कार्य भी कर सकते हैं, लेकिन वे उसका सार्वजनिक रूप से प्रदर्शन नहीं करते। जटाएँ भी नागा साधुओं की बड़ी पहचान होती है। शिवभक्त होने के कारण वह भी जटाधारी भगवान् शिव की तरह जटाएँ भी बढ़ाते हैं। जिस प्रकार भगवान् शिव ने अपनी जटाओं में पूरी गंगा को समो लिया था, उसी तरह नागा साधु की जटाएँ भी उनकी शक्ति की द्योतक होती हैं।

ये अपनी मोटी-मोटी जटाओं की देख-रेख भी बड़े जतन से करते हैं। ये अपनी जटाओं को प्राकृतिक रूप से ही साफ करते हैं, जैसे काली मिट्टी, मुल्तानी मिट्टी और सूर्य की रोशनी में सुखाते हैं। नागा साधु अपनी जटाओं को विभिन्न रत्नों, रुद्राक्षों की माला से या गेंदा के फूलों से सजाते भी हैं।

दाढ़ी : कुछ नागा साधु दाढ़ी भी रखते हैं। कुछ दाढ़ी साफ भी करते हैं। अपनी जटाओं की तरह ये अपनी दाढ़ी को भी बड़े जतन से रखते हैं। कुछ नागा साधुओं की दाढ़ी बहुत लंबी होती है, जिसको वे बड़े यत्न से बाँधकर या सजाकर रखते हैं।

पगड़ी : नागा साधु कभी-कभी अपनी जटाओं को पगड़ी से भी बाँधते हैं। विभिन्न प्रकार की पगड़ी नागा साधुओं को भव्य रूप प्रदान करती हैं।

कुंभ में नागा साधुओं के भव्य दर्शन

कुंभ पर्व को लेकर दो-तीन पौराणिक कथाएँ प्रचलित हैं। देव-दानवों द्वारा समुद्र मंथन से अमृत कुंभ निकला। अमृत कलश पर अधिकार प्राप्त करने के लिए देव व दानवों में बारह दिन तक अविराम युद्ध चला। इस दौरान अमृत कलश से चार स्थानों—प्रयाग, हरिद्वार, उज्जैन व नासिक में अमृत की बूँदे गिरीं। उस समय चंद्रमा ने घर से प्रस्त्रवण होने से, सूर्य ने घट को फूटने से और शनि ने घर की रक्षा की, तब भगवान् विष्णु ने मोहनी रूप धारण कर अमृत को यथाधिकार बाँट दिया तथा देव-दानव के युद्ध का अंत हो गया।

अमृत-प्राप्ति के लिए देव-दानवों के बीच बारह दिन तक युद्ध होता रहा। देवताओं के ये बारह दिन बारह वर्ष के तुल्य होते हैं। अतएव, कुंभ भी बारह होते हैं। इसमें से चार कुंभ पृथ्वी पर होते हैं, शेष आठ कुंभ देवलोक में होते हैं, जिन्हें देवगण ही प्राप्त कर सकते हैं।

अत: जिस समय चंद्रादि ने कलश की रक्षा की थी, उस समय की वर्तमान राशियों पर रक्षा करनेवाले चंद्र-सूर्यादिक ग्रह जब आते हैं, उस समय कुंभ का योग बनता है, अर्थात् जिस वर्ष जिस राशि पर सूर्य, चंद्रमा और बृहस्पति का संयोग होता है, उस वर्ष उसी राशि के योग में, जहाँ-जहाँ अमृत बूँद गिरी थी, वहाँ-वहाँ कुंभ पर्व होता है।

हर कुंभ, अर्ध्य कुंभ व सिंहस्थ कुंभ में विभिन्न अखाड़े मेला स्थल पर पहुँचते हैं, जहाँ वह अखाड़े अपने-अपने शिविर लगाते हैं। ये शिविर बहुत ही भव्य व अपने में एक अलग दुनिया समेटे रहते हैं। जूना अखाड़े का शिविर सबसे बड़ा व भव्य होता है, क्योंकि यहाँ नागा साधुओं व अन्य साधुओं की संख्या सबसे ज्यादा होती है। नव संन्यासी भी सबसे ज्यादा दीक्षित जूना अखाड़े द्वारा ही किए जाते हैं। हर कुंभ में रमता पंच भी यहीं चयनित किए जाते हैं। वर्तमान समय में महिला नागा साधु, किन्नर अखाड़ा तथा दलित नागा साधु-संन्यासी भी जूना अखाड़े को और भव्यता प्रदान करते हैं। कुंभ में इन अखाड़ों द्वारा निकाली जानेवाली भव्य झाँकियाँ देशी-विदेशियों के आकर्षण का बड़ा केंद्र होती हैं। प्रत्येक अखाड़े में शामिल साधु-संत अपनी-अपनी अलग छटाएँ बिखेरते हुए चलते हैं।

जूना अखाड़े की पेशवाई का अपना एक अलग इतिहास है। प्रथम पेशवाई से वर्तमान तक जूना अखाड़े की पेशवाई का दृश्य व स्वरूप आज भी पहले जैसा ही है। कहते हैं कि जूना अखाड़े की पहली पेशवाई तब निकली थी, जब अहमद शाह अब्दाली को पेशवाओं के नेतृत्व में नागा साधु के सहयोग से पराजित किया था, जब से कुंभ में प्रथम स्नान का अधिकार नागा साधुओं को जूना अखाड़े के अंतर्गत दिया गया था, जिसे आज भी ये जूना अखाड़े की पेशवाई के रूप में जाना जाता है।

जूना अखाड़े की पेश्वाई में कई प्रकार के ढोल-नगाड़े व संगीत वाद्य आकर्षण का केंद्र होते हैं। भव्य सिंहासन व रथ पर विराजमान आचार्य महामंडलेश्वर उस पेशवाई की शोभा बढ़ाते हैं। 275 महामंडलेश्वर के साथ करीब 200 महंत और असंख्य नागा फौज जब शाही स्नान के लिए निकलती है, जिसमें हाथी, घोड़े, ऊँट पर विराजमान नागा साधुओं का अपना एक समूह होता है, अखाड़े की धर्म ध्वजा के नीचे पहली पेशवाई जूना अखाड़े की निकलती है। शाही स्नान में परंपरानुसार सबसे आगे दशनाम निशान का डंका और घोड़े पर सवार नगाड़े पेशवाई का आगाज करते हैं। इनके बाद क्रमशः श्री सूर्यप्रकाश भाला के रूप में व श्री दत्तात्रेय महाराज की प्रतिमा पालकी में विराजमान रहती है। इसके पश्चात् जूना अखाड़े के आचार्य महामंडलेश्वर अवधेशानंद गिरिजी महाराज रहते हैं। इनके पीछे 275 महामंडलेश्वर हाथी व घोड़ों पर सवार रहते हैं। साथ में अखाड़ा के चार श्री महंत, चार सचिव, चार धानापति व चार मंत्री,

चार भंडारी कोठार, चार पुजारी सहित करीब 15 लाख नागा साधुओं की फौज पीले गेंदे की मालाओं से सुसज्जित, शरीर पर भस्म रमाए, लोई, डमरू व त्रिशूल धारण किए हुए, कोई तलवार, भाला आदि अस्त्र-शस्त्रों से सजे हुए नाचते-गाते बम-बम भोले, जय महाकाल, हर-हर महादेव का जयघोष लगाते, नाचते-गाते शाही स्नान की तरफ जब चलते हैं तो यह दृश्य इतना भव्य, विहंगम व शोभायुक्त, अद्भुत चमत्कारिक लगता है, जिसका बखान करने में शब्द कम पड़ जाएँ। इस दृश्य संदेशी, क्या विदेशी भी नतमस्तक हो जाते हैं। जूना अखाड़े के भिन्न-भिन्न दिशाओं से साधु-संत आकर जूना अखाड़े के शाही स्नान की पेशवाई में स्नान करने के लिए एकत्रित होते हैं। जूना अखाड़े की पेशवाई के साथ ही कुंभ मेले का शुभारंभ होता है। जूना अखाड़े का यह भव्य शाही स्नान के पश्चात् भस्म लगाते हैं और वापस उसी भव्यता के साथ हर-हर महादेव का घोष लगाते वापस उसी भव्यता के साथ वापस अपने-अपने शिविर में लौट जाते हैं।

इस तरह प्रत्येक कुंभ में चार शाही स्नान होते हैं। धार्मिक एवं आध्यात्मिक महत्त्ववाला कुंभ मेला करीब-करीब 48 दिनों तक चलता है। कुंभ मेले का आयोजन 12 साल में हर दो साल के अंतराल पर प्रयागराज, हरिद्वार, नासिक, उज्जैन में आयोजित होता है।

हरिद्वार में गंगा के तट पर, उज्जैन में शिप्रा नदी के तट पर, नासिक में गोदावरी नदी के तट पर और प्रयागराज में गंगा, यमुना और सरस्वती के संगम पर कुंभ मेले का आयोजन होता है।

हरिद्वार कुंभ : जब सूर्य मेष राशि में और बृहस्पति कुंभ राशि में प्रवेश करते हैं, तब यहाँ कुंभ का आयोजन होता है।

प्रयागराज कुंभ : जब सूर्य मकर राशि में तथा बृहस्पति वृषभ राशि में प्रवेश करे तो कुंभ का आयोजन प्रयागराज में होता है।

नासिक कुंभ : जब बृहस्पति और सूर्य सिंह राशि में प्रवेश करते हैं तो नासिक में कुंभ आयोजित होता है।

उज्जैन कुंभ : जब सूर्य मेष राशि में और बृहस्पति सिंह राशि में प्रवेश करे तो कुंभ उज्जैन में होता है।

□

'प्रभु प्रेमी संघ' का प्रादुर्भाव

परम गुरु महामंडलेश्वर स्वामी सत्यमित्रानंद गिरिजी महाराज के सान्निध्य में संत अवधेशानंद संन्यासी बनकर जूना अखाड़े से संबद्ध हो गए। संस्कृत के प्रकांड ज्ञाता अवधेशानंदजी ऐसे प्रभुश्री की स्नेह कृपा के लिए सदैव स्वयं को गौरवान्वित अनुभव करते हैं। अध्यात्म मार्ग पर चलते हुए जीवन के रथ का सारथी यदि गुरु हो तो यह आंतरिक यात्रा निश्चित ही सुगम हो जाती है। जीवन की कुछ नितांत व्यक्तिगत स्मृतियों में गोता लगाकर ही स्मृतियों की शृंखलाओं में से एक ऐसी शृंखला ढूँढ़कर लाता है, जिसमें उनके जीवन की ऐसी कड़ी जुड़ी होती है, जो जीवन को एक नई दिशा की ओर ले जाती है। जो पहले तो अत्यंत दुरुह मालूम होती है, पर आगे वह जीवन का मार्ग प्रशस्त करती है। गुरु प्रेम गुरु भक्ति में ही उन्हें अपने जीवन का आधार मालूम होता है, परंतु शायद नियति को और ही मंजूर था। गुरु में वह दिव्य यक्षु होते हैं, जो अपने प्रत्येक शिष्य के क्रियाकलापों, अनुशासन से उनकी ऊर्जा, शक्ति व सामर्थ्य को देख-सुनकर उनके भविष्य का निर्धारण कर लेते हैं। अपने शिष्य स्वामी अवधेशानंद गिरि महाराज की विलक्षण क्षमता उनके गुरु ने भाँप ली थी, जिससे वे अपने गुरु के विशेष स्नेहपात्र शिष्य बन गए थे। वह भी अपने परम पूज्य गुरु के प्यार व स्नेह के कारण स्वामी अवधेशानंदजी व अन्य साधु-संतों को भी यह लगने लगा था कि स्वामी अवधेशानंदजी ही अपने गुरु महामंडलेश्वर स्वामी सत्यमित्रानंदजी व भारत माता मंदिर के उत्तराधिकारी हैं, पर कहते हैं—

सत गुरु की महिमा अनंत अनंत किया उपकार।
लोचन अनंत उघाड़िया अनंत दिखावण हार॥

गुरु ही अपने शिष्य की संभावनाएँ क्षमता, शक्ति, विलक्षणता, विद्वत्ता को परख-समझ सकता है। वह अपने शिष्यों के लिए ऐसे पथ का निर्माण करता है, जिस पर चलना पहले शिष्य को बड़ा दुर्भर लगता है, बाद में वही पथ उसके लिए भविष्य निर्माण का मार्ग प्रशस्त करता है। शायद गुरुदेव ने भी उनके भाग्य की रेखाएँ पढ़ ली थीं। उनके अंदर गुरुदेव को क्या सँभावनाएँ नजर आईं कि एक दिन अपने प्रिय शिष्य अवधेशानंद को अपने पास बुलाकर स्नेहपूर्वक उनसे कहा—

"अवधेशानंद, बिना किसी संबल की बैसाखियों के निकल पड़ो, अकेले ही अपनी अग्रिम यात्रा पर। नदी बनकर सागर तक पहुँचने का मार्ग स्वयं ही निर्मित करो। तुम्हें किसी भी संबल की आवश्यकता नहीं है, फिर भी इस यात्रा में मैं सदैव तुम्हारे साथ रहूँगा, और यह सत्य है कि एक वट वृक्ष की छाया में रोपे गए वृक्ष सुरक्षा व संरक्षण तो पाते हैं, पर उनके विकास की प्रक्रिया अपनी अंतिम परिणति तक नहीं पहुँच पाती, अतः तू यह स्थान छोड़ दे।"

वह आश्चर्य से उनको देखते रहे। शायद गुरुदेव के चेहरे के भाव पढ़ना चाह रहे हों, पर मुख पर निश्चयात्मक दृढ़ता व गंभीरता के भाव देखकर स्वामी अवधेशानंदजी से कुछ भी न कहते बना, वरन् उनके लिए गुरु आज्ञा ही सर्वोपरि थी। परंतु वह उनके मनोभाव को ताड़ गए, फिर पुनः गंभीर व गहरी आवाज में बोले—

"तुझे अपनी अकूत सामर्थ्य का अनुमान नहीं, पर मेरी आँखें सबकुछ स्पष्ट देख पा रही हैं। तुझमें अपना मार्ग स्वयं बनाने की क्षमता है और उस मार्ग पर चलकर अपना एक ऐसा साम्राज्य स्थापित करने की सामर्थ्य है, जिसका तू अकेला अधिष्ठाता होगा। केवल पिता व गुरु ही होता है, जो अपने पुत्र व शिष्य से हारना चाहता है। अपनी इस हार में भी उसे सुख की अनुभूति होती है। मेरी आज्ञा है कि तू यहाँ से चला जा। तेरी यह अनजानी व अनदेखी राह तेरे गंतव्य की दिशा तय करेगी और फिर मैं भी तो तेरे साथ हूँ।" कहकर गुरुदेव चुप हो गए; स्वामी अवधेशानंद मूक से खड़े, जैसे विवेक शून्य हो गए हों, वह बस, कातर दृष्टि से गुरुदेव को देखे जा रहे थे। गुरुदेव से दूर जाने की कल्पना मात्र से ही वह विचलित हो उठे थे। मन कर रहा था कि उनके चरणों पर गिरकर उन्हें अपने आँसुओं से प्रक्षालित कर दें।

कितने ही प्रश्न थे मन में, पर मर्यादा ने इसकी स्वीकृति नहीं दी। कुछ भी बोल पाना कठिन हो रहा था, कंठ अवरुद्ध हो गया, शायद नियति को यही मंजूर है कि गुरुदेव की सेवा व सान्निध्य के सुनहरे पल पखेरू बनकर उड़ चले थे। वह हतप्रभ से गुरुदेव को साष्टांग प्रणाम करके, कातर भाव लिये, चुपचाप वहाँ से चले आए।

वह जानते थे कि परोक्ष व अपरोक्ष रूप से वह सदा मेरे साथ रहेंगे। मन-ही-मन वह श्रद्धा से नतमस्तक हो गए। प्रातः ही गुरुदेव से आशीर्वाद लेकर वह अपने गंतव्य की तरफ चल पड़े। गुरुदेव का स्नेह भरा आशीर्वाद स्पर्श वह अब भी अपने मस्तक पर महसूस कर रहे थे, जो उन्हें एक नई शक्ति प्रदान कर रहा था।

स्वामी अवधेशानंदजी ने गुरुदेव के एक भक्त व प्रशंसक के आग्रह पर अंबाला को अपनी शरणस्थली बनाया। रेलवे स्टेशन के पास एक छोटे से स्थान पर अपनी एक छोटी सी कुटिया बना ली; पर एक कहावत है कि एक योग्य व्यक्ति अपनी योग्यता से कहीं भी अपना प्रभुत्व स्थापित कर सकता है—

लोग आते गए और कारवाँ बनता गया।

कुछ अंतराल के बाद स्वामी अवधेशानंदजी ने एक छोटा सा घर किराए पर लेकर उसे आश्रमीय व्यवस्था देकर एक कुटिया का रूप दे दिया था। वहाँ प्रातःकालीन हवन व भजन और सायंकालीन प्रवचनों ने लोगों को आश्रम से जोड़ना आरंभ कर दिया। उस पर स्वामीजी के भावप्रवण प्रवचन ने वहाँ के लोगों को उनका भक्त बना दिया। कुछ वृद्ध दंपती व कुछ महिलाएँ उनके अनुयायी बन गए। उनके मन के प्रश्नों का समाधान स्वामीजी के प्रवचनों से मिलने लगा। जीवन की आपा-धापी से निकलकर उन्हें जीवन जीने का नया मार्ग दिखने लगा। स्वामीजी की इस कुटिया को एक अनुपम नाम मिला, जो द्वार पर लघु नाम पट्टिका पर लिखा था—'प्रभु-प्रेम कुटीर।'

समय के साथ और-और लोग जुड़ते गए। गुरुदेव की दूरदृष्टि, उनके प्रति स्नेह स्वामी अवधेशानंदजी की समझ में अब आ रहा था। उनका मन गुरुदेव के प्रति अगाध श्रद्धा से भर उठा। यही श्रद्धा उनके पन्नों पर रेखांकित हो गई—

"गुरु की कृपा से ही आत्मोन्नति होती है। गुरु हमें अंधकार से प्रकाश की

ओर ले जाते हैं, साथ ही उनके सान्निध्य से हमारे अंतस में वह ज्ञान प्राप्त होता है, जिसने हमें भौतिकता से दूर जीवन की वास्तविकता का बोध होता है।

प्रत्येक सुख की ओट में दु:ख निहित है। सुख का भोग केवल धोखा है, लेकिन उसके परिणामस्वरूप जो दु:ख व चिंताएँ सामने आती हैं, वे चिरस्थायी हैं, फूल को स्पर्श किया तो आँचल काँटों में उलझ जाता है। इस संसार का नियम ही ऐसा है। अत: धरा, धाम और धन के मद तथा शरीरिक लावण्य पर चित्त को नहीं भटकना चाहिए। जिसके लिए मनुष्य को संयम की आवश्कता होती है और वह संयम सद्‌गुरु की शरण में ही जाने से आ सकता है। अपनी दृष्टि और चित्तवृत्ति को अपने वास्तविक लक्ष्य पर केंद्रित रख पाना गुरु की कृपा से ही संभव है। इस तरह वह कभी भी भौतिकता के द्वारा छला नहीं जा सकता तथा जीवन की हलचल और गहमागहमी के बीच गुजरता वह अपने आपको प्रभु के ध्यान में लीन रखता है; साथ ही कैसी भी अवस्था हो, वह मन को शांति व शाश्वत् आनंद से कभी भी वंचित नहीं रख सकता। इसालिए कहा गया है कि संसार में रहकर भी दो बातें नहीं भूलनी हैं—एक 'सद्‌गुरु' दूसरा 'प्रभु'। इसके साथ यह भी याद रखना है कि सभी चीजें नश्वर हैं, केवल सत्य ईश्वर है। ये ज्ञान हमें गुरु ही प्रदान कराता है।"

गुरु कृपा ही वह पारसमणि है, जिसके स्पर्श मात्र से मूल्यहीन वस्तु मूल्यवान् हो जाती है और भी महत्त्वपूर्ण होती जाती हैं।

यद्यपि जीवन ब्रह्म का ही अंश है, तथापि भौतिकता के वशीभूत होने के कारण आत्मस्थ चैतन्य स्वरूप प्रभु का साक्षात्कार नहीं कर पाता। भौतिकता के इस आवरण को विभिन्न करने के लिए एक शक्तिशाली माध्यम की आवश्कता होती तत्त्व के अतिरिक्त एक तत्त्व गुरुत्व भी है, जिसे वेद 'नेति नेति' कहकर मौन हो जाते हैं। शिव और सनकादि जिसका गुणकान करते रहते हैं। ऐसे अमूल्य धन के रहस्य को केवल 'गुरु' ही ज्ञान और भक्ति के माध्यम से स्पष्ट करने में समर्थ हैं। साधक को सिद्धि प्राप्त करने के लिए 'गुरु कृपा' और 'गुरु प्रकाश' की आवश्यकता होती है। गुरु ही वह ज्योति जलाता है, जिससे साधक का अज्ञान तिमिर से पूर्ण हृदय सहज ज्ञान के आलोक से आलोकित हो उठता है। इस तथ्य को शास्त्रों ओर संतों द्वारा विविध रूपों से कहा गया है—

गुरु बंह्मा: गुरु र्विष्णु: गुरु र्देवो महेश्वर: ।
गुरु: साक्षात् परब्रह्म तस्मै श्री गुरने नम: ॥

इसी को संत कबीर इस प्रकार कहते हैं—

गुरु गौविन्द दोऊ खड़े काके लागूँ पाय।
बलिहारी गुरु आपने जिन गोविन्द दियो बताय॥

'श्रीमद्‍भागवत' के एकादश स्कंद में नौ योगेश्वर संवाद के अंतर्गत 'तस्माद् गुरुं प्रपहोत् जिज्ञासुः श्रेयमुत्तमम्' कहकर कल्याण (श्रेय) के जिज्ञासु के लिए 'शब्दवाणी' (शास्त्रज्ञानी) तत्त्वज्ञानी (ब्रह्मज्ञानी) और ब्रह्मनिष्ठ (परम शांत) में श्री गुरु की शरण में जाने को कहा गया है। श्रीकृष्ण ने उद्धवजी से 'आचार्य' (गुरु) मुझे ही समझो 'आचार्य मां विद्यायीनात्' तथा 'श्रीगुरु महाराज' का सामान्य पुरुष मानकर कभी अपमान न करो, समझाते हुए गुरु को अपना ही रूप बताया है। गोस्वामी तुलसीदासजी ने तो 'रामचरितमानस' के प्रारंभ से ही गुरु की वंदना करते हुए 'यत्र तत्र' गुरु महिमा का ही उन्मेष किया है। मंगलाचरण प्रकरण में वहाँ शुभ गुणों से युक्त श्री गणेशजी की वंदना की गई है, वहीं 'वन्दे बोधभयं नित्यं गुरुम्' कहकर श्री गुरु महाराज को 'कृपासिंधु पर रूप हरि' कहा है। श्री गुरुदेव का उपदेश मायामोह रूपी अंधकार को नष्ट करनेवाला है। श्री गुरु चरणकमल की रज भी वंदनीय है, वह सुरुचि, सुबास, सरल के साथ ही समस्त संसारिक दु:खों के विनाशक भी हैं। गुरुदेव का ध्यान अज्ञानरूपी अंधकार को विनेष्ट करते हुए हृदय को 'दिव्य-दृष्टि' से पूरित कर देता है और सबकुछ 'सुमिरत' स्मरण करने मात्र से ही प्राप्त करने में समर्थ कर देता है। गोस्वामी तुलसीदास ने तो यहाँ तक विश्वासपूर्वक कहा है, 'सेवक सदन स्वामि आगमन्', 'मंगल अमंगल दमन्', अत: गुरु कृपा ही वह पारसमणि है, जिसके स्पर्श मात्र से ही मूल्यहीन वस्तु भी मूल्यवान् हो जाती है और महत्त्वहीन व्यक्ति भी महत्त्वपूर्ण हो जाता है। 'प्रभु प्रेमी संघ' के प्रणेता स्वामी अवधेशानंद गिरिजी महाराज ये भलीभाँति विचार करने लगे, उनके आचार्य ही वह पारसमणि हैं, जिन्होंने उन्हें स्पर्श कर आशीर्वाद प्रदान कर मूल्यवान् बना दिया।

गुरुदेव ने अपने इस कथन को पूर्ण किया, "मैं सदैव तुम्हारे साथ हूँ," आप हमेशा अपने प्रिय शिष्य के बारे में जानते-समझते रहे, फिर अचानक एक

दिन बिना किसी पूर्व सूचना के अंबाला की 'प्रभु प्रेम कुटीर' में उनका आगमन हुआ। सबकुछ देखकर वह बहुत प्रसन्न हुए, फिर उनका ध्यान नाम-पट्टिका पर गया 'प्रभु प्रेम कुटीर,' फिर पुलकित स्वर में बोले, "बड़ा सुंदर नाम रखा है।" स्वामीजी भावविह्वल होकर उसी प्रकार गुरुदेव के स्वागत में लग गए जैसे प्रथम बार गुरुरूपी ईश्वर उनके समझा आ गए हों! बड़े उत्साह से गुरुदेव को कुटीर का अवलोकन कराते रहे। उन्होंने अपने प्रमुख भक्तों व शिष्यों से गुरुदेव को मिलवाया।

उन्हीं दिनों भक्तों का एक समूह 'प्रभु प्रेम कुटीर' के साथ जुड़ गया। स्वामीजी व कुटीर से संलग्न लोग उसे अब नया नाम देने की सोच रहे थे। स्वामीजी के मन में एक नाम आया—प्रभु प्रेम के नाम के साथ कुटीर को हटाकर 'संघ' जोड़ दिया कि इसे 'प्रभु प्रेम संघ' नाम दिया जाए।

प्रभु प्रेम शिरोमणि स्वामी अवधेशानंद गिरिजी महाराज ने गुरुदेव के समक्ष इस नाम का प्रस्ताव रखा तो उन्होंने तुरंत उस पर अपनी स्वीकृति दे दी। इस प्रकार 'प्रभु प्रेम संघ' का प्रादुर्भाव हुआ। संयोग से उस दिन भी कार्तिक पूर्णिमा थी, अर्थात् स्वामी अवधेशानंद गिरिजी महाराज का जन्मदिन। गुरुदेव अत्यंत प्रसन्न होकर हरिद्वार वापस लौट गए। गुरुदेव के आशीर्वाद स्वरूप इस संघ ने फिर पीछे मुड़कर नहीं देखा। उत्तरोत्तर संघ की प्रगति होती गई। भक्तों की संख्या इतनी बढ़ गई कि महेश नगरवाली कुटिया छोटी पड़ने लगी। अब आवश्यकता थी 'प्रभु प्रेमी संघ' को विस्तृत करने की फलतः स्वामीजी ने कार्तिक पूर्णिमा के दिन 1992 में तंगरी नदी के तट पर स्थित 'प्रभु प्रेम आश्रम' की स्थापना की, जो अंबाला कैंट हरियाणा में स्थित है। यह आश्रम प्रमुख रूप से साधकों व सनातन धर्म के मूल्यों के प्रसार के लिए था। इस आश्रम को और तेजोमय व पावन बनाने के लिए माता ज्वाला देवी से अखंड 'ज्वाला' को यहाँ ज्वालादेवी, जो ज्योर्तिपीठ का प्रमुख मंदिर है, अखंड ज्योति को आश्रम में प्रज्वलित किया गया, जो सतत प्रज्वलित है।

आश्रम में भगवान् श्रीकृष्ण का एक सुंदर मंदिर है, जिसमें पिछले कई वर्षों से चौबीस घंटे हरे रामा, हरे कृष्णा (अखाड़ा संकीर्तन) का कीर्तन निरंतर चल रहा है।

प्रवचन हॉल : आश्रम में एक बड़ा प्रवचन हॉल है, परम पावन के प्रेरक प्रवचन सुनने के लिए भक्त हर शाम एकत्र होते हैं, जब परम पावन स्वामीजी दौरे पर होते हैं तो आश्रम में आचार्यों द्वारा प्रवचन किए जाते हैं।

यज्ञशाला : यज्ञशाला में हर दिन हवन व पूजा प्रतिदिन प्रातःकाल में आश्रम के पंडितों व भक्तों द्वारा की जाती है।

गौशाला : आश्रम में एक गौशाला भी है, जहाँ कई प्रकार की गायों को आश्रय मिलता है। यहाँ पर गायों के अलावा और भी मवेशी हैं, जिनकी सेवा आश्रम के भक्तगणों द्वारा की जाती है। भक्त गायों को प्रेम से भोजन कराते हैं, दाना-पानी देते हैं, गौशाला को स्वच्छ करते हैं और उन्हें देवी लक्ष्मी की तरह पूजते हैं। 'प्रभु प्रेमी संघ' निस्स्वार्थ सेवा के छह निहित सिद्धांतों—धर्म सेवा, जनसेवा, गौसेवा, सत्संग, स्वाध्याय, जिसमें शास्त्रों का अध्ययन-अध्यापन, मनन-चिंतन सम्मिलित है, में संलग्न रहता है।

साइम : जिसमें आत्म-अनुशासन, जिसका अभिप्राय स्वयं अपने को वैदिक व धार्मिक अनुशासन में बाँधना व उनका पालन करना।

साधना : आत्म-अनुशासन के पश्चात् स्वयं को साधना, आध्यात्मिक अभ्यास के लिए तत्पर करना।

स्व-उत्थान : गुरु के मार्गदर्शन में स्वयं को साधनारत रहते हुए स्वयं का उत्थान करना या स्वयं को इस योग्य बनाना कि आपका धार्मिक व आध्यात्मिक उत्थान हो सके, जिसको 'प्रभु प्रेमी संघ' के प्रेरक प्रतीक-चिह्न से स्पष्ट समझा जा सकता है—

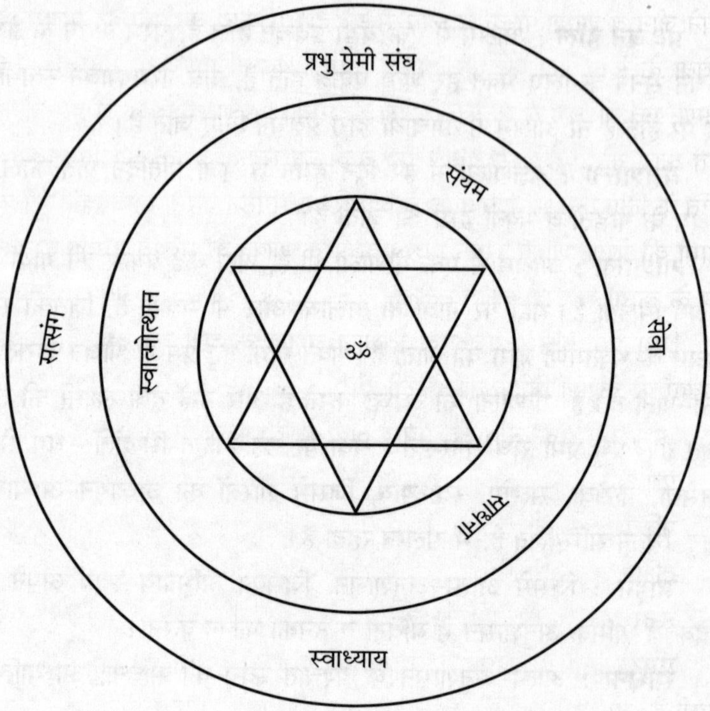

'प्रभु प्रेमी संघ' एक सामाजिक व आध्यात्मिक संगठन है, जो मानव जाति के आध्यात्मिक रहस्योद्घाटन और वैदिक समुदाय व वैश्विक समुदाय के लिए निस्स्वार्थ सेवा में समर्पित है।

'प्रभु प्रेमी संघ' के प्रमुख उद्देश्य हैं, सभी धर्मों के प्रति सहिष्णुता का संदेश फैलाना, मानव जाति में सेवा का भाव पैदा करना। प्राचीन भारतीय धर्मग्रंथों में निहित समृद्ध ज्ञान का समर्थन करना और नियमित आध्यात्मिक प्रवचनों के द्वारा शांति और प्रसन्नता को लोगों में बाँटना।

स्वामी अवधेशानंद गिरिजी महाराज द्वारा स्थापित 'प्रभु प्रेम संघ' आज एक विशाल वृक्ष के समान विस्तार को प्राप्त हो गया है, जिसकी शाखाएँ भारतवर्ष में ही नहीं, अपितु विदेशों में भी स्थित हैं।

'प्रभु प्रेमी संघ' पूरे भारत के साथ-साथ भारत के बाहर भी स्थित है। यह

अपने जोन व शाखाओं के माध्यम से पूरे देश में कार्य कर रहा है। प्रशासन की सुविधा के लिए देश को पाँच प्रमुख क्षेत्रों में विभाजित किया गया है—उत्तर, दक्षिण, पूर्व पश्चिम व मध्य। पूरे देश में इसकी 26 शाखाएँ हैं। जो इस जोन के तहत कार्य करती हैं। इस प्रकार यह देखा जा सकता है कि कुलीन लक्ष्यों की प्राप्ति के लिए एक सामंजस्यपूर्ण व व्यवस्थित संगठन करना आवश्यक है। पूज्य स्वामी की प्रेरणा शक्ति इसके पीछे एक प्रेरक शक्ति के सदृश्य उनकी दूरदर्शिता संघ के कार्यों से देखी जा सकती है।

'प्रभु प्रेमी संघ' आज एक विशाल बरगद के वृक्ष की तरह है, जिसकी शाखाएँ पूरे देश व विदेश तक फैली हैं।

'प्रभु प्रेमी संघ' को पाँच प्रमुख क्षेत्रों में विभाजित किया गया है—

पूर्व क्षेत्र : कोलकाता

पश्चिम : रतलाम

दक्षिण : नागपुर

उत्तर व मध्य भारत : नई दिल्ली

प्रमुख केंद्र : अंबाला : संगठन की दृष्टि से हर जोन में अध्यक्ष व प्रबंध न्यासी है, जो 'प्रभु प्रेमी संघ' को स्वव्यवस्थित व संगठित करते हैं। ये स्वयं में ही परिपूर्ण होते हैं। इनकी विद्वत्ता व अध्ययनशीलन व प्रबंधन कार्यक्षमता इन्हें स्वयं में आत्मपरिपूर्ण बनाती है।

अंबाला आश्रम की अध्यक्ष व प्रबंध न्यासी

महामंडलेश्वर स्वामी नैसर्गिका गिरिजी हैं और प्रमुख शासन सचिव साँवर मल तुलस्यानजी हैं।

'प्रभु प्रेमी संघ' में दैनिक गतिविधियाँ निम्नवत् रहती हैं—

प्रातः यज्ञ

सायंकाल को प्रवचन

अनवरत् चौबीस घंटे अखंड हरिनाम कीर्तन (अंबाला आश्रम)

सभी के लिए निःशुल्क प्रसाद

पवित्र माँ ज्वालाजी की पूजा-अर्चना

गौशाला : अंबाला आश्रम में 800 से 1000 गौमाता है। कई बीघा में फैला ये गौशाला आधुनिक व्यवस्थाओं से युक्त गौशाला है। एक साफ, सुंदर बाडे में खुले प्रांगण में जो चारों तरफ लकड़ी व सादे तारों से घिरा है, जहाँ सभी गौमाता दिन भर खुली जगह में स्वतंत्र विचरण करती है।

रात्रि में बंद छलनुमा स्थल पर, जिसमें बीच में चारा रखने की व्यवस्था है, जिसके दोनों तरफ गायों के रात्रि विश्राम स्थल है।

आश्रम में स्थित भगवान् कृष्ण का एक मंदिर है, जिसमें पिछले कई वर्षों से 24 घंटे अखंड कीर्तन चल रहा है। भक्त दिन-रात दिव्य मार्धुय व आध्यात्मिक कीर्तन का आनंद लेते हैं। भक्तिरूपी अमृत का पान करते हैं।

प्रवचन हॉल : आश्रम में एक बड़ा प्रवचन हॉल है। परम पावन स्वामी आचार्य महामंडलेश्वर अवधेशानंद गिरिजी महाराज के प्रेरक व जीवन दर्शन व आध्यात्मिकता से ओत-प्रोत प्रवचन यहाँ पर होते रहते हैं। भक्त प्रतिदन शाम को हॉल में एकत्र होकर प्रवचन को श्रवण कर पुण्य लाभ उठाते हैं। जीवन के मार्गदर्शन को समझते हैं, स्वामीजी के प्रवचन की यही तो प्रमुख विशेषता है कि वह अध्यात्म के साथ-साथ जनजीवन की कई महत्त्वपूर्ण समस्याओं का समाधान बहुत ही सरल शब्दों में समझा देते हैं। प्रवचन में उदाहरणों के द्वारा वह सामाजिक, अध्यात्मिक पारिवारिक गतिरोधों को दूर कर देते हैं, जब स्वयं स्वामीजी आश्रम में आते हैं तो मानो भक्तों को नई संजीवनी ही मिल जाती है, भक्तों की अगाध श्रद्धा का अनूठा रूप देखते ही बनता है।

यज्ञशाला : यज्ञशाला में हर दिन हवन व यज्ञ आश्रम के पंडितों द्वारा की जाती है। हवन की पवित्र सुगंध परे आश्रम को पवित्र कर देती है।

एक बड़ा सा खुला प्रागंण है, जहाँ पर प्रवचन या भगवत् कथा का बड़ा आयोजन होता है।

'प्रभु प्रेमी संघ' अंबाला : 'प्रभु प्रेमी संघ' का प्रथम व अति महत्त्वपूर्ण आश्रम है। हर प्रमुख आयोजन यहीं पर आयोजित होते हैं। विभिन्न आध्यात्मिक व संस्कारित आयोजन व समारोह संपन्न होते हैं। 'प्रभु प्रेमी संघ' के पारोत्सव प्रकाशोत्सव, जो कार्तिक पूर्णिमा के अवसर पर आयोजित हुआ। कार्तिक पूर्णिमा के पुण्य दिवस पर आचार्य श्रेष्ठ स्वामी अवधेशानंद गिरिजी महाराज का पावन

जन्मदिवस भी होता है, जिसको आश्रमवासी भक्त व शिष्यजन 'प्रकाशोत्सव' के रूप में मनाते हैं।

कई बहुत बड़े व महत्त्वपूर्ण आयोजन यहाँ आयोजित हो चुके हैं। प्रभु प्रेम संघ द्वारा पूरे विश्व में कई प्रमुख आयोजन संपन्न हुए हैं, जिसमें प्रमुख हैं—

योग विश्व दिवस : 26 जून से 28 जून, 2010 : स्वामीजी को पुर्तगाल के अल्माड़ा शहर में 26 जून, 2010 में योग विश्व दिवस के उद्घाटन समारोह में 'मुख्य अतिथि' के रूप में भाग लेने के लिए आमंत्रित किया गया।

• 'प्रभु प्रेमी संघ' द्वारा हर वर्ष कई समारोह आयोजित होते हैं जैसे महिला सशक्तिकरण के दिन 'महिला दिवस' पर, जिसमें विभिन्न क्षेत्रों, जैसे आध्यात्मिक, साहित्यिक व सामाजिक सेवा से जुड़ी महिलाओं को सम्मानित किया जाता है।

• कवि सम्मेलन का आयोजन होता है।

• 15 अगस्त व 26 जनवरी पर स्वामीजी द्वारा राष्ट्रीय ध्वज का आरोहण किया जाता है तथा देशभक्ति से परिपूर्ण सांस्कृतिक कार्यक्रमों का आयोजन किया जाता है।

• प्रभु प्रेम संघ के विभिन्न केंद्रों, जैसे उज्जैन, रतलाम, झाँसी पर बहुपयोगी आयोजन आयोजित होते हैं।

• संगोष्ठियाँ, प्रवचन, चर्चा व समायिक तथा धर्म विषयक होती हैं।

'प्रभु प्रेमी संघ' वर्तमान में धर्म तथा अध्यात्म क्षेत्र में एक विस्तृत एवं प्रमुख आधार बन गया है। देश-विदेश तक इसकी शाखाएँ फैली हुई हैं। लाखों भक्त एवं शिष्य इस प्रभु प्रेम संघ के अनुयायी बने हैं। बड़े-बड़े उद्योगपति, विश्व नेता, देश का प्रमुख तथा विशिष्ट व्यक्ति से लेकर किसान, गृहिणी, शिक्षक तथा सामान्य जन साधारण तक इस संघ के सदस्य व अनुगामी हैं।

'प्रभु प्रेमी संघ' के सामाकि कार्य

प्राथमिक विद्यालय : इस संघ द्वारा कई सामाजिक, वैदिक प्राथमिक विद्यालयों का सफलापूर्वक संचालन किया जाता है, जहाँ बच्चों को निःशुल्क विद्याध्ययन कराया जाता है।

माध्यमिक व उच्च विद्यालय : यहाँ भी बालक व बालिकाओं को निःशुल्क अध्ययन प्रदान किया जाता है। कई कन्या विद्यालय हैं, जहाँ बिना किसी भेदभाव या वर्ग भेद या वर्ग भेद के बालिकाओं को दाखिला मिलता है। इसके प्रथम संरक्षक स्वयं स्वामी अवधेशानंद गिरिजी महाराज हैं। ये विद्यालय वैदिक शिक्षा के साथ-साथ आधुनिक शिक्षा का भी अध्ययन कराते हैं।

मेडिकल व अभियंत्रिक विद्यालय : 'प्रभु प्रेमी संघ' द्वारा कई मेडिकल कॉलेज, डेंटल कॉलेज व इंजीनियरिंग कॉलेजों का भी संचालन किया जाता है।

'प्रभु प्रेमी संघ' द्वारा मेडिकल कैंप, आई कैंप, रक्तदान शिविरों का भी आयोजन किया जाता है, जिसमें सभी जरूरतमंदों का मुफ्त में इलाज किया जाता है। आँखों का सफल ऑपरेशन कराया जाता है तथा संघ द्वारा संचालित प्राथमिक स्वास्थ्य केंद्र व अस्पतालों में निःशुल्क इलाज व मरीजों की देखभाल की जाती है।

इसके अतिरिक्त, संघ द्वारा अनेक समाजसेवित कार्यशाला आयोजित की जाती है, जिसमें जरूरतमंदों व बेरोजगारों को रोजगार पूरित कार्यों के लिए उपकरण, जैसे सिलाई मशीन, खेती के लिए उपकरण आदि प्रदान किए जाते हैं।

'प्रभु प्रेमी संघ' द्वारा जल संचय जैसा बहुउपयोगी कार्य भी बृहद् स्तर पर किया जाता है तथा प्राकृतिक संरक्षण को भी प्राथमिकता दी जाती है, 'प्रभु प्रेमी संघ' द्वारा संचालित बड़ी श्रृंखला है, जिसका संरक्षण, संवर्द्धन व संचालन पूज्य आचार्य महामंडलेश्वर स्वामी अवधेशानंद गिरिजी महाराज द्वारा किया जा रहा है।

स्वामी अवधेशानंद गिरिजी महाराज, जिन्होंने पूरे विश्व में सनातन धर्म की पताका को फहराया, को कई प्रतिष्ठित सम्मान व पुरस्कारों से सम्मानित किया गया है।

हिंदू पुनर्जागरण पुरस्कार

हिंदू पुनर्जागरण पुरस्कार : ये पुरस्कार 11 जून, 2009 को आपको प्रदान किया गया था। हिंदू पुनर्जागरण पुरस्कार 1991 में हिंदू धर्म के संस्थापक द्वारा दुनिया भर में हिंदू धर्म के प्रचारकों व अग्रणी आचार्यों व पुरोधाओं को जन-जागरण में हिंदू धर्म को पुनर्स्थापित करने व मजबूत करने के लिए स्थापित

किया गया है। स्वामी आचार्य अवधेशानंद गिरिजी महाराज को अगस्त, 2009 में कैलिफोर्निया के सनीवेल हिंदू मंदिर की यात्रा के दौरान एक भव्य आध्यात्मिक प्रवचन के दौरान यह पुरस्कार प्रदान किया गया।

हिंदू धर्म के प्रतिनिधि ईजान कटीर ने हिंदू पुनर्जागरण की भावना व इसके इतिहास को बताया।

हिंदू पुनर्जागरण पुरस्कार 'हिंदू धर्म टुडे' पत्रिका द्वारा उनको प्रदान किया जाता है, जो पूरे विश्व में हिंदू धर्म और लाखों अनुयायियों को प्रेरित करते हैं। आस्थायुक्त कुछ संत और कुछ फकीर होते हैं, जो हमें अपने आत्मज्ञान के बल पर अपने को उस चरम ऊँचाइयों पर ले जाते हैं। जो अन्य के लिए दुर्लभ है। अन्य लोग अथवा सामाजिक कार्यकर्ता जरूरतों को व हिंदुओं के सेवक, बच्चों, गरीबी, गाँवों की मदद को ही अपना जीवन-दर्शन मानते हैं। हिंदू धर्म के मूल रूपों अंहिसा व करुणा के हिंदू आदर्शों को जीते हैं व विश्व को समझाते हैं। धर्म की रक्षा के लिए पवित्र जूना अखाड़े के आचार्य महामंडलेश्वर को यह प्रतिष्ठित पुरस्कार प्रदान किया गया।

डॉ. लिट् से सम्मानित : 5 मार्च, 2008 में परम पावन स्वामी अवधेशानंद गिरिजी महाराज को साहित्य और मानवीय दृष्टिकोण में उनके असाधारण कार्यों के लिए उज्जैन के विक्रम विश्वविद्यालय द्वारा डॉ. लिट् से सम्मानित किया गया। महान् विद्वानों, गणमान्य व्यक्तियों और देश के विभिन्न हिस्सों के लोगों ने इस पुरस्कार समारोह में भाग लिगा।

प्रमुख आयोजन

विश्व योग दिवस, पुर्तगाल : 26 जून, 2010 से 28 जून, 2010 तक स्वामीजी को पुर्तगाल के अल्माडा शहर में, विश्व योग दिवस के उद्घाटन समारोह में मुख्य अतिथि के रूप में आमंत्रित लिया गया। परम पूज्य स्वामीजी ने के.एच. सांख्य दिवस पर एक भाषण दिया गया। पूज्य स्वामीजी द्वारा—

"योग क्या है ? केवल कुछ योग आसन अथवा हठयोग की कुछ क्रियाएँ ही योग नहीं है, वास्तविक योग मन को जीतना है। महर्षि पतंजलि ने योग दर्शन में कहा है—

'योगश्चित्त वृत्ति निरोध :' अर्थात् चित्तवृत्तियों का विरोध करना ही योग है। चित्तवृत्तियों का निरोध करने पर दृष्टा, जो केवल देखनेवाला मात्र है, यहाँ पर चित्त एवं दृष्टा का स्वभाव, धर्म तथा उसके कार्यों के बारे में समझ लेना आवश्यक है।

दैनिक जीवन में योग की उपयोगिता : आज मनुष्य बहुत ही स्वार्थपरायण हो गया है, वह दैहिक सुख को ही प्रधान समझता है। यह अज्ञानता है। मनुष्य को जानना चाहिए कि आत्मा शरीर एवं मन से पृथक् है। केवल शरीर को सुखी बनाने से आत्मा सुखी नहीं होती। जब मनुष्य को योग का ज्ञान होता है तो मात्र शरीर ही नहीं, आत्मा को भी सच्चा सुख प्राप्त होता है।

योग के आठ आयाम हैं : यम, नियम, आसन, प्राणायाम, प्रत्याहार, धारण, ध्यान व समाधि। इसके अनुष्ठान से आंतरिक व बाह्य जीवन शुद्ध होता है। केवल यम, अर्थात् सत्य, अस्तेय, ब्रह्मचर्य और अपरिग्रह के धारण से मनुष्य का जीवन सात्त्विक हो जाएगा। वह कभी हिंसा नहीं करेगा, किसी वस्तु का अनावश्यक संचय नहीं करेगा।

इस प्रकार यम का पालन करनेवाले साधक का जीवन सात्त्विक होगा। उसके समागम से अन्य मनुष्य भी उसका अनुसरण करेंगे। वर्तमान में एक-दूसरे का हनन करने की क्रिया समाप्त होकर जीवन सभी के लिए उपयोगी सिद्ध होगा। कर्तव्य परायणता एवं आत्मीयता योग का ही फल है। योग धारण से ही रामराज्य (जहाँ सभी सुखी थे) प्राप्त हो सकेगा। इसलिए वर्तमान जीवन में योग की महान् उपयोगिता है।

योग का अभ्यास किस प्रकार किया जाए? इसके लिए योग के अभ्यास के पूर्व साधक को भली प्रकार समझना चाहिए कि हमारा चित्त चंचल एवं जड़ है तथा आत्मा स्थिर और चेतन है। यदि साधक ईश्वर में विश्वास करता है तो भक्ति योग का मार्ग स्वीकार करना चाहिए अथवा ज्ञान योग का मार्ग स्वीकार करना चाहिए।

महर्षि पतंजलि ने अपने 'योग दर्शन' में कहा है कि अभ्यास और वैराग्य से ही चित्तवृत्तियों का निरोध होता है। यथा—

अभ्यास वैराग्याभ्यां तन्निरोध:

भक्ति योगवाले साधक अपनी एकाग्रता का केंद्र ईश्वर अथवा अपने ईष्टदेव पर तथा ज्ञान योगवाले साधक अपने आत्मा पर नियत कर सकते हैं। योग करने के लिए साधक किसी भी रुचिकर आसन पर बैठकर (यदि वह किसी कारणवश नहीं बैठ सकता तो लेटकर) अभ्यास कर सकता है। इसके लिए घर से बाहर जाने की आवश्यकता नहीं है। प्रत्येक अवस्था में चित्त को एकाग्र करने का उत्तम केंद्र दोनों आँखों की भौहों के बीच ललाट पर है, जिसे 'आज्ञाचक्र' कहते हैं। भक्ति योगवाला साधक ईश्वर के बोधक प्रणव, अर्थात् ॐकार अथवा इष्टदेव के चित्त को सामने रखकर उसको एकाग्रता का केंद्र बनाकर अपना चित्त एकाग्र कर सकता है। दोनों आँखों को बंद करने से चित्त शीघ्र ही एकाग्र हो जाता है। इस अभ्यास से धीरे-धीरे संसारिक विचारों का आना बंद हो जाएगा। इसके अलावा योग में धैर्य धरना आ जाएगा। इसके लिए यह भी आवश्यक है कि योगगुरु की समीपता में या उनकी आज्ञा से योग का अभ्यास किया जाए। जब हम सद्गुरु द्वारा निर्देशित योग साधना करते हैं तो हम शीघ्र ही निश्चित रूप से लाभान्वित होते हैं।

स्वस्थ तन में ही स्वस्थ मन रहता है। योग द्वारा हम तन के रोग को दूर कर सकते हैं। वास्तव में बीमारी रोग नहीं, शरीर का असंतुलन है। योग तन व मन को जोड़ने के लिए शरीर को संतुलित करता है। योग द्वारा तनाव से मुक्ति भी मिलती है। तनाव तन के रोग ब्लडप्रेशर, शुगर, हृदय रोग देता है। हमें स्वस्थ रहना है तो तनावमुक्त रहना होगा। तनावमुक्त रहने के लिए हमें संतुलित रहना होगा। योग द्वारा हम तन व मन को संतुलित रख सकते हैं। योग का मतलब है चेतना का बोध। योग मन की सभी प्रवृत्तियों के नियंत्रण में सहयोगी है। योग तन ही नहीं, मन का रोग भी दूर करता है। योग तन के साथ-साथ मन और मानसिकता को भी स्वस्थ रखता है। तन स्वस्थ रहेगा—योग, व्यायाम, प्राणायाम से।

विश्व धर्म शिखर सम्मेलन : जून 2010 में प्रतिष्ठित 'वर्ल्ड धर्म समिट, 2010' कनाडा में 21 जून से 23 जून, 2010 तक आयोजित किया गया। जिसमें जी-8 देशों के इटरफेम लीडर्स के शिखर सम्मेलन में स्वामी ने अपनी पावन उपस्थिति दर्ज की, जिसमें विश्व नेताओं को बढ़ती गरीबी, वैश्विक जलवायु परिवर्तन के मुद्दों के समाधान के लिए स्वामीजी ने अपनी विशिष्ट व पुरातन

हिंदू धर्म ग्रंथों को आधार बनाकर प्रेरित किया और विश्व शांति स्थापित करने का गुरु मंत्र दिया।

धार्मिक विश्व धर्माचायों द्वारा विश्व शिखर सम्मेलन, जो अप्रैल 2010 में बाकू अजरबेजान में आयोजित धार्मिक नेताओं के विश्व सम्मेलन में शामिल होकर भारत देश के धर्म रत्न स्वामी आचार्य अवधेशानंद गिरिजी महाराज ने मंच पर 'वैश्विककरण धर्म व पारंपरिक मूल्य' विषय पर चर्चा की तथा विश्व को शांतिपूर्ण विश्व व्यवस्था स्थापित करने का समाधान दिया तथा उसे कैसे हासिल करना है, बताया गया।

विश्व धर्म संसद् 2009 : 3 दिसंबर, 2009 से 9 दिसंबर, 2009 तक आयोजित 'विश्व धर्म संसद्' में परम पावन आचार्य स्वामीजी को ऑस्ट्रेलिया के मेलबर्न में 'विश्व धर्म संसद्' में मुख्य वक्ता के रूप में आमंत्रित किया गया। 'विश्व धर्म संसद्' दुनिया की सबसे बड़ी अंतरराष्ट्रीय सभा है। वैश्विक महत्त्व के विभिन्न प्रासंगिक मुद्दों पर चर्चा करने और संप्रदायिक सद्भाव को बढ़ावा देने के लिए एक साझा मंच पर विभिन्न देशों के धार्मिक नेता। वक्ताओं के साथ विभिन्न धर्मों के कई अन्य प्रमुख वक्ताओं ने विचार मंथन किया। धर्म संसद् में परम पावन दलाई लामा, फ्रान लारेंस फ्रीमैन, ईसाई समुदाय के निदेशक, यहूदी समिति के रब्बी डेविस रोसेन, स्वामी चिदानंद सरस्वतीजी आदि ने भाग लिया। 2009 के विश्व धर्म संसद् का विषय था—'अंतर की दुनिया बनाओ तथा कुछ प्रमुख उपमेय थे—पर्यावरण, स्वदेशी लोगों की चिंताएँ, गरीबी पर काबू पाना, शांति निर्माण, भोजन व पानी हासिल करना तथा सामाजिक सामजस्य आदि विषयों पर व्याख्यानमाला तथा कार्यशाला आयोजित की गईं तथा 400 से अधिक कार्यक्रम शामिल थे। 'वसुधैव कुटुम्बकम्' के विशिष्ट पहलुओं पर कि किस प्रकार संपूर्ण विश्व एक परिवार के समान है विचार प्रकट किए गए। आचार्य महामंडलेश्वर स्वामी अवधेशानंद गिरिजी महाराज द्वारा विश्व बंधुत्व पर दिया गया आपका विशेष भाषण के प्रमुख अंश—एक लेख द्वारा प्रस्तुत हैं—

'वसुधैव कुटुम्बकम्', अर्थात् दुनिया ही मेरा कुटुंब या परिवार है, ऋग्वेद के एक मंत्र के माध्सम से यह शिक्षा प्राचीनकाल से ही दी जा रही है। आज के इस औद्योगिकरण और ग्लोबलाइजेशन के जमाने में लोग इस संकल्पना को

समझ रहे हैं। इस पर चर्चाएँ भी हो रही हैं। ऋग्वेद के इस मंत्र का अभिप्राय संकीर्ण सोच से उबरना है। पूरी दुनिया ही एक कुटुंब है, एक परिवार है।

वैसे ज्यादातर धर्मों में इस तरह की बातें कही गई हैं। हिंदू धर्म की यह 'एको सद् विप्राः बहुधा वदंति' संकल्पना ही वेदांत का आधार है। सत्य एक ही है, बुद्धिमान लोग इसे चाहे जिस नाम से पुकारें। 'वसुधैव कुटुम्बकम्' की धारणा हमें उस प्रेम की शिक्षा देती है, जो हर जीव और हर आत्मा में विद्यमान है। शरीर के विद्यमान जीव का महत्त्व इसी बात से समझा जा सकता है कि जीवन भर प्यार करनेवाली पत्नी भी जीव, यानी आत्मारहित, अर्थात् मृत पति को हाथ भी नहीं लगाना होता है, अर्थात् जो लगाव व स्नेह है, वह जीव आत्मा या प्राण के कारण ही है।

'भज गोविन्दम्' के तीसरे सूत्र में शंकराचार्य ने इसकी चर्चा की है। इस सूत्र में वर्णित 'तत्त्वमसि' छह महावाक्यों में से एक है, जिसमें उपनिषदों का सार समाहित है। मूल रूप से यह वाक्य 'छांदोग्य उपनिषद्' में है। इसका अर्थ भी यही है कि हर प्राणी में एक ही प्रकार का जीव है। दूसरे शब्दों में इसे ऐसे समझा जा सकता है कि जो जीव आप में है, वही मुझमें है, 'अयमात्मा ब्रह्म' (माण्डक्य उपनिषद्) और 'अहं ब्रह्मास्मि' (वृहदारण्यक उपनिषद्), जैसे महावाक्यों से इस धारणा की पूरी व्याख्या होती हैं। पहले श्लोक के अनुसार आत्मा या जीव और ब्रह्म एक ही है। मैं ब्रह्मा हूँ, यह दूसरे श्लोक का अर्थ है। यदि आप में, मुझ गें व दूसरों में विद्यमान जीव एक ही है तो हम सभी एक ही परिवार के सदस्य हैं।

इसे समझाने के लिए वेद ज्ञान की आवश्यकता है, क्योंकि कलयुग के लोग इस मूल सिद्धांत को भूल गए हैं और दुनिया को धर्म के आधार पर बाँट दिया है। अगर इन सिद्धांतों का सत्य जाना जाता तो कोई भी व्यक्ति दुनिया के किसी भी भाग में अजनबी नहीं समझा जाता, उसे कहीं भी किसी प्रतिकूल घटना का डर नहीं रहता, उसके प्रति किसी भी प्रकार की घृत नहीं रहती। इसलिए हम कह सकते कि विश्व में शांति तब तक कायम नहीं हो सकती, जब तक कि 'वसुधैव कुटुम्बकम्' की अवधारणा को सही ढंग से नहीं समझा जाएगा।

जब हम स्वास्थ्य औरि वज्ञान को जोड़ते हुए 'वसुधैव कुटुम्बकम्' की अवधारणा को देखते हैं तो कह सकते हैं कि मानव शरीर यूनिवर्स की रेपलिका

(प्रतिकृति) है। मानव शरीर को विशाल, अथाह ब्रह्मांड को एक अति सूक्ष्म कोशिका मान सकते हैं। यदि प्रत्येक प्राणी इस बात को समझकर अपनी जीवन-शैली में वैसे बदलाव ले आए, जो ब्रह्मांड में कायम अनुशासन को दरशाते हैं, तो सेहत व जीवन दोनों सुधर जाएँगे। शरीर को हम ब्रह्मांड एवं अपने सौर मंडल के परिचालन के मुताबिक संचालित करें तो रोगों से बचा जा सकता है। सूर्योदय से पहले उठें, भ्रमण करें, अपनी दिनचर्या को व्यवस्थित करे और रात में आसमान के तारों के उगते ही सो जाए तो निश्चित ही अद्भुत स्वास्थ्य लाभ हो सकता है।

'वसुधैव कुटुम्बकम्' की बात अधूरी रहेगी, अगर अतिथि सम्मान की बात न की जाए। हमारे धर्म ग्रंथों व वेदों में अतिथियों को देवता के समान बताया गया है। अतिथि देवो भव: भारतीय वैदिक परंपरा में अतिथि को वही महत्त्व दिया गया है, जो माता (मातृ देवौ भव:) और पिता (पितृ देवौ भव:) को दिया जाता है, यानी हम अपने माता-पिता को देवतातुल्य मानकर उनका मन-सम्मान करें और अतिथि का भी पूरा सत्कार करें, जो हमारे माता-पिता के समान ही वंदनीय हैं।

प्रकाशन 'प्रभु प्रेम पुकार'

'प्रभु प्रेमी संघ' द्वारा एक हिंदी मासिक पत्रिका 'प्रभु प्रेम पुकार' अंबाला कैंट से प्रकाशित होती है। इस पत्रिका में हिंदी की उत्कृष्ट शैली व भाषा का प्रयोग किया गया। इस पत्रिका के लेखों विषय-वस्तु अधिकांशत: अध्यात्म से जुड़ी होती है। अंतिम पृष्ठों पर अंतरराष्ट्रीय भाषा अंग्रेजी के लेखों का भी संपादन किया जाता है। इस पत्रिका की उत्कृष्टता का परिमाण यह है कि इसमें देश के प्रख्यात साहित्यकारों के लेख, कविताएँ तथा कहानियाँ को प्रकाशित व संपादित किया गया है।

स्वामी अवधेशानंद गिरिजी द्वारा संरक्षित लेख शीर्षक 'प्रभु की पाती' समायिक, मासिक विषय-वस्तु का उत्कृष्ट व विचारोत्प्रेरक संदेश द्वारा अपने भक्त तथा शिष्यों को आशीवर्चन देते हैं।

'प्रभु प्रेम पुकार' आध्यात्मिक, सांस्कृतिक एवं राष्ट्रीय चेतना के नवजागरण का अद्वितीय की अग्रदूत है। ये मासिक पत्रिका, जिसके संरक्षक परम गुरुदेव पूज्य श्री पद्म विभूषण निवृत्त जगदगुरु शंकराचार्य स्वामी सत्यमित्रानंदजी महाराज हैं।

इस पत्रिका के संस्थापक जूना पीठाधीश्वर आचार्य महामंडेश्वर स्वामी अवधेशानंद गिरिजी महाराज हैं।

इस पत्रिका का अति महत्त्वपूर्ण व सर्वोच्च स्तंभ पत्रिका 'प्रभु प्रेम पुकार' की प्रधान संपादिका महामंडलेश्वर स्वामी नैसर्गिका गिरिजी हैं। जो स्वयं ही एक उत्कष्ठ लेखिका व आध्यात्मिक विदुषी हैं। उनकी लेखनीबद्ध 'संपादकीय' उनके उत्कष्ठ लेखन का प्रमाण है—

'भगवदीय धरा पर नित्य कर्म की विधा में पर्व, उपवास प्रभु उपासना, आराधना, आह्वान, पूजन, विसर्जन की प्रक्रिया निहित है। प्रतिपदा से पूर्णिमा तक अनेक स्वरूपों में ईष्ट आराध्य की उपासना है। भिन्न-भिन्न स्वरूपों को समेटकर प्रभु पूजन ग्रहण कर आकांक्षी को वरद्हस्त वरदान प्रदान करते हैं।

परमात्मा अपने अंशी को ऐसे ही चाहता है, जैसे माँ अपने पुत्र को। बस आराधना की प्रगाढ़ता में वह माँ स्वरूप भी प्रकट हो जाता है। यदि व्यक्ति उसमें पूर्णरूपेण भावातिरेक में स्वयं की उपस्थिति रखकर जब प्रभु को पुकारता है और प्रार्थना करता है—

त्वमेव मातृश्च च पिता त्वमेव
त्वमेव बन्धुश्च च सखा त्वमेव
त्वमेव विद्या प्राविण त्वमेव
त्वमेव सर्व मम् देव देव:

तब परमात्मा अपनी पुत्री-पुत्र की समस्त कामनापूर्ति के साथ माता-पिता, बंधु-बाँधव, विद्या, बुद्धि और सर्व देवों के देव बनकर, सहानुभूति बनाकर प्रार्थना का मर्म बनकर, बंद नेत्रों के समक्ष मनोभावानुकूल रूप धारण कर लेता है। छलिया कहलाने से भी भयभीत नहीं होता। उसे तो अपने भूल के पतित पावन हृदय को और अधिक पवित्र जो करना है, क्योंकि निश्चलता के धरातल पर स्वयं का आसन जो लगाना है।

प्रभु की समस्त सामर्थ्य को न तोलकर भक्त भी उसके समक्ष पूर्णरूपेण समर्पित भाव से प्रस्तुत होता है, तब ही परस्पर भाव यन्ताम् की भूमिका सार्थक होती है। केवल दिवस की उपासना ही नहीं, रात्रि के पूजन का भी अद्‌भुत संयोग है। केवल सूर्य ही नहीं, रात्रि की तारामणि के मध्य प्रकाश पूर्ण चंद्रमा भी पूज्य

है। निहारिका भी निहारिकाओं का आदर कर अर्घ्य प्रदान कर मन में उत्फुल्लता प्राप्त करती है। अभेद होकर रात्रि का भी सम्मान है। चाहे परमात्मा को रात्रि स्वरूपा माँ के अनेक रूप धारण क्यों न करने पड़ें, चाहे अमावस्या की रात्रि ही क्यों न हो! इसी संदर्भ में कर्क चतुर्थी का व्रत भी पूर्ण आस्था का द्योतक है। प्रतिपदा से पूर्णिमा तक की समस्त तिथियों की परिक्रमा कर गृह, नक्षत्र सभी तो दाता बन जाते हैं। प्रत्येक तिथि का आदर पाते हुए अधिष्ठाता देव मानव-मानवी का आदर करते हैं, उन्हें धन्यता प्रदान करते हैं। सकल कामनाओं की पूर्ति भी करते हैं। जानते हैं धरा का प्राणी जगत् किन परिस्थितियों में व्रत, उपवास, पूजन पद्धति के संपूर्ण संस्कार (त्याग की) विधा का निर्वाह कर रहे हैं।

प्रतिपल की कामना में पिता, पुत्र, पति, संतान की दीर्घायु, आरोग्यता की कामना करने के लिए दिवस भर आकांक्षिता बनकर, एकरूप होकर मुझसे आशीष पाती है।

ध्यातव्य रहे कि केवल परंपरा का निर्वहन करना ही नहीं, अपितु निर्जल रहकर गणपति की आराधना करना, गुरुजनों से व आदरणीय अग्रजों से प्रभु को समर्पित होकर, हाथ में अक्षत दुर्वा लेकर सासु माँ की अनेक पीढ़ियों से सुनी जानेवाली परंपरागत ईश कथा का श्रवण कर मनसा, वाचा, कर्मणा पूर्णतः परिपक्व होकर भगवान् सिद्धि विनायक का पूजन अर्चन कर समस्त विघ्न-बाधाओं का अंत होते हुए देखकर चिर-प्रतिक्षित माँ, बहन व नारी रात्रि में चंद्र को अक्षत मिश्रित जल से अर्घ्य देकर साक्षी रखती है कि—तू बार-बार आता है, लेकिन मेरी कामना है कि मेरे पति को दीर्घायु प्रदान करने के लिए तुम्हें साक्षी बनना होगा। दृढ़ संकल्प करती हूँ कि तू अपनी शीतलता प्रदान कर विघ्ननाशक गणपति प्रभु को स्मरण कराता रहेगा। अपनी शीतलता से मेरे संकल्प में दृढ़ता प्रदान कर बढ़ती कलाओं के स्वामी निरंतर मेरे पति के जीवन में रात्रि भले ही अंधकार की रही हो, लेकिन चंद्रमा, तुझे उजाला प्रदान करना ही होगा।' वह उसे गणपति की दुहाई दे डालती है।

कहने का तात्पर्य यह है कि वह पति की दीर्घायु की कामना में स्वयं को आहूत तो करती ही है, लेकिन देवत्व को भी चुनौती दे डालती है। ऐसा वही नारी कर सकती है, जो प्रतिदिन की उपस्थिति में एकनिष्ठ रहकर नैतिकता के धरातल

पर खड़ी रहकर सावित्री भी बन जाती है। बस, केवल और केवल परिवार की उन्नति, उत्कर्ष, वैभव की सन्निधि व पूर्वजों से ज्ञान लेकर उपस्थित बड़े-बूढ़ों को सम्मान देकर आशीष प्रदान करती है।

एक बार कल्पना करके देखें कि नारी संपूर्ण शृंगारित, माथे पर सौभाग्य का तिलक, माँग में कुमकुम की पूर्णता, ओष्ठ मुसकान पूरित हैं, वसन भी परंपरागत प्रणाली के हैं, हृदय में संकल्प की दृढ़ता है, जब वह गणपति पूजन करती है तो मानो समस्त विघ्नों को चुनौती दी हो कि मेरे आराध्य गणपति की सदैव उपस्थिति में एक भी बाधा मेरे स्वामी की दीर्घायु में उपस्थित न हो! उपासना में जल, दुर्बा, मिष्ठान्न को साक्षी रखकर रात्रि में चंद्र का भी आह्वान करती है और ऊर्ध्य प्रदान कर चंद्र की चतुर्थ कला में स्थापित गणपति का दर्शन करती है और पूर्ण विश्वास के साथ प्रभु को समर्पित होती है और प्रभु से आशीष प्राप्त कर अपने पूर्वजों का सम्मान करती हुई, परिवार के सदस्यों को भोजन प्रदान कर, तब कहीं व्रत का पारायण करती है।

धन्य है भारत की नारी, जो स्वयं के लिए किंचित् मात्र भी नहीं, बल्कि परिवारजनों के लिए सुख, शांति व समृद्धि के लिए प्रतिदिन स्वयं की आहुति ईश्वर सन्निधि में देती है। वास्तव में ईश्वर व आकांक्षी की ये निष्ठा ही परस्पर भावयन्ताम् की उक्ति को सार्थक करती है।

जूना अखाड़े के महामंडलेश्वर व आचार्य सिंहस्थ कुंभ व अर्धकुंभ में अखाड़े के संत, संन्यासी मंडलेश्वर, महंत, सभी योग्यता के आधार पर महामंडलेश्वर का चयन करते हैं।

महामंडलेश्वर बनने के लिए जरूरी योग्यता—

1. व्यक्ति में वैराग्य होना चाहिए।
2. संन्यासी होना चाहिए।
3. घर-परिवार और पारिवारिक संबंधों का त्याग।
4. आयु बंधन नहीं।
5. संस्कृत व वेद-पुराणों का ज्ञान होना चाहिए।
6. कोई भी व्यक्ति, आयु के किसी भी चरण में महामंडलेश्वर बन सकता है पर जरूरी है, कि वह आर्थिक पारिवारिक दायित्वों से मुक्त हो। केवल सामाजिक

जन-साधारण के कल्याण के लिए समर्पित हो तथा धर्म व वेद-शास्त्रों का ज्ञाता हो।

वह केवल या तो बचपन में या जीवन के चौथे चरण में, यानी वानप्रस्थाश्रम में महामंडलेश्वर बन सकता है।

7. अखाड़ों द्वारा योग्यता की जाँच-परख की जाती है।

8. जाति का कोई बंधन नहीं।

स्वामी अवधेशानंद गिरिजी महाराज सन् 1998 में संतों ने सर्व सम्मति से आपको महामंडलेश्वर के पद पर आसीन किया। महान् साधुओं और संन्यासियों द्वारा जूना अखाड़े के निर्धारित नियमों और मापदंडों पर आपको सर्वयोग्य माना गया। इन्होंने जूना अखाड़े के सर्वप्रिय और बहुत ही कम अवधि में उन्होंने साधकों में एक सम्मानीय स्थान प्राप्त कर लिया था।

अतः स्वामी अवधेशानंद गिरिजी को एक औपचारिक समारोह में मंत्रोचारण के साथ महामंडलेश्वर के पद का पट्टाभिषेक किया गया।

आचार्य महामंडलेश्वर के उच्च पद के लिए अति विद्वान् व सनातन धर्म का प्रचार करनेवाले, अपने ज्ञान के आधार पर अपनी योग्यता साबित करनेवाले तथा लोगों को धर्म व आध्यात्म की राह दिखानेवाले, तीन महामंडलेश्वरों को आचार्य पद के लिए पहले चयनित किया जाता है। उनमें से एक, जो सर्वमान्य तथा जूना अखाड़े के आचार्य पद के लिए सभी मापदंडों को पूरा करता है, जो इन विद्वानों से भी विद्वान हो तथा सबसे अंत में तीनों चयनित महामंडलेश्वरों को एक दिव्य पेय दिया जाता है, जो उस पेय को पूर्णता ग्रहण कर लेता है, फिर जूना अखाड़े के संत व संन्यासी उनमें से सर्वमान्य महामंडलेश्वर को 'आचार्य महामंडलेश्वर' के सर्वोच्च व दिव्य पद पर आसीन करते हैं।

वर्ष 1998 में महामंडलेश्वर स्वामी अवधेशानंद गिरिजी महाराज को आचार्य श्री का मुख्य और सर्वोच्च पद पर पीठाधीन किया गया। जूना पीठाधीश्वर आचार्य महामंडलेश्वर स्वामी अवधेशानंद गिरिजी महाराज अपने आचार्य श्री पद को चरित्रार्थ करते हुए जूना पीठाधीश्वर आचार्य के रूप में लगभग 10 लाख संन्यासियों को दीक्षा दी है। देश-विदेशों में लाखों लोगों को मार्गदर्शन दिया है,

तथा विश्व गुरु के रूप में सनातन धर्म को देश–विदेश में प्रचारित किया है। सभी जाति बंधन व ऊँच–नीच से ऊपर उठकर सभी को जूना अखाड़े में शामिल किया। वर्ष–प्रतिवर्ष जूना अखाड़े के आचार्य महामंडलेश्वर अवधेशानंद गिरिजी महाराज जूना अखाड़े को संत समृद्ध कर समृद्ध बनाते रहेंगे।

□

हरिहर आश्रम हरिद्वार

कनखल, हरिद्वार में स्थित 'हरिहर आश्रम' एक ऐसा स्थल है, जहाँ शांति प्राप्त करनेवाले भी आते हैं तथा ज्ञान प्राप्ति के लिए भी इस आश्रम में आते हैं। अपनी समस्याओं को भी दूर करने के लिए भी प्रतिदिन हजारों श्रद्धालु और स्वामी अवधेशानंदजी के भक्त यहाँ आते हैं। जो प्रथम बार यहाँ आता है, एक अद्‌भुत शांति व ईश्वरीय शक्ति का अहसास कर बार-बार यहाँ पर आने को विवश हो जाता है। यहाँ के वातावरण की शुद्धता, यज्ञशाला से उठनेवाली अंर्तआत्मा को छूनेवाली पवित्र सुगंध मन और आत्मा को बरबस ही छू जाती है। एक पवित्रता तन-मन पर छा जाती है।

मुख्य द्वार पर लगा स्वामीजी का चित्त ईश्वरीय प्रेरणा का आह्वान देता है। बड़े से द्वार पर लिखी नाम पट्टिका 'हरिहर आश्रम' मुक्ति का, शक्ति का द्वार सा प्रतीत होता है, जो हमेशा खुला रहता है। जहाँ हर वर्ग का स्वागत होता है, जहाँ निम्न वर्ग से लेकर गणमान्य अतिथि सब आते हैं।

द्वार में प्रवेश करते ही दाहिने हाथ की तरफ एक बड़ा सा बगीचा है, जहाँ फल, फूल के छोटे-बड़े वृक्षों की कतार हैं, बाईं तरफ अतिथि गृह है। बगीचे के सामने स्थित मंदिर में पारद शिवलिंग स्थापित है। यह शिवलिंग शुद्ध पारे से निर्मित है। यह शिवलिंग 151 किलो का है, जो मंदिर के मध्य में स्थित है तथा जो चाँदी से बने लगभग तीन फीट के घेरे में चारों ओर से घिरा है। भक्तजन उसी घेरे से भगवान् शिव की आराधना करते हैं। शिवलिंग चाँदी के शिव अर्धे में स्थित है, जिस पर रजत जड़ित नागरूपी छत्र है। हिंदू शास्त्र में शिवलिंग के पूजन का बड़ा महत्त्व है। इस शिवलिंग का नाम 'पारद' शब्द पारा और

शिवलिंग से पड़ा है। यह अभूतपूर्व शिवलिंग अपने प्रकार में से एक है, जो कई श्रद्धालु को पूजन के लिए आकर्षित करता है। प्रचलित है कि 'पारद शिवलिंग' के दर्शन मात्र से दर्शनार्थियों के जीवन में सुख व समृद्धि का आगमन होता है। आप अपने आप पारद शिवलिंग की स्थापना नहीं कर सकते। आपके गुरु या साधु-संत ही आपको इसे प्रदान कर सकते हैं।

पारद शिव मंदिर के समीप ही 'महामृत्युंजय शिव मंदिर' हरिहर आश्रम में है, जो लगभग 12 फीट ऊँचाई पर स्थित है। पत्थरों से तराशा गया ये 'महामृत्युंजय मंदिर' स्थापत्य कला की अनुपम रचना लगता है। खंभों पर स्थित चौकोर गुंबद से बना यह मंदिर हरिद्वार में स्थित अकेला महामृत्युंजय मंदिर है, जिसकी दूर-दूर तक मान्यता है। चारों ओर परिक्रमा स्थल है। बड़े से मंदिर प्रांगण में नंदी की प्रतिमा है। महाशविरात्रि व सावन के पावन महीने में भगवान शंकर के महामृत्युंजय मंदिर में महामृत्युंजय स्वरूप की विशेष पूजा होती है। मंदिर का निर्माण राणा बीका सिंह राव के प्रपौत्र जयपुर नरेश गंगाराव सिंह ने 1886 में कराया था। 98 वर्ष पूर्व यहाँ पर सिर्फ एक संत की कुटिया थी। पर जैसे-जैसे लोगों की आस्था बढ़ती गई, वैसे-वैसे मंदिर का भव्य निर्माण हुआ। मंदिर में समय-समय पर शिव पुराण का आयोजन किया जाता है। हर वर्ष श्रावण मास में आचार्य महामंडलेश्वर स्वामी अवधेशानंद गिरिजी महाराज के दिशा निर्देशन में विशेष पूजा का आयोजन किया जाता है। यह बहुत सिद्ध, पवित्र मनोकामना पूर्ण करनेवाला स्थल है। यहाँ पर सच्चे गन से किया गया अभिषेक भक्तों की सभी मनोकामनाओं को पूर्ण करता है। यहाँ पर होनेवाले विशेष आयोजनों में देश-विदेश के गणमान्य लोगों के साथ-साथ बड़ी संख्या में स्थानीय लोग भी शामिल होते हैं। आचार्य महामंडलेश्वर अवधेशानंद गिरिजी महाराज द्वारा प्रतिदिन 'महामृत्युंजय मंदिर' में रुद्राभिषेक किया जाता है। संपूर्ण विधि-विधान द्वारा आचार्य श्री स्वयं ये पूजा संपन्न करते हैं। फिर आश्रम में आए प्रत्येक व्यक्ति से, चाहे वह गणमान्य अतिथि हो या सामान्यजन, वह सभी के साथ मित्रवत् व आत्मीयता से मिलते हैं। किसी के कंधे पर हाथ रखकर उनका कुशलक्षेम पूछते हैं। माता व बहनों के प्रति वह नतमस्तक हो जाते हैं, जैसे लगता है कि वह उन्हीं का परिवार हो—'बहनजी आप कहाँ से आई

हैं?' आपका स्वास्थ्य कैसा है? इतना अपनापन मिलते ही माँ-बहनें अपनी पारिवारिक समस्याएँ भी आचार्य श्री के सम्मुख रख देती हैं, क्यों न हो, वे उनको अपने ही परिवार के सदस्य से लगते हैं, पूज्यनीय से लगते हैं। आप स्मित मुसकान के साथ क्षण भर में ही उनकी समस्याएँ सुलझा देते हैं। बच्चों में आचार्य श्री उनके साथी बन जाते हैं, बच्चों को गोद में उठाकर उनके मस्तक पर हाथ रखकर अपना आशीर्वाद देते हैं, फोटो खिंचवाते हैं तथा प्रसाद खुद उनके हाथ में रखते हैं।

एक बुजुर्ग पहाड़ी महिला ग्रुप मंदिर के प्रांगण में स्वामीजी से मिलने आया था। स्वामीजी गढ़वाली भाषा में ही उनसे बात करने लगे। वह महिलाएँ इतनी भाव-विभोर हो गई, जैसे उनका बेटा ही उनसे बात कर रहा हो! उनकी जोर-जोर से हँसने की आवाज सभी को गुदगुदा गई। स्वामीजी भी उनमें ऐसे खो गए कि उन्होंने जब फोटो खिंचाने का आग्रह किया तो स्वामीजी की लंबाई और वृद्ध महिलाओं की लंबाई में काफी अंतर आ रहा था। स्वामीजी हँसते हुए उन्हीं के बीच पड़ी बेंच पर बैठ गए और फोटो खिंचवाकर उस ग्रुप को बहुत ही अपनेपन से विदा किया। वहाँ उपस्थित सभी लोग स्वामीजी की सहृदयता के कायल हो गए। महामृत्युंजय मंत्र—

'ॐ त्र्यम्बंक यजामहे सुगन्धिं पुष्टि वर्धनम्
उर्वारुकमिव बन्धनाम् मृत्योर्मुक्षीय मामृतात्'

आखिर इस शक्तिशाली मंत्र की उत्पत्ति कैसे हुई? कुछ पौराणिक कथानुसार मृकंड नामक ऋषि, जो भगवान् शिव के अनन्य भक्त थे, वह भगवान् शिव की पूजा-अराधना में रहत रहते थे; परंतु उनके कोई संतान नहीं थी, जिससे वह दु:खी रहते थे। उन्होंने देवाधिदेव भगवान् शंकर को प्रसन्न करने के लिए घोर तप किया। भगवान् शंकर उनकी भक्ति से प्रसन्न हुए और उन्हें दर्शन देकर कहा कि 'माँगो वत्स, वर माँगो।'

ऋषि—भगवन् अगर आप मुझ पर प्रसन्न हैं तो मुझे पुत्र प्राप्ति कर वर दें।

भगवान् शंकर—विधान के विपरीत तुम्हें पुत्र प्राप्ति का वर तो देता हूँ, परंतु इस वरदान के फलस्वरूप हर्ष के साथ एक विषाद भी होगा।

भोलेनाथ के वरदान से ऋषि को पुत्र प्राप्त हुआ, जिसका नाम उनहोंने 'मार्कण्डेय' रखा। ज्योतिषों ने जब इस बालक की जन्म कुंडली देखी तो उन्होंने ऋषि को बताया कि यह विलक्षण बालक अल्पायु है। इसकी आयु केवल 12 वर्ष है। इतना सुनते ही ऋषि की खुशी दुःख में बदल गई। धैर्य रखते हुए उन्होंने पत्नी से कहा, "जिस भोलेनाथ ने हमें वरदान के रूप में इस पुत्र को दिया है, वही इसकी रक्षा भी करेंगे।" धीरे-धीरे मार्कण्डेय बड़े होने लगे। उन्होंने पिता से शिव-मंत्र की दीक्षा ग्रहण की। एक दिन उनकी माता ने मार्कण्डेय को बता दिया कि वह अल्पायु है। माता-पिता की दुःखी अवस्था को देखकर उन्होंने मन-ही-मन प्रण लिया कि माता-पिता की खुशी के लिए वह भोलेनाथ से दीर्घायु का वरदान प्राप्त करेंगे। बारह वर्ष पूरे होने को आए थे, मार्कण्डेय ने शिवजी की आराधना के लिए 'महामृत्युंजय मंत्र' की रचना की और शिवमंदिर में बैठकर इसका अखंड जाप करने लगे।

समय पूरा होने पर यमदूत मार्कण्डेय को लेने आए तो यमदूतों ने देखा कि बालक शिवजी की आराधना कर रहा है। मार्कण्डेय जोर-जोर से मंत्र का जाप कर रहे थे। यमदूतों ने थोड़ी देर प्रतीक्षा की, फिर लौट गए। उन्होंने यमराज को बताया कि वे बालक को छूने का साहस नहीं कर पाए। यमराज ने कुपित होकर कहा, "मृकण्ड के पुत्र को वह स्वयं लेकर आएँगे," यमराज मार्कण्डेय के पास पहुँच गए।

बालक मार्कण्डेय ने यमराज को देखा तो वह जोर-जोर से अपने द्वारा रचित 'महामृत्युंजय मंत्र' का जाप करते हुए शिवलिंग से लिपट गए। यमराज ने बालक मार्कण्डेय को शिवलिंग से खींचकर ले जाने की चेष्टा की, तभी जोरदार आवाज से मंदिर काँपने लगा और एक प्रचंड प्रकाश के साथ भगवान् शिव शिवलिंग से स्वयं प्रकट हो गए। उन्होंने हाथ में त्रिशूल लेकर यमराज को सावधान किया और कहा, "तुमने मेरी आराधना में लीन मेरे भक्त को खींचने का साहस कैसे किया?"

यमराज महाकाल के प्रचंड रूप को देखकर काँपने लगे। उन्होंने विनती करते हुए कहा, "प्रभु मैं तो आपका सेवक हूँ, आपने ही जीवों के प्राण हरने का निष्ठुर कार्य मुझे सौंपा है।"

शांत होकर भगवान् ने कहा, "मैं अपने भक्त की स्तुति से प्रसन्न हूँ, मैंने इसे दीर्घायु होने का वरदान दिया है, तुम इसे नहीं ले जा सकते।"

यमराज ने कहा, "भगवन् आपकी आज्ञा सर्वोपरि है, मैं आपके भक्त मार्कण्डेय द्वारा रचित इस 'महामृत्युंजय मंत्र' का जाप करनेवाले जीव को त्रास नहीं करूँगा।"

इस तरह 'महामृत्युंजय मंत्र' की उत्पत्ति हुई। आगे चलकर इसी बालक ने 'मार्कण्डेय पुराण' की भी रचना की, जो हिंदू धर्म का एक पवित्र ग्रंथ माना जाताहै।

हरिहर आश्रम में स्थित 'महामृत्युंजय मंदिर' की यह महिमा है कि सोमवार को 'महामृत्युंजय' मंदिर में रुद्राभिषेक करनेवाले के सभी रोग व दोष दूर हो जाते हैं। महामृत्युंजय मंदिर में महामृत्युंजय मंत्र का जाप करनेवाले दीर्घायु को प्राप्त करते हैं। उन्हें असाहय रोगों व मानसिक वेदना से राहत मिलती है।

देश भर में बारह ज्योर्तिलिंग हैं, जिन्हें 'शिवपुराण' में वर्णित किया गया है। श्रद्धालु 12 ज्योर्तिलिंग के दर्शन व पूजन से शिवत्व को प्राप्त करता है, जिसके लिए दुर्गम व सुदूर स्थानों पर जाना होता है, जो हर शिवभक्त के लिए संभव नहीं हो पाता। लेकिन अगर सभी बारह ज्योर्तिलिंग का दर्शन व पूजन एक ही स्थान पर मिल जाए तो शिवभक्त की मन की आराधना पूर्ण हो जाती है। वह स्थान है, हरिद्वार स्थित हरिहर आश्रम। यहाँ पर भगवान् शिव के अंश के रूप में पूजित रुद्राक्ष का विशाल एवं ऐतिहासिक वृक्ष है। इस वृक्ष के चारों तरफ बाहर ज्योर्तिलिंग स्थापित है। इन ज्योर्तिलिंग का दर्शन, पूजन व परिक्रमा विभिन्न स्थानों पर स्थित ज्योर्तिलिंग के दर्शन व पूजन सदृश्य मानी जाती है।

देवों के देव महादेव को प्रसन्न करनेवाले इस रुद्राक्ष वृक्ष को बरसों पहले जूना अखाड़े के संत नेपाल के पशुपतिनाथ मंदिर से लेकर आए थे। हरिहर आश्रम स्थित इस वृक्ष की मान्यता है कि इस वृक्ष की परिक्रमा मात्र से श्रद्धालु की सभी इच्छाएँ पूरी हो जाती हैं। पौराणिक कथाओं के अनुसार यह वृक्ष महादेव के आँसू से उत्पन्न हुआ है। सती की मृत्यु के पश्चात् (सती के पिताश्री श्री दक्ष प्रजापति का निवासस्थान भी कनखल, हरिद्वार में ही है, जो वर्तमान में 'दक्ष मंदिर' के नाम से जाना जाता है। महाराज दक्ष ने, जो देवी सती के पिता

थे, एक यज्ञ का आयोजन किया था, जिसमें उन्होंने सभी देवी-देवताओं को आमंत्रित किया था, परंतु अपने जमाता भगवान् शिव व बेटी सती को आमंत्रित नहीं किया; परंतु माता सती पितृमोह के कारण यज्ञ के आयोजन में पहुँच गई और पिता दक्ष से उन्हें और भगवान् शंकर को न बुलाने का कारण पूछा। प्रत्युत्तर में दक्ष प्रजापति ने भगवान् शंकर का अनादर किया, जिसको माता सती सहन न कर सकीं और उसी यज्ञकुंड में स्वयं को भस्म कर दिया) कहते हैं कि सती की मृत्यु के पश्चात् शिवजी के नेत्रों से जो आँसू की बूँदें निकलीं, वह पृथ्वी पर रुद्राक्ष में परिवर्तित हो गईं।

भगवान् बड़े शोक में थे, इसी दु:ख में उनके आँखों से जो आँसू गिरे, उन आँसुओं से रुद्राक्ष के पेड़ की उत्पत्ति हुई। रुद्राक्ष धारण करनेवाला भगवान् शिव की कृपा का पात्र होता है। उस व्यक्ति को किसी भी प्रकार का भय नहीं होता।

रुद्राक्ष वृक्ष के सामने ही यज्ञशाला है। जहाँ पर प्रतिदिन प्रात: 6 बजे से यज्ञ व पूजन आरंभ होता है। यज्ञ कुंड यज्ञस्थल के मध्य में स्थित है, जो एक छत्रनुमा संरचना के नीचे है। यज्ञशाला के चारों ओर वृक्ष व फूलों के पौधे लगे हैं, जो आश्रम की हरीतिमा को बनाए रखते हैं।

यज्ञशाला के पीछे बरामदे सहित कुछ कक्ष बने हैं, जिनमें आश्रम स्थित संत व विद्यार्थी रहते हैं।

इसी के आगे एक बड़ा सा स्थल है, जो संतों के व श्रद्धालुओं के आवागमन को व्यवस्थित रखता है और उस स्थल के आगे एक छोटा सा श्वेत रंग का द्वार है, जिसमें तीन फीट का पथ है, जिसके दोनों तरफ फूलों के पौधे हैं, जो प्राय: ऋतु अनुसार पुष्पित होते हैं। क्यारियों के दोनों तरफ घास का मैदान है, जिस पर श्रद्धालुओं के बैठने की व्यवस्था रहती है। दाहिने तरफ वाले लॉन में सबसे आगे स्वामीजी के लिए एक झूला स्थित है। प्राय: जब श्रद्धालुओं व भक्तों की संख्या ज्यादा होती है, तब आचार्य श्री यहीं पर भक्तों को संबोधित करते हैं और उन्हें आशीर्वाद देते हैं।

लॉन जैसे ही समाप्त होता है, सामने ही श्वेत रंग का परिसर दृष्टिगत होता है। सीईओ के एक तरफ गौ माता की प्रतिमा मन को मोह लेती है। तीन सीढ़ियों

के बाद दाहिने तरफ एक द्वार में प्रवेश करते ही एक सुरुचिपूर्ण बड़ा सा कक्ष आपका स्वागत करता है, जिसके चारों तरफ पुस्तकों से सुसज्जित अलमारियाँ आचार्य श्री के पाठक होने का प्रमाण प्रस्तुत करती हैं, उन अलमारियों में रखी पुस्तकें एक लेखक को आह्लादित कर सकती हैं। विभिन्न विषयों पर, विभिन्न भाषाओं की ये पुस्तकें, स्वामीजी को धार्मिक रुचि को प्रदर्शित करती हैं।

उन पुस्तकों के आगे एक कतार में सोफे लगे हैं, जो सभी श्वेत रंग के हैं। उनके आगे रखी मेजों पर भी स्थापत्य, कला, दर्शन, धर्म से संबंधित पुस्तकें रखी रहती हैं। सोफे के आगे पूरे कक्ष में कालीन बिछाया गया है, जो उनके भक्तों से भरा रहता है। जो नीचे बैठने में असमर्थ होते हैं, वे सोफे पर स्वामीजी के दर्शन करते हैं। कक्ष की आगेवाली दीवार पर बीचोंबीच गहरे लाल रंग की पट्टिका लगी है, जिस पर स्वर्ण अक्षरों में लिखा है—श्री मंत्परम हंस परिव्राज।

उसके नीचे आचार्य महामंडलेश्वर स्वामी अवधेशानंद गिरिजी महाराज का आसन स्थित है। इस आसन के दोनों तरफ छोटी-छोटी मेजें हैं। आसन के सामने एक ही मेज है, जिसके बीच में प्रसादम् की टोकरी है, साइड टेबल के पीछे खिड़की है, जहाँ से हरीतिमा लिये बाँस दृष्टिगोचर होते हैं। स्वामीजी के आसन के दोनों तरफ दो-दो सोफे रखे हैं, जिन पर स्वामीजी के दर्शनाभिलाक्षी गणमान्य अतिथि और साधु-संत विराजते हैं। इस कक्ष की सज्जा बहुत ही पवित्रता को प्रदर्शित करती है। उन पर भक्तों का भाव मन के अंदर स्वत: ही धर्म को जाग्रत् कर देता है और मन धार्मिक भावना से ओत-प्रोत हो जाता है।

इस कक्ष के बाहर की तरफ तीन ओर बरामदा है। बीच में एक बड़ा सा आँगन है, जहाँ तुलसा का छोटा सा मंदिर है, प्रात: व सायंकाल स्वामीजी तुलसा पूजन करते हैं। बरामदे के एक तरफ स्वामीजी का भोजन कक्ष है। उसी से लगी भोजन बनाने की रसोई है। रसोई के पार्श्व में भी एक छोटा सा स्थल है, जहाँ बाहर से आनेवालों के भोजन का प्रबंध किया जाता है। रसोई के बाद बरामदे से ही लगे कुछ अन्य कक्ष हैं।

इसी श्वेत भवन के बाहर दोनों तरफ बाहर से आनेवाले भक्तों के लिए कक्ष बने हैं। बगीचे के दाहिने ओर एक पगडंडी है, जो ईंटों से निर्मित हैं। इस पगडंडी के एक तरफ बगीचा है, तो दूसरी तरफ एक बड़ा सा मैदान है, जिसके

बीचोबीच प्रात: भ्रमण के लिए एक अन्य पगडंडी है। इस पगडंडी के दाहिने ओर एक बड़ा सा चबूतरा है, यहाँ पर तीन धार्मिक उपयोगवाले परस्पर लगे हुए विशाल वृक्ष है। इन तीनों वृक्षों की जड़ें एक ही स्थल से निकली हैं। एक बहुत ही अद्‌भुत व अनोखा वृक्ष है, जिसकी परिक्रमा मात्र ही सिद्धिदायिनी है।

□

आचार्य महामंडलेश्वर स्वामी अवधेशानंद गिरिजी महाराज की दिनचर्या

प्रातः 3 बजे ब्रह्ममुहूर्त से स्वामीजी की दिनचर्या प्रारंभ हो जाती है। स्नान-ध्यान के पश्चात् एक घंटे का योगासन करने के उपरांत प्रातः 6 बजे स्वामीजी सर्वप्रथम अपने भक्तजनों व शिष्यों से भेंट करते हैं। तत्पश्चात् विशिष्ठ अतिथियों व आश्रम के अनुयायियों के साथ भवन से निकलते हैं और त्रिवृक्ष की पूजा व पुष्पांजिली अर्पित करते हैं और दुग्ध, जल से त्रिवृक्ष के उत्पत्ति स्थल की अर्चना करते हैं व परिक्रमा के पश्चात् स्वामीजी प्राचीन रुद्राक्ष वृक्ष की तरफ तेज से चल पड़ते हैं। स्वामीजी के चलने की विशिष्टता उन्हें वाकई एक अलग व्यक्तित्व प्रदान करती है, उनकी तेज चाल का अनुकरण करने को अन्य लोगों को भागना सा पड़ता है। साथ-ही-साथ मार्ग में खड़े लोगों का अभिवादन भी वह स्वीकार करते जाते हैं। उन्हें देखकर हृदय में एक असीम श्रद्धा का भाव जाग्रत् होता है, जो मन को आत्मविभोर कर जाता, ऐसा अद्‌भुत समन्वय उनकी आभा को ईश्वरत्वा प्रदान करता है।

प्राचीन रुद्राक्ष वृक्ष के चारों ओर स्थित बारह ज्योर्तिलिंग पर चंदन चढ़ने के पश्चात् पुष्प आदि अर्पण करते हैं, फिर रुद्राक्ष वृक्ष का पूजन करते हैं, साथ-ही-साथ मंत्रों की उच्च ध्वनि से भक्तों व अनुयायियों द्वारा किया गया पाठ वातावरण को दैवीय आभा से सराबोर कर देता है, न जाने कितने भक्तजनों की आँखें स्वतः ही श्रद्धा से बंद हो जाती हैं और शरीर ईश्वरमयी भावना से ओत-प्रोत हो जाता, ऐसी अविस्मरणीय प्रातः विरलो को ही नसीब होती है,

शायद यही वह भावना है, जो ईश्वर भक्त को बार-बार यहाँ आने को प्रेरित करती है, सच में ये वह पल होते हैं, जो व्यक्ति को इहलोक में भी देवलोक काभ्रमण करा सकते हैं।

रुद्राक्ष वृक्ष के पूजन के साथ ही स्वामीजी मिलनेवालों की कतार महामृत्युंजय मंदिर व पारद शिव मंदिर के बीच में स्थित स्थल पर एक किनारे खड़ी मिलती है, किसी के हाथ में माला (पुष्प), पुष्प, फल आदि होते हैं। स्वामीजी बड़े ही आत्मीय भाव से खड़े वृद्ध, युवा पुरुष व स्त्री व बच्चों से मिलते हैं। पुष्पमाला, फल, फूल स्वयं उनके हाथ से लेकर अपने अनुयायियों को मंदिर में चढ़ाने के लिए सौंप देते हैं। वहाँ उपस्थित सभी से वह ऐसे मिलते हैं, जैसे वे उनके बड़े आत्मीय हों। सभी को वह बड़े अपने से लगते हैं, वृद्धजनों में वह आदर प्रकट करते हैं। बच्चों पर तो स्वामीजी का विशेष स्नेह है। वहाँ पर उपस्थित सभी के चेहरों पर स्वामीजी से मिलने पर एक ऐसा संतुष्टि का भाव दिखता है, जैसे उन्होंने साक्षात् अपने पूज्य का दर्शन कर लिया हो! वह क्षण हर व्यक्ति को भाव-विभोर कर जाता है। स्वामीजी सबसे मिलने के पश्चात् महामृत्युंजय मंदिर की तरफ बढ़ जाते हैं। मंदिर में अपने भक्तजनों के साथ आप रुद्राभिषेक पूजन आरंभ करते हैं। गंगाजल से सर्वप्रथम महामृत्युंजय शिवलिंग का जलाभिषेक करते हैं, फिर दुग्ध, दही, शर्करा, शहद व धृत से शिवाभिषेक करते हैं, फिर पुनः जल से शिवलिंग को जल चढ़ाते हैं, तत्पश्चात् वस्त्र से शिवलिंग को शुष्क करके चंदन, अबीर, भस्म चढ़ाते हैं, फिर पुष्प, बेलपत्र व भांग, माला व पुष्प पल्लव से शिवलिंग का शृंगार करते हैं, फिर फल, मिष्ठान्न, मेवा से शिवजी को भोग अर्पण करते हैं। नंदी की पूजा के उपरांत स्वामीजी पारद शिव मंदिर की तरफ प्रस्थान करते हैं।

पारद शिव मंदिर में शिव पूजन के पश्चात् मंदिर में ही स्थित आचार्य महामंडेलेश्वर के आसन के सामने मेज पर पूज्य गुरुजी की चरण पादुका चिह्न पर पुष्पांजलि अर्पित करके स्वामीजी गुरुजी को नमन व वंदन करते हैं। स्वामीजी अपने आसन पर आकर आश्रम के गेरुआधारी शिष्यों के द्वारा मंत्रोचारण द्वारा की गई गुरु स्तुति को स्वीकारकर मंत्रों द्वारा ही उन्हें आशीर्वचन देते हैं। सभी शिष्य व अन्य भक्तजन साष्टांग मुद्रा में स्वामीजी को नमन करते हैं

और आशीर्वाद प्राप्त करते हैं। आचार्य श्री सभी भक्तों को प्रसाद स्वरूप फल व मिष्ठान्न के द्वारा आशीष देते हैं। सभी की कुशल-क्षेम पूछते हैं। वहाँ उपस्थिति आगंतुकों की वह ऐसे कुशलता पूछते हैं कि सभी भाव-विभोर हो जाते हैं, कोई अपनी बेटी तो कोई अपने बेटे को विवाह का निमंत्रण पत्र उन्हें देकर आशीर्वाद प्राप्त करते हैं। कभी-कभी तो ऐसे पल आते हैं कि मन श्रद्धा से भर उठता है।

फिर पुनः श्वेत भवन में आते ही तुलसी पूजन करते हैं। तत्पश्चात् वह एकांत पूजा में रत हो जाते हैं। लगभग आधे घंटे 'एकांत पूजा अर्चना' के बाद वह नाश्ते के लिए भोजन कक्ष में आते हैं। नाश्ता बहुत ही सादा व सुस्वाद होता है। नाश्ते से पहले हनुमान रूप वानरों को केला खिलाते हैं। देखते-ही-देखते कई लालमुखी बंदर उनके हाथ से केला ले लेते हैं। वह जितने चाव व प्यार से उन्हें केला देते हैं। उतने ही चाव से बंदर भी केला खाते हैं। यह दृश्य उनका पशु प्रेमी होना दरशाता है।

नाश्ते के समय भी शास्त्रों पर विचार-विमर्श होता रहता है, नाश्ते के साथ-ही-साथ बहुत सी ज्ञानवर्धक शिक्षा उनके साथ नाश्ता करनेवाले विशेष अतिथियों को मिलती रहती है। वह देश के जाने-माने प्रोफेसर, विश्वविद्यालय के कुलपति, डीन, शिक्षाविद्, प्रशासनिक अधिकारी, पुलिस अधिकारी, कानूनविद्, नेता आदि गणमान्य अतिथि होते हैं, साथ-ही-साथ वह अपने अनुयायियों को दिशा-निर्देश भी देते रहते हैं।

स्वामीजी अल्पहार के पश्चात् उस बड़े से कक्ष में प्रवेश करते हैं, जहाँ स्वामीजी से मिलनेवालों व दर्शन करनेवालों से कक्ष भरा रहता है। स्वामीजी के प्रवेश करते ही सभी खड़े होकर स्वामीजी को प्रणाम करते हैं। एक मधुर मुसकान के साथ स्वामीजी सभी का अभिवादन स्वीकार करके अपने आसन पर विराजते हैं। यहीं से स्वामीजी का एक विशेष व चुंबकीय व्यक्तित्व का दर्शन होता है। यह कक्ष वह स्थान होता है, जहाँ मंत्री, अफसर, गणमान्य राजनेता, माननीयों से लेकर साधारण किसान तक उपस्थित करता है। यहाँ जितनी भी बार जाओ, एक अविस्मरणीय व मन को आनंद से भरनेवाली अनुभूति होती है कि क्या एक ऐसी भी जगह है, जहाँ बड़े-से-बड़ा व्यक्ति व निर्धन से निर्धन व्यक्ति भी एक ही कक्ष में अपनी उपस्थिति दर्ज करा रहे हों।

स्वामीजी की स्मरणशक्ति की एक बानगी यह है कि स्वामीजी सबको उनके नाम से संबोधित करते हैं, तभी दो युवा लड़कियाँ आकर स्वामीजी को प्रणाम करती हैं। स्वामीजी उनको उनके नाम से संबोधित करते हुए उनसे उनकी कुशलता के बारे में पूछते हैं और पास के सोफे पर बैठे अन्य लोगों से उनका परिचय कराते हैं कि ये दोनों तमिलनाडु से आई पुलिस अधिकारी हैं। तभी स्वामीजी की नजर पीछे कोने में बैठे एक प्रौढ़ पर पड़ती है। स्वामीजी बड़े स्नेह से उन्हें अपने पास बुलाते हैं। उसी की भाषा में 'कै हो रामधन, सब कुशल मंगल है ? बिटिया का ब्याह कर दिया कि नाही ?'

वह सकुचाते हुए प्रणाम करता है, 'नाही स्वामीजी, अभी लड़िका अच्छा नाहि मिला, आप ही आशीर्वाद देओ स्वामीजी।'

'अभी बिटिया का पढ़न दैओ, तब बियाह करना।'

सभी आगंतुक इस वार्त्ता को बड़े अचरज से देख रहे थे, वह प्रौढ़ आगे बढ़ा, एक छोटा सा डिब्बा स्वामीजी के आगे बढ़ा दिया—'घर के बनै लड्डू हैं, आप कै खातिर घरवाली भैजी हैं।"

स्वामीजी ने बड़े प्यार से उसको खोला और खुश होकर कहा 'देशी घी के हैं' और पास खड़े अपने अनुयायी को देकर कहा—'दोपहर के भोजन में इसको हमारे भोजन में जरूर रखना।'

और प्रसाद देकर उस किसान को विदा किया। सभी से इतने प्रेम से मिलते कि व्यक्ति अपनी सारी व्यथा स्वामीजी के समक्ष रख देता। उस कक्ष में मानो सारा भारत सिमट आया हो! कोई गुजराती होता तो स्वामीजी गुजराती भाषा में उससे बात करते, कोई राजस्थानी हो तो राजस्थानी, बंगाली हो तो बंगला में, गढ़वाली हो तो गढ़वाली भाषा में उत्तर व प्रश्नों का आदान-प्रदान होता, परंतु सभी की भावना एक समान आत्मीयता से भरी होती सभी की समस्याओं का निराकरण, सभी भक्तों का दुःख निवारण। कोई भेंटस्वरूप छोटा सा घी का डिब्बा देता, कोई घर की बनाई मिठाई, कोई-कोई तो अपने हाथ से बनाई आसनी में अपनी श्रद्धा पिरोकर स्वामीजी को अर्पित करता। गुरु-शिष्यों का यह अटूट बंधन मन को मोहनेवाला था। कभी-कभी तो भक्तों का दुःख मन को दुःखों से भर देता, पर स्वामीजी का समाधान उसे दुःखों से मुक्त कर देता।

कभी तो स्वामीजी के पास ऐसा भी कोई शिष्य आता, जिसने स्वामी से दीक्षा ली होती। वह स्वामीजी से एक ही प्रश्न बार-बार पूछता, स्वामीजी बड़े ही धैर्य के साथ हर बार उसी प्रश्न का उत्तर देते, उसी सहजता के साथ, परंतु पास बैठे अन्य आगंतुक अपने को असहज पाते, परंतु स्वामीजी की शांत मुख मुद्रा उनको भी शांत कर देती और वह स्मित हास्य से वातावरण में मधुरता व्याप्त करा देती, भक्त अपने बच्चों का अन्नप्राशर्न भी स्वामीजी से कराते, स्वामीजी छोटे-से-छोटे बच्चों को अपनी गोद में बैठाकर दुलार करते, माँ से—क्या नाम रखा है बच्चे का?

माँ—जी आहान।

स्वामीजी—ये क्या नाम है?

माँ—स्वामीजी, आप ही रख दीजिए।

स्वामीजी—तो मैं रख दूँ, तो अनंत कैसा रहेगा?

क्या धैर्य, क्या विचार की उच्चता, कि मात्र वह सुझाव ही देते, अंतिम निर्णय व्यक्ति की विचारशीलता पर छोड़ देते।

व्यक्तियों को समझाना, उनके विचारों को प्रभावित करना स्वामीजी की सबसे बड़ी विशेषता है। आपकी विद्वता बहुत ही संयत व तर्कपूर्ण तरीके से शास्त्रों के उदाहरण द्वारा लोगों के विचारों को प्रभावित करती। एक ही स्थल पर ऐसी विद्वत्ता, लोगों की समस्याओं का समाधान, साहित्यकारों की परचर्चा, धार्मिक, सामाजिक, आर्थिक पुस्तकों की समीक्षा, धार्मिक प्राचीनता में नवीनता का समावेश बहुत ही अनूठा व मन को प्रफुल्लित करनेवाला होता है। ऐसा लगता कि यह वार्त्ता, प्रवचन, संबोधन ऐसे ही चलता रहे और हम यूँ ही बैठे उन पलों का लाभ उठाते रहें।

11 बजे स्वामीजी के भोजन का समय हो गया। कुछ विशिष्ठ अतिथियों के साथ स्वामीजी सभी को आशीर्वाद के साथ विदा करके भोजन कक्ष की तरफ चल पड़ते हैं। चौकोर मेज पर एक तरफ स्वामीजी की कुरसी रहती है। बाकी तीन तरफ दो-दो कुरसियाँ रहती हैं, जहाँ पर अन्य अति विशिष्ठ स्वामीजी के साथ भोजन करते। स्वामीजी का भोजन बहुत ही सादा रहता। देशा घी से निर्मित, बिना मिर्च व अधिक मसालों से बना बहुत ही स्वादिष्ट व सुपाच्य होता

है। ज्ञान पिपासु के लिए ये क्षण एक अनमोल पलों की भाँति होते। वहाँ पर एक अलग ही आध्यात्मिकता का अहसास होता है। यहाँ पर स्वामीजी कुछ अपनी कहते हैं, कुछ संस्मरण, कुछ अध्यात्मिक, लेखन संबंधी चर्चा-परिचर्चा, यहाँ पर स्वादिष्ट भोजन के साथ मिष्ठान्न के सदृश्य तन-मन को प्रभावित करती है।

मन ये सोचने को विवश हो जाता कि स्वामीजी मात्र आध्यातिमक गुरु ही नहीं, सभी विषयों पर अपनी विशेष पकड़ रखनेवाले सर्वोच्च विद्वान् हैं। पठन-पाठन की अद्‌भुत रुचि स्पष्ट परिलक्षित होती है, अतः मन स्वतः ही श्रद्धा से भर उठता है।

भोजन के उपरांज भोजन निर्मित करनेवाले अपने शिष्यों व अनुयायियों को धन्यवाद देते हुए फिर पुनः अपने विशिष्ठ कक्ष की तरफ बढ़ चलते हैं। जहाँ कुछ विशिष्ठ अतिथि उनकी प्रतीक्षा करते हुए बैठे थे। जहाँ वह आश्रम के संगठन की, 'प्रभु प्रेमी संघ' की सभी व्यवस्थाओं पर चर्चा-परिचर्चा होती है, आगे आनेवाले कार्यक्रमों के क्रियान्वयन को व्यवस्थित किया जाता है, फिर अपने अनुयायियों, मठों के मठाधीशों, धार्मिक गुरुओं, आश्रमों के श्री महंत, महामंडलेश्वर से विचार-विमर्श के बाद वह 'श्री भारत माता मंदिर' में जाते हैं। वहाँ पर जाकर सर्वप्रथम गुरु आचार्य श्री सत्यमित्रानंद गिरिजी महाराज की चरण पादुका, जो पूज्य गुरुजी के आसन पर आज भी विराजमान हैं, को दंडवत् प्रणाम करते हैं और पास ही रखे अपने आसन पर विराजमान हो जाते हैं। वहाँ पर उपस्थित सभी सहयोगियों के साथ मिलकर 'भारतमाता मंदिर ट्रस्ट' के संचालन का कुशल नेतृत्व करते हुए जरूरी कार्यों को निर्देशित करते हैं।

अपने पूज्य गुरु को याद करते हुए वह गुरु की समाधिस्थल जाकर अपनी श्रद्धांजलि अर्पित करते हैं। यह आपकी गुरु भक्ति का अटूट उदाहरण है। वह परमात्मा में ही अपने गुरु को देखते हैं। उनके अनुसार, जब जगत् का गुरु परमात्मा कण-कण में व्याप्त किसी-न-किसी माध्यम से कभी जीव, तो कभी निर्जीव रूप से हमारे समक्ष उपस्थित हो जाएगा।

मानव जब जन्म लेता है तो संसार देखते ही वह जिज्ञासु सा बिना शब्दों के 'ये सब क्या, मैं कौन, कहाँ?' तब उसकी जननी उसे स्नेह से पुकारती है, तभी सर्वप्रथम वह स्नेह व माता के दुलार से परिचित होता है, तब मानव को

सर्वप्रथम उस स्नेह का ज्ञान होता है, जिसे माँ सिखाती है, इसलिए माँ को प्रथम गुरु कहा गया है।

गुरु का भावार्थ है, जो अंधकार से प्रकाश की ओर ले जाए। गुरु वह है, जो ज्ञान दे, सही राह दे, ढाल बनकर बुराइयों से रक्षा करे, समय-समय पर उपदेशरूपी कवच दे। जिसे मानव आत्मसात् कर अमृत सा पीकर, बुराई के विष से बचे। गुरु के बिना ज्ञान नहीं। सर्वप्रथम हमें यह जानना अति आवश्यक है कि गुरु कौन है, वह गुरु कौन है, जो हमें ज्ञान देता है? गुरु जीव भी है निर्जीव भी है। संसार के अनेक महापुरुष गुरुओं के सदृश्य हुए हैं।

जैसे सतयुग में राजा हरिश्चंद्र ने सर्वस्व दान कर दान की पराकाष्ठा को स्पर्श किया? महाबली कर्ण व ऋषि दधिचि का दान सर्वविदित है। ये महापुरुष, जो हमें दान की पराकाष्ठा व दान के महत्त्व को परिलक्षित कराते हैं, सही अर्थों में हमारे गुरु हैं। एकलव्य तो गुरु दक्षिणा देने के अद्वितीय उदाहरण सिद्ध हुए हैं। त्रेता युग में श्री राम, लक्ष्मण, भरत, सीता, उर्मिला—जिनका संपूर्ण जीवन दूसरों को ज्ञान व सीख देने का पर्याय बन गया। श्रवण कुमार ने माता-पिता की सेवा कर स्वयं का जीवन एक उत्तम उदाहरण बना लिया। रामकृष्ण परमहंस 'माँ काली' के परम भक्त थे, जिन्होंने अंत तक कष्टों से बचने का उपाय न चाहा, निर्जीव में स्वाभिमान व गौरव की शिक्षा देते रहे—

पहाड़, वृक्ष, नदियाँ
परोपकाराय फलंति वृक्षः
परोपकाराय वहंति नद्या:

सार्थक करते हुए स्वयं को परोपकार के निमित्त बने रहना मानव के लिए गुरु सदृश्य ही है।

ग्रंथ व शास्त्र, जो अपने हर श्लोकों में एक नहीं, न जाने कितनी शिक्षा देते हैं, गीता, जिसमें पूरा अध्यात्म समाया हुआ है, गुरु ही है। यदि हम घड़े से स्वच्छ जल भरें तो हमें अपना स्वरूप दिखाई देगा। यदि हम गंदा जल भरें तो हम अपना प्रतिबिंब ठीक से न देख सकेंगे। हवा, जिसे जब हम अच्छा वातावरण देते हैं तो सुगंध बनती है, यदि हम गंदा वातावरण देते हैं तो दुर्गंध बनकर हमारी श्वास में पहुँचती है तो हवा भी शिक्षा देकर हमारी गुरु बन जाती

है। जब हम एक फूल पर पैर रखते हैं तो भी वह सुगंध देकर अपने धैर्य की सीमा का ज्ञान स्वयं मिटकर भी करा देता है। काँटा पैर पड़ने पर पीड़ा देकर सावधानीपूर्वक चलने की सलाह देता है, कभी-कभी आत्मा ही गुरु बनकर शिक्षा दे जाती है, तो कौन है। वह, जो कभी घड़ा बनकर ज्ञान देता है तो कभी स्वयं की आत्मा के रूप में कभी जीव रूप में तो कभी निर्जीव रूप में कौन है वह गुरु? वह है—

'वंदे कृष्णं जगद् गुरुम्'

वह जगत् का गुरु कण-कण में व्याप्त, किसी-न-किसी माध्यम से कभी जीव तो कभी प्रकृति के रूप में हमारे समक्ष उपस्थित होता है। ये पंक्तियाँ कम शब्दों में उनकी गुरु श्रद्धा को परिलक्षित करा जाती हैं—

'रे भाई कोई सद्गुरु संत कहावै।
रे भाई कोई सद्गुरु संत कहावै॥
जो नैनं अलख लखावै
कर्म करे निष्कर्म करे,
जो ऐसी जुगत बतावे,
क्रिया से न्यारा
जो भाग मे जोग जगावे
रे भाई कोई सद्गुरु संत कहावै।'

गुरु भक्ति की एक परंपरा अपने में समेटे स्वामीजी वापस हरिहर आश्रम आते हैं, तब तक स्वामीजी के भोजन का समय हो जाता है। आप भोजन कक्ष में भोजन ग्रहण करते हैं। भोजन बहुत ही सादा और गाय के शुद्ध घी से निर्मित होता है। वह भारतीय परंपरानुसार भोजन से पूर्व ध्यान लगाकर अन्नपूर्णा का ध्यान करते हैं, तदुपरांत भोजन आरंभ करते हैं। भोजन थाल व कटोरियों में परंपरागत तरीके से परोसा जाता है।

भोजन के उपरांत स्वामीजी विश्राम करते हैं। 3 बजे पुनः स्नान लेते हैं, ध्यान योग के पश्चात् सायं 5 बजे पुनः कक्ष में प्रवेश करते हैं। जूना अखाड़े के आचार्य श्रेष्ठ अपने अखाड़े के संन्यासियों से वार्त्ता करते हैं। उनसे विचारों का आदान-प्रदान होता है। यह समय मात्र आपके संन्यासियों,

मठाधीशों, धर्माअचार्यों के लिए ही आरक्षित रहता है, जिसमें कभी-कभी कुछ गणमान्य माननीय अतिथि भी शामिल होते हैं। ऐसी संगठित व्यवस्था आचार्य महामंडलेश्वर स्वामी अवधेशानंद गिरिजी महाराज के कुशल मार्गदर्शन की द्योतक है।

सायंकाल 6 बजे से स्वामीजी अपने शिष्यों व दीक्षा लेनेवाले शिश्यों से मिलते हैं। प्रवचन कक्ष पूरी तरह से शिष्यों व भक्तों से भरा होता है। स्वामीजी का स्नेह से भरा, स्मित मुसकान से परिपूर्ण, शांत व गरिमामयी व्यक्तित्व बरबस ही लोगों में श्रद्धा उत्पन्न कर देता है।

फिर आरंभ होता है—गुरु-शिष्यों की परंपरा का अनूठा व अनुपम दृश्य और कक्ष का वैशिष्ठ वातावरण, जहाँ एक तरफ गाँव के किसान से लेकर उद्योगपति, विद्यार्थी से लेकर कुलपति तथा सेवक से लेकर मंत्री तक, सिपाही से लेकर अधिकारी तक एक ही समानांतर व एकरूप होते हैं, ऐसा विलक्षण दृश्य होता है।

स्वामीजी कभी अपने शिष्य की घरेलू समस्याओं को भी सुनते हैं। उनका समाधान करते, वह उनको उनकी ही भाषा में उपाय सुझाते। वह संतुष्ट होकर बैठता ही है कि एक प्रबुद्ध व्यक्ति शास्त्रों पर चर्चा करते हैं तो स्वामीजी शास्त्र ज्ञान का वह दर्शन कराते हैं कि मन शांत और चित्त स्थिर हो जाता है, तभी एक जिज्ञासु यज्ञ की उपयोगिता के बारे में पूछता है—स्वामीजी, जो अपनी चिर-परिचित शैली में उस ज्ञान पिपासु की जिज्ञासा को शांत करते हें।

'यज्ञ में डाली जानेवाली जिन औषधियों और वनस्पतियों की आहुति दी जाती है, वे अग्नि में भस्म होकर आसपास के पर्यावरण को शुद्ध बनाती हैं। इसी तरह यज्ञ के अवसर पर बोले जानेवाले मंत्र यज्ञ कर्ताओं की भाव-शुद्धि करते हैं। वह नवयुवक जिज्ञासु के चेहरे पर अपने प्रश्न के समुचित उत्तर का संतोष झलक उठता है वह स्वामीजी की चरण वंदना कर पुनः बैठ जाता है।

तभी स्वामीजी की दृष्टि तीन बालकों पर पड़ती है। वह स्वयं बच्चों के सदृश्य हो उठते हैं और प्यार से बच्चों के नाम लेकर पुकारते हैं कि तुम उनके बेटे हो और बच्चों में घुल-मिल जाते हैं।

तभी पुस्तकों की चर्चा एक साहित्यकार कर देती हैं। धन्य है स्वामीजी

का साहित्य प्रेम! पठन-पाठन की ऐसी अभिरुचि अन्यत्र देखने-सुनने को नहीं मिलती। कौन सी विद्या, कौन सी शैली, किसकी कहानी, हर साहित्य ज्ञान जैसे उनके मस्तिष्क कोष में संचित है।

तभी एक शिष्य—स्वामीजी इतने व्यस्त दिनचर्या में आपको साहित्यिक पुस्तक पढ़ने, लेख व कविताएँ लिखने का समय कब मिल पाता है?

स्वामीजी मुसकराकर कुछ संकोच के साथ कहते हैं कि मैं बाल्यकाल से लिखने-पढ़ने का अभ्यासी हूँ। विभिन्न लेखकों की रचनाएँ व स्वास्थ्य मेरी दैनिक चर्या में शामिल है। मैं प्रतिदिन अध्ययन करता हूँ, प्रतिदिन आलेख लिखता हूँ। प्रतिदिन एक विचार लिखता हूँ। एक हिंदी में और एक इंग्लिश में।

तभी एक बालिका अबोध सवर में स्वामीजी से उनकी कविता की कुछ पंक्तियाँ सुनाने को कहती है।

स्वामीजी—मुझे एक पुरानी कविता याद आ रही है—

नेह जो छंद हो गए, होते, गीत गोविंद हो गए होते।
दोष है फागुनी बयारों का, वरना मकरंद हो गए होते॥

सभी मंत्रमुग्ध से कविता पाठ सुनते हैं, तभी एक आवाज सबको चौका देती है?

'स्वामीजी आप इतना स्टेमिना कैसे लाते हैं।'

सभी पीछे मुड़कर उस आवाज की तरफ देखते हैं, एक युवक आश्चर्यचकित मुद्रा में प्रश्न पूछ रहा था। उसके प्रश्न पूछने के अंदाज पर सब हँस पड़ते हैं। वह कुछ सकुचा जाता है, तभी स्वामीजी उसको संयत करते हुए कहते हैं कि बहुत बढ़िया प्रश्न, आजकल लोग 8 बजे उठते हैं। न योग, न व्यायाम, स्टेमिना कहाँ से आएगा? सही दिनचर्या ही शक्ति व स्फूर्ति में वृद्धि कराती है।

"ब्रह्ममुहूर्त में जागरण करता हूँ। एक घंटे का योगासन त्रिकाल संध्या करता हूँ, यानी तीनों समय पूजा-अर्चना रोज भ्रमण करता हूँ। जल में मात्र गंगाजल ही लेता हूँ। गंगाजल उन्हें एक स्फूर्ति प्रदान करता है। गाय का ही दूध पीता हूँ और गाय के देशी घी से निर्मित भोजन ही करता हूँ और ये सब अपनी गौशाला से प्राप्त होता है।" वह मुसकराकर शिश्य व भक्तों को बड़े ही

सहज व सरस शब्दों में स्वस्थ रहने का अमिट मंत्र दे जाते हैं। तभी स्वामीजी के भोजन का वक्त हो जाता है। वह सभी भक्तों को प्रसाद देकर विदा करते हैं और रात्रि भोज के लिए भोजन कक्ष की तरफ बढ़ चलते हैं।

पर जैसे ज्ञान की पिपाशा अभी अतृप्त ही रह गई हो, जैसे ये पल कभी खत्म ही न हों, बस, इन पंक्तियों से अपनी भावना को व्यक्त कर सकती हूँ—

हर क्षण हर बीता पल, दे जाता है ज्ञान नया।
मिलता है हर शख्स, जो दे जाता आयाम नया॥
बीते पल का हर लम्हा बन जाता अनुभव मेरा।
अनुभवहीन से अनुभवी बन जाता हर दिन नया॥

वह लम्हा व क्षण मन-मस्तिष्क पर अमिट छाप छोड़ जाता है। ज्ञान पिपासु के लिए ये क्षण अविस्मणीय हो जाते हैं। यहाँ पर सभी कुछ-न-कुछ पाने की तमन्ना में आते हैं। कुछ आशीर्वाद पाने आते हैं, उनको प्रभु श्री पूज्य स्वामी अवधेशानंद गिरिजी महाराज का आशीर्वाद व आशीर्वचन मिलता है। कुछ गुरु दीक्षा के लिए आते हैं, उन्हें गुरु दीक्षा मिलती है। वेदों का ज्ञान पानेवाले उपनिषदों का ज्ञान पानेवालों को यहाँ वेद मीमांसा व उपनिषदों के श्लोकों व उनके भाव का ज्ञान मिलता है। कुछ घरेलू व सामाजिक समस्याएँ लेकर आते हैं, उन्हें यहाँ उनकी समस्याएँ का समाधान मिलता है।

बच्चों को उनके प्यारे महात्मा गुरुदेव मिलते हैं, जो स्वामीजी के साथ सेल्फी खिंचवाते हैं। बहुत सारी बातें करते हैं और स्वामीजी भी उनके बाल सखा बन, उन्हीं में घुल-मिल जाते हैं। कभी कोई बच्चा उनकी गोद में आकर बैठता है, नन्हे-नन्हे, प्यारे से बच्चों से घिरे स्वामीजी की वह बच्चों की सी निच्छल मुसकान, बच्चों से उनकी तरह की बातें करना बच्चों के माता-पिता के साथ-साथ सभी को भाव-विभोर कर जाता है।

साहित्यकारों को यहाँ स्वामीजी के रूप में एक प्रबुद्ध साहित्यकार के दर्शन होते हैं। साहित्य के प्रति आपका रुझान निवर्चनीय है। कभी-कभी कोई साहित्यकार अपने अकूत ज्ञान का प्रदर्शन भी करते हैं, परंतु जल्द ही वह समझ जाते हैं कि स्वामीजी का साहित्य ज्ञान, उनकी विशुद्ध भाषा-शैली, विभिन्न साहित्यकारों के लिखे लेख, कहानियाँ, कविताएँ सभी पर उनका ज्ञान कोश

अतुलनीय है। मैथिलीशरण गुप्त, सुमित्रानंद पंत, महादेवी वर्मा प्रेमचंद्र, दिनकर से लेकर चेतन भगत, मैत्रेयी पुष्पा व हमारे युवा साहित्यकारों की रचनाओं का संकलन आपकी जिह्वा पर रहता है ये पल वास्तव में ऐसे पल होते हैं, जहाँ पर एक ही छत के नीचे सभी को सभी कुछ मिल जाता है। सच में स्वामीजी आप आचार्यों के भी आचार्य हैं।

गुरु समान दाता नहीं, याचक सीश सामान
तीन लोक की संपदा, सो गुरु दीन्ही दान।

अर्थात् गुरु के समान दाता नहीं और शिष्य के समान कोई साधन नहीं। गुरु शिष्य को तीनों लोकों का अनुदान देते हैं। कबीर दास के उपरोक्त दोहे के अनुसार स्वामीजी की छत्रच्छाया से हरि शिष्य उनसे श्रद्धारूपी रिश्ते से बँध जाता है। स्वामीजी भी अपने हर शिष्य व भक्त से उसी आत्मीयता से जुड़ जाते हैं। जिस प्रकार मूर्तिकार मूर्ति तो गढ़ लेता है, पत्थर में से परमात्मा की प्रतिमा तो निकाल लेता है, लेकिन वह केवल मूर्ति रहती है, जब तक कि आचार्य उसकी प्राण-प्रतिष्ठा न कर दें। उस मूर्ति में शब्द और भाव के द्वारा प्राण-प्रतिष्ठा की जाती है, फिर पत्थर की वह प्रतिमा सारी संवेदनाओं को जगाने में कुशल हो जाती है, रोदन कर रही हो, हास्य कर रही हो, बुदबुदा रही हो! आपके प्रणाम को स्वीकार कर रही हो! अत: जिनसे प्राणों की प्रतिष्ठा होती है, वे शब्द ही तो होते हैं।

श्रद्धा मन में स्वत: ही जगती है। आचार्य महामंडलेश्वर स्वामी अवधेशानंद गिरिजी महाराज वेदपुराणों के प्रणेता, उपनिषदों के ज्ञाता, साधकों के साधक, संन्यासियों के आचार्य श्रेष्ठ, मंडलेश्वर के महामंडलेश्वर, महामंडलेश्वर के आचार्य, सभी विषयों के पंडित, ज्ञानियों के ज्ञानी, आपके आगे सभी भक्तों का शीश श्रद्धा और भक्ति से झुक जाता है—

श्रद्धावांल्लभते ज्ञानं तत्पर: संयितेन्द्रिय:।
ज्ञानं लब्या परां शान्तिमचिरेणाधिगच्छति॥

स्वामीजी की मीठी भाषा लोगों का मन जीत लेती है। आपका कहना है कि किसी का दिल जीतना हो तो बस, मीठा बोल दो, क्योंकि प्रिय वाणी सभी का अंतर्मन खिला देती है। दूसरों के मन में अपने प्रति प्रेम पाने के लिए, संबंधों

की दृढ़ता के लिए पहले खुशियाँ बाँधने की कोशिश करें। यदि घर में कोई झगड़ा, तकरार, अलगाव न हो तो वहाँ खुशियाँ ही होंगी और घर स्वर्ग समान होगा। ऐसे लोगों को जीवन के इस सत्य का पता होता है कि जिंदगी हँसते हुए जीने के लिए है। प्रसन्नचित्त व्यक्तियों का एक ही ध्येय होता है—

'मुसकराते रहो, खुशियाँ बाँटते चलो,
चंद्र लम्हों का साथ सुहाना बनाते चलो॥'

□

पैतृक स्थान पर पुनःआगमन

आचार्य महामंडलेश्वर स्वामी अवधेशानंद गिरिजी महाराज उत्तरी भारत के आशावादियों की एक सभा को संबोधित कर रहे थे। एक दंपती, जो दीक्षा समारोह में भाग लेने आए थे, वह दंपती स्वामीजी के हर संबोधन, प्रवचन व दर्शन (व्यक्तियों व भक्तों से मिलने के समय) में उपस्थित रहते। स्वामीजी को एकटक निहारते रहते तथा स्वामीजी अप्रत्यक्ष रूप से अहसास करते कि शायद वह उनमें किसी को तलाश रहे हैं। हर प्रवचन में उस दंपती की उपस्थिति उन्हें प्रसन्नतापूर्ण भी लगती है। कौतूहल व जिज्ञासा से भरे पति-पत्नी को पुनः देखकर स्वामीजी ने दंपती को लक्ष्य करके पूछ ही लिया कि आपके मन में कुछ जिज्ञासा है? दोनों अचानक पूछे गए प्रश्न से कुछ अचकचा गए, फिर अपने को संयत करके पूछा, "क्या गृहस्थ जीवन में भी प्रभु की प्राप्ति संभव है?' स्वामीजी ने किंचित् मुसकराकर कहा, 'वास्तव में हमें परिवार में, समाज में और समाज में रहना आ जाए तो इन्हीं परिवारजनों में, मानव मात्र में, बल्कि प्राणीमात्र में हमें प्रभु के दर्शन होंगे।

"जो व्यक्ति परिवार में ठीक से रह लेता है, वह प्रभु से मिल लेता है। यदि वह प्रभु से मिलना भूल जाए तो प्रभु स्वयं उससे मिल लेते हैं। वास्तव में यदि हमें परिवार में, समाज में, संसार में रहना आ जाए तो इन्हीं परिवारजनों में हमें प्रभु के दर्शन होंगे, फिर शारीरिक रोग और मृत्यु का भय हमें नहीं रुलाएगा। हमारे परिवार में कलह नहीं होगी तथा हमेशा सुख-शांति बनी रहेगी। बालकों का सर्वांगीण विकास होगा, प्रौढ़ व्यक्तियों को वृद्धावस्था का भय नहीं सताएगा, हम सुख-दुःख, जन्म-मरण, लाभ-हानि, मान-अपमान, राग-द्वेष के बंधन से मुक्त होंगे।

गृहस्थ धर्म का पालन संसार की सुख-स्मृति विकास और शांति के लिए परमावश्यक है। गृहस्थ अवस्था मात्र एक अंश नहीं है जीवनकाल का, क्योंकि यह अवस्था धर्म की रीति के लिए सर्वथा उपयोगी है। नेक कार्य तो किसी भी अवस्था में संभव हो सकते हैं, लेकिन गृहस्थी में इनको पूर्णता मिलती है। नीति-धर्म की सर्वोत्तम प्रयोगशाला गृहस्थ जीवन ही है। बुराइयों को मिटाने का सबसे बड़ा अवसर गृहस्थी को प्राप्त होता है। जीवन की सफलीता का रहस्य इसी अवस्था में पाया जा सकता है, इसमें सहज कर्मयोग का व्यावहारिक अनुभव तथा आत्मसमर्पण का रोमांच छिपा है।

परिवार और समाज में सभी प्रकार के संघर्ष का अंत होगा। परस्पर सेवा, त्याग और प्रेम की भावना फले-फूलेगी तथा हमारा जीवन परम शांति, स्वाधीनता और प्रियता से ओत-प्रोत हो जाएगा।

सीखते रहो और सुधारकरते रहने की राह है गृहस्थावस्था। लोगों को गृहस्थ धर्म का सत्य पहचानना चाहिए। प्रेम एकता और कलयाण का सूत्र इससे निकलकर धर्म को आकार देता है। जीवन की पूर्णता धर्म से सुनिश्चित होती है। भगवान् भी गृहस्थ परंपरा का अनुसरण करते हैं। गृहस्थ जीवन के दो मंत्र है—आपसी विश्वास और सहनशीलता। जो व्यक्ति इन दोनों मंत्रों को अपने जीवन व्यवहार और स्वभाव का अंग बना लेता है, उसका जीवन सुखी हो जाता है।

संत कबीर अपनी कुटिया में बैठे काम कर रहे थे, उनके पास एक व्यक्ति आया। संत कबीर ने उससे आने का मकसद पूछा। वह बोला, "मेरे सामने एक प्रश्न है कि मैं गृहस्थ बनूँ या संन्यासी?" कबीर मुसकराए और बोले, "तुम्हारे मन में यह प्रश्न उठना कोई नई बात नहीं है।"

कबीर ने तब अपनी पत्नी को बुलाया। उस समय दोपहर थी। धूप का प्रकाश खूब फैला हुआ था। पत्नी के आने पर कबीर ने उनसे कहा, "यही कहीं सूई गिर गई है। रोशनी कम है, दीया जला लाओ, ताकि सूई ढूँढ़ सकूँ।" कबीर की पत्नी अंदर गई और दीया जला लाईं। कबीरदासजी ने कहा, "देखो गृहस्थ बनना तो ऐसा बनना। गृहस्थ जीवन की सफलता की कुंजी आपसी विश्वास है।"

संत बनना है तो ऐसा बनना कि जरा भी क्रोध न आए, वह व्यक्ति अभी भी भ्रमित था, तब कबीर ने कहा, "मैं गृहस्थ भी हूँ और संत भी हूँ। मेरे जीवन के दो

मंत्र हैं—आपसी विश्वास और सहनशीलता। तुम घर में हो, परिवार के साथ हो, समाज में हो या काम-काज की जगह पर हो, आपसी विश्वास और सहनशीलता ही सफलता और सुख का आधार बनते हैं, इनका जहाँ अभाव होगा, वहाँ टकराहट होगी, तकरार होगी, तब जीवन में शांति और सुख नहीं आ सकता।"

रात्रि दर्शन में वह पुनः उपस्थित थे और चुपचाप एक कोने में बैठे थे। एक कौतूहल सा उनके चेहरे पर स्पष्ट परिलक्षित हो रहा था। स्वामी ने चिर-परिचित मुसकान के साथ उनसे पूछा, "लगता है अभी भी आप दुविधाग्रस्त हो ?"

उनका उत्तर था, "जी स्वामीजी।"

स्वामीजी—बताइए क्या दुविधा है ?

पुरुष दंपती—परिवार क्या है, उसका हमारे जीवन में क्या महत्त्व ?

स्वामीजी—परिवार रिश्तों का समन्वय है, जहाँ माता-पिता, पिता-पुत्री, पुत्र, माता-पुत्र, पुत्री, भाई-बहन, चाचा-चाची आदि रिश्ते मिलकर एक परिवार का निर्माण करते हैं और जहाँ ये परिवार निवास करता है, उसे हमें घर की संज्ञा देते हैं। हर परिवार अपने आचरण, आचार-व्यवहार से घर को मंदिर बना सकता है, इसमें मंदिर के देवी-देवता हमारे माता-पिता होते हैं। शास्त्रों में कहा गया है कि—

'मातृ देवो भवः पितृ देवो भवः'

जिस प्रकार परमात्मा हर तरह से हमारी देखभाल करते हैं, ठीक उसी प्रकार माता-पिता भी अपने बच्चों की जान से बढ़कर हिफाजत करते हैं। उनके लाड़-प्यार में कोई कमी नहीं रखते। भगवान् श्रीराम प्रातः उठते ही प्रथम वंदन माता-पिता को करते हैं—

प्रातःकाल उठि के रघुनाथा।
मातृ-पिता गुरु नावहिं माथा॥

यह परंपरा आज भी हमारे सभ्य परिवार में कायम है। महाभारत में प्रसंग है कि जब यक्ष ने युधिष्ठिर से प्रशन पूछा, 'पृथ्वी से भारी क्या है ?' तो युधिष्ठिर ने उत्तर दिया, 'पृथ्वी से भारी माँ होती है।'

सचमुच, माँ बच्चों को जितना प्रेम देती है, उसका जितना हित करती है, उतना कोई अन्य नहीं कर सकता।

शास्त्रों में माँ को सर्वतीर्थमयी बताया गया है, क्योंकि सारे तीर्थों में भ्रमण का फल मात्र माता-पिता की सेवा वंदना से मिल जाता है। जिनके माता-पिता जीवित नहीं होते, उनके यहाँ उनकी तसवीर होती है। अनेक लोग अपने कामकाज की शुरुआत उनको नमन करके करते हैं। इससे आगे आनेवाली पीढ़ी, यानी कि उनके बच्चे भी सीखते हैं कि माता-पिता वंदनीय हैं। घररूपी मंदिर में भाई-बहनों के बीच व भाई-भाई के बीच जो प्रेम और ममता देखने को मिलती है, वह भी परिवार की एक अमूल्य धरोहर है, जैसे भगवान् राम का अपने भाइयों के प्रति स्नेह। इस तरह भाई-बहन भी एक-दूसरे के लिए देवतुल्य होते हैं। उनमें कोई भेदभाव और वैमस्य नहीं होना चाहिए, तभी तो घर तीर्थ या पवित्र और सुखदायी होगा।

हमारे धर्म ग्रंथों में धन व ऐश्वर्य की देवी लक्ष्मी को बताया गया है। धर की नारी को गृहलक्ष्मी कहा गया है, क्योंकि परिवार का सारा दारोमादार उसी के कंधों पर होता है। यदि गृहलक्ष्मी खुश है, तभी गृहरूपी मंदिर में शेष देवी-देवता भी खुश हैं।

हमारे शास्त्रों में यह पंक्ति बहुत चर्चित है—

'यत्र नार्यस्तु पूज्यंते, रमंते तत्र देवता॥'

यह पद केवल देश व समाज के लिए ही नहीं है, घर की चारदीवारी व परिवार के लिए भी है। जब घर की नारी (दादी हो, माँ हो, बहन हो या बेटी हो, बहू या बुआ या मामी, चाची हो) का ही आदर नहीं होगा तो वहाँ चाहे कितनी भी पूजा-पाठ हो, वहाँ का माहौल (देवताओं के रहने योग्य) नहीं हो सकता। वहाँ होनेवाली सभी क्रियाएँ निरर्थक होंगी। नवरात्रों में कन्या या कंजक जिमाने से क्या होगा, यदि घर की बहुएँ व बेटियाँ दोयम दरजे की समझी जाती हैं।

सबसे बड़ा आश्रम है—गृहस्थ आश्रम। इसी से सभी आश्रमों का प्रार्दुभाव होता है। संन्यासियों का जन्म भी गृहस्थ धर्म से होता है—'धन्यो गृहस्थ आश्रम।'

अगर मेरा मन हुआ तो राम गीता नहीं, गृहस्थ गीता लिखूँगा। गृहस्थ गीता, जहाँ गृहस्थों के उपदेशों को सँजोकर रखा गया है, जहाँ बढ़िया गृहस्थ नहीं है, तो बढ़िया साधु कहाँ से पैदा हो? तो ऐसी कोख तैयार को तृष्णा जैसी, यशोधरा जैसी, देवकी जैसी, जीजाबाई, कौशल्या जैसी, तभी तो राम, कृष्ण, गौतम बुद्ध व शिवाजी उत्पन्न होंगे।

परिवार का एक अन्य और पहलू है—'अतिथि देवो भव:'। माता-पिता के बाद अतिथि को देवस्वरूप कहा गया है। घर में कोई मेहमान आता है तो कितनी खुशी होती है, उसकी आवभगत के लिए सभी सदस्य जुट जाते हैं।

गृहस्थ धर्म सरल व सहज मार्ग है। जीवन का कर्म क्षेत्र है गृहस्थी। यह साधना का पथ और उद्धार का द्वार है। सर्व-साधारण के लिए गृहस्थ जीवन की सफलता के पश्चात् वानप्रस्थ और संन्यास स्वत: सिद्ध हो जाते हैं, लेकिन ब्रह्मचर्यव्रत धारण करनेवाला मानव ही गृहस्थ जीवन में प्रवेश का पात्र माना गया है। सच्चे गृहस्थ का कर्तव्य है कि अपने बच्चों को ब्रह्मचर्य का सुरक्षित कलेवर दें। प्राय: आसपास के वातावरण, संगति और सद्शिक्षा से संभव होता है। गृहस्थ का महान् उत्तरदायित्व सभी को वहन करना होगा।

प्रात: पूजन व दर्शन के बाद वह पुन: उपस्थित थे। स्वामीजी ने पुन: मुसकराकर उनका स्वागत किया। उन्होंने कुछ कहना चाहा, तभी स्वामीजी ने अपने एक अनुयायी से कहा, "प्रात: नाश्ते में यह दंपती भी मेरे साथ भोजन करेंगे।" उन दंपती की ओर मुखातिब होकर बोले, "आपके सभी प्रश्नों का उत्तर दूँगा।"

वह दंपती हाथ जोड़कर प्रसन्नमुद्रा में बैठकर स्वामीजी की भाव प्रवण वार्त्ता व परिचर्चा का आनंद लेते रहे, तभी स्वामीजी के भोजन का समय हो गया। सभी से विदा लेकर स्वामीजी सभास्थल में बने अपने कक्ष की तरफ बढ़ चले। स्वामीजी की इच्छानुसार वह दंपती भी कक्ष में पहुँच गए। प्रणाम करके वह स्वामीजी के समक्ष बैठ गए—

शांत व मृदुल स्मित के साथ उनसे पूछा, "बताइए क्या पूछना चाहते हैं?"

आगंतुक दंपती एक साथ (व्याकुलतापूर्वक) बोले, "क्या आप साबितगढ़ के पंडित महावीर प्रसाद शर्माजी के पुत्र अशोक हैं?"

स्वामीजी ने बड़े ही संयम स्वर में कहा, "जी, मैं उन्हीं का पुत्र हूँ।"

उस दंपती को अपने कानों पर विश्वास नहीं हुआ, वह अचकचाकर खड़े हो गए।

स्वामीजी (मुसकराकर) बोले, "बैठ जाइए।"

वह यंत्रवत् बैठ गए। उस महिला दंपती ने प्रश्नों की झड़ी लगा दी, "क्या

आप को अपने परिवार की याद नहीं आई?"

"आप अपने माता-पिता व परिवार से मिलने क्यों नहीं आए?" आदि आदि।

स्वामीजी धैर्य व सहजता से उनकी व्याकुलता देखते रहे। प्रत्युत्तर में उन्होंने इतना ही कहा, "मैं मात्र स्वामी अवधेशानंद हूँ। पूरा समाज ही मेरा परिवार है, भोजन आ गया है, भोजन कीजिए; फिर मुझे यहाँ से प्रस्थान करना है।"

उनकी व्याकुलता स्वामीजी की शांत वाणी व आग्रह से कुछ हद तक कम हो गई।

भोजन के पश्चात् स्वामीजी सआदर उस दंपत्ति को विदा कर अपने विश्राम कक्ष की ओर बढ़ चले।

असमंजस से वह बहुत देर तक वहीं खड़े रहे, फिर वह प्रफुल्लित मन से गाँव की तरफ बढ़ चले। वह जल्दी-से-जल्दी गाँव पहुँचना चाहते थे। पूरे गाँव की खुशियों का पिटारा जो उनके पास था! गाँव पहुँचते ही वह बिना एक भी पल गँवाए पंडित महावीर प्रसाद शर्माजी के पास पहुँच गए। जल्दी से चरण-स्पर्श करके दोनों एक साथ बोल उठे, "चाचाजी, आज हम आपके बेटे अशोक से मिलकर आ रहे हैं। आपको पता है वह कौन है? महामंडलेश्वर स्वामी अवधेशानंद गिरिजी महाराज ही आपके पुत्र अशोक हैं।"

पंडितजी निशब्द से उन्हें देखते रहे और बोले, "क्या कह रहे हो, होश में तो हो, तुम्हें कैसे पता?"

दंपती बोले, "स्वामीजी ने स्वयं ही हमें बताया है।"

पं. महावीर प्रसाद शर्मा बुदबुदा उठे, 'आखिर उनकी साधना पूरी हो गई! मैं जानता था कि मेरा पुत्र असाधारण है। अद्वितीय है। आज उनका पिताक कहलाने में मैं स्वयं को धन्य मानता हूँ।'

गर्व व स्नेह से भरे पिता इतने वर्षों बाद अपने पुत्र के बारे में जानते हैं। कौतूहल व भावनाओं से भरे वह कुछ लड़खड़ाते हुए घर की तरफ चल पड़ते हैं। मेरे बेटे की माँ ये सुनकर कितनी खुश होगी! इसके आगे के कई चित्र उनके मन-मस्तिष्क में बनते-बिगड़ते रहते हैं। घर का रास्ता उन्हें बहुत बड़ा लगने लगता है।

तभी वह अपने को घर के दरवाजे पर पाते ही जोर से पत्नी को पुकारते हैं। इतने वर्षों बाद पिताजी का यूँ पुकारना घर के सभी व्यक्तियों को दरवाजे पर पहुँचा देता है। पंडितजी पत्नी को कंधे से पकड़कर कुछ रुँधे हुए गले से बोले, "हमारे बेटे का पता चल गया है, वह बहुत बड़ा संन्यासी बन गया है। गाँव क्या, पूरे देश में लोग उनकी पूजा करते हैं। स्वामी अवधेशानंद गिरिजी महाराज ही हमारे पुत्र अशोक हैं।"

परंतु माँ के कानों तक सिर्फ यही बात पहुँचती है कि 'बेटे का पता चल गया', इतने वर्षों के बाद पुत्र की कुशल-क्षेम जानकर माँ चेतना शून्य सी हो जाती है। वह बस, एकटक पति की तरफ देखती रहती है, तभी बहू व बेटा उन्हें पकड़कर बैठा देते हैं। आँखें स्वत: ही चेहरा भिगोने लगती है। ये हर्ष व अचरज के आँसू थे, जो माता-पिता की आँखों से बह रहे थे, तभी गाँववालों का हुजूम घर के बाहर जमा हो जाता है।

घर क्या, पूरा गाँव अपने को धन्य मान रहा था कि आचार्य महामंडलेश्वर स्वामी अवधेशानंद गिरिजी उनके गाँव में ही जनमे व पले-बड़े हैं। पूरा गाँव हर्ष व उल्लास से भर उठा। हाँ, साबितगढ़ ने पूरे भारत में स्वयं को साबित कर दिया।

माँ तो सिर्फ माँ होती है। इतने वर्षों बाद पुत्र की कुशल-क्षेम जानने के बाद जब वह कुछ संयत हुई तो मन गर्व से भर उठा, चेहरे पर एक आत्मिक संतोष छा गया। मन आनंद से भर उठा, क्योंकि माँ जब बच्चे की संपूर्णता को जान लेती है तो वह स्वयं भी संपूर्णता प्राप्त कर लेती है। बच्चों की संपूर्णता से ही वह भी संपूर्ण हो जाती है। पुत्र की इच्छापूर्ति व लक्ष्य-प्राप्ति से वह भी आज पूर्ण हो गई। वह खुशी से परिपूर्ण सभी आगंतुकों की आवभगत में लग गई, फिर बहू से बोली, "बहू, आज मेरे बेटे के मनपसंद पकवान बनाना," और पुत्र के कमरे की तरफ बढ़ चली, वह कमरा उन्होंने ज्यों-का-त्यों रखा था, मानो वह हर क्षण अपने बेटे के लौट आने की प्रतिक्षा करती रही हों, परंतु आज उनके पाँवों में एक अलग गति थी, मानो वह कई वर्ष पीछे चली गई हों, वही भावभंगिमा, वही आनंद से भरा मन, जब उनका बेटा उनके समक्ष था। उस कमरे में वह यूँ ही बैठी रही। कभी उनकी पुस्तकों को सहलाती हुई बोली, 'स्वामी अवधेशानंद, मेरा बेटा!' वह मन-ही-मन बुदबुदा उठी, आँखों की चमक उसकी मन की खुशी

को व्यक्त कर रही थी और जतन से कमरे को व्यवस्थित करने लगी। कई चित्र उसकी आँखों के आगे घूमने लगे, 'जन्म का वह क्षण जब चंद्रमा ने स्वयं की रोशनी में उसको नहला दिया था, ढाई साल का तप करता उसका वह बच्चा! स्वयं में खोया रहनेवाला उसका वह अशोक! याद करके वह स्वयं ही गौरान्वित हो गई, तभी अपनी कुछ करनी, अशोक का पूर्वजन्म का कथन, कुम्हार का चक्का याद करके वह स्वयं ही मुसकरा पड़ी, फिर स्वतः ही लज्जित हो गई। यादों का कभी न खत्म होनेवाला चित्रपट उसके मन-मस्तिष्क पर छाने लगा, फिर वह स्वयं ही बुदबुदा उठी।

'बेटा, मैं तुम्हें समझ ही नहीं पाई, लेकिन आज तूने स्वयं ही सबको बता दिया कि तुम कितने सही थे! मेरा बेटा आज घर-घर पूजनीय है, बस, मैं ही नहीं जान पाई। तू सचमुच मेरा अशोक है। नहीं-नहीं, स्वामी अवधेशानंद, पर तुम मेरे लिए तो हमेशा मेरे अशोक ही रहोगे।' फिर स्वयं ही मुसकराकर बोली, 'आज मेरी भी तपस्या पूर्ण हुई,' सोचती हुई स्वयं को विचारों के असीमित सैलाब से बहने से रोकने के लिए वह रसोईघर की तरफ चल पड़ी।

पूरे घर में उत्सव सा जान पड़ रहा था, कई प्रमुख लोगों को भी भोजन कराया जा रहा था। सभी के भोजन करने के बाद माँ बोली, "जल्दी से मेरे लिए खाना लाओ, बड़ी भूख लगी है।" इतने वर्षों के बाद माँ ने इस तरह भोजन के लिए आग्रह किया, इससे पहले वह मात्र रुचि-अरुचि के बिना, जो मिलता ग्रहण कर लेती। बहू दौड़कर भोजन ले आई। माँ ने बड़ी रुचि के साथ भोजन ग्रहण किया, तभी बहू मिष्ठान्न लेकर आई। माँ ने मुसकराकर कहा, "मिठाई तो मैं अपने बेटे के हाथ से ही खाऊँगी।"

फिर पति से बोली, "कब चल रहे हैं बेटे से मिलवाने?"

"जल्दी ही," पहले मैं और गाँव के कुछ लोग उन्हें आमंत्रित करने आश्रम जाएँगे, फिर वह गाँव आएँगे। अब हमारा बेटा हमारे गाँव पुनः आएगा।" पर माँ का मन जल्द-से-जल्द अपने बेटे को देखने को व्याकुल हो रहा था, 'मैं कैसे काटूँगी यह समय ठीक है जहाँ इतना सब्र किया है वहाँ दो-चार दिन और सही।

दूसरे दिन गाँव से प्रमुख लोगों का समूह पंडितजी की अगुवाई में हरिद्वार स्थित हरिहर आश्रम के मुख्य द्वार पर पहुँचा, मुख्य द्वार पर पुत्र के चित्र पर

नजर पड़ते ही वह भाव-विह्वल हो गए, वही तेज व ओज से भरा चेहरा आँखों में भरकर आश्रम में प्रवेश कर गए। आश्रम में प्रवेश करते ही स्वामीजी के प्रमुख अनुयायी ने उन्हें उनके कक्षों तक पहुँचा दिया और आदरपूर्वक कहा, "स्वामीजी, अपने नियत समय पर सायंकाल आपसे मिलेंगे। शायद कुछ कहीं, कुछ अपटपटा सा लगा कि इतने वर्षों के पश्चात् वह बेटे से मिलने के लिए आए, वह कितना आतुर हैं, बेटे से मिलने के लिए! क्या बेटे को उनसे मिलने की कई जिज्ञासा व आतुरता नहीं? शायद उनके प्रश्नों को और गाँववालों की अधीरता को स्वामीजी के मुख्य सहयोगी ने भाँप लिया। वह मुसकराकर बोले, "आप हाथ-पैर धोकर रास्ते की थकान मिटा ले, तब तक मैं भोजन की व्यवस्था करता हूँ।"

भोजन के पश्चात् वह मुख्य सहयोगी पंडितजी के पास आकर बैठ गए, "पंडितजी, क्षमा कीजिएगा, मैं आपके मन की व्यथा समझ सकता हूँ, लेकिन अब आपके पुत्र मात्र आपके पुत्र ही नहीं है, अब वह आचार्य महामंडलेश्वर स्वामी अवधेशानंद गिरिजी महाराज हैं। वह संन्सासियों के शिरोमणि हैं। एक संन्यासी या यूँ कहें कि हम संन्यासियों का अपना कुछ भी अपना नहीं होता, उनका कोई परिवार नहीं होता, उनका जो भी कुछ अपना होता है, वह समाज के लिए होता है। पूरा विश्व ही उनका अपना परिवार होता है, यानी वह 'वसुधैव कुटुम्बकम्' के सिद्धांत का पालन करते हैं। वह बँधी हुई दिनचर्या में रहते हैं, उनकी दिनचर्या निर्धारित होती है। कृपया आप लोग कुछ अनुचित न समझें।"

उधर स्वामीजी ने गाँव के लोगों के देखभाल की स्वयं व्यवस्था कर दी थी। क्या यह एक असाधारण धैर्य नहीं है? मानवीय कमजोरी, मानवीय भावनाओं को विजित करना आसान नहीं होता। धन्य है हमारे संन्यासी और साधु-संन्यासियों के आचार्य महामंडलेश्वर स्वामी अवधेशानंद गिरिजी महाराज! हर गाँववासियों का सिर अपने स्वामजी के आगे श्रद्धा से भर उठा और पंडितजी का सिर गर्व से ऊँचा हो गया, लेकिन सायंकाल तक का समय! वह स्वतः ही मुसकरा उठे।

सायंकाल 5 बजते ही सब तैयार होकर स्वामीजी से पहली बार मिलने के लिए कक्ष की तरफ बढ़ चले। कक्ष में पहुँचकर सभी सोफों पर बैठ गए। थोड़े इंतजार के बाद कक्ष में स्वामीजी का प्रवेश होता है। पंडितजी एकटक अपने

पुत्र को देखते ही रह गए, आँखें नम हो उठीं, लंबी कद-काठी और गौरवर्णीय अपूर्व तेजोमयी आभामंडल, उस पर गेरुआ वस्त्र, चेहरे की चमक और भी गेरुआ रंगत के साथ मिलकर सिंदूरी आभा प्रदान कर रही थी। स्वामीजी को देखकर गाँव के लोगों का मन श्रद्धा से भर उठा। डबडबाई आँखों से पंडितजी अपने पुत्र को एकटक देखे जा रहे थे बेसुध से। तभी स्वामीजी ने सिर झुकाकर जन्मदाता पिता को प्रणाम किया, फिर दोनों हाथ पिता के थरथराते हाथों पर रख दिया, जिससे वह कुछ संयत हुए, फिर पिताजी से सभी की कुशल-क्षेम पुछी। पंडितजी मंत्रमुग्ध से संक्षिप्त उत्तर देते रहे। गाँव के लोगों ने प्रश्नों की झड़ी लगा दी। स्वामीजी सभी के प्रश्न का स्मित मुसकान के साथ समुचित उत्तर देते रहे, फिर स्वामीजी अपने आसन पर विराजमान हो गए, पंडितजी प्रफुल्लित से उनको देखते रहे। धीरे-धीरे और भी भक्त कक्ष में उपस्थित हो गए। लोगों की श्रद्धा, अपनापन, स्वामीजी के प्रति अगाध भक्ति प्रदर्शित हो रही थी।

सभी की समस्याओं को झट से दूर करते स्वामीजी, बच्चों को प्यार से आशीर्वाद देते स्वामीजी, स्नेह से परिपूर्ण माताओं से वार्त्ता करते स्वामीजी, जैसे वह अपने परिवार के लोगों से ही मिल रहे हों, स्नेह भाव, मुसकराहट से भरा चेहरा, हर व्यक्ति के दुःख दर्द को अपना दुःख-दर्द समझकर समाधान देते स्वामीजी। लोगों के लाए छोटे-से-छोटे उपहारों को स्नेह से स्वीकार करते प्रत्युत्तर में खुशी जाहिर करते, जैसे ये पेड़े स्वयं उनके अपने घर से आए हों!

पंडितजी स्वामीजी की एक-एक भाव-भंगिमा को देख-परख रहे थे और हर बात पर एक आत्मिक संतोष प्राप्त हो रहा था। सच में, उनके पुत्र ने जगत् के कल्याण के लिए ही उनके घर में तो मात्र जन्म ही लिया था, वह तो प्रारंभ से ही जगत् के लिए जनमे थे। आज वह धन्य हो गए। आज वह अपने को बहुत ही सौभाग्यशाली मान रहे थे।

तभी स्वामीजी ने सभी को संबोधित करके कहा, "आप मेरे जन्मदाता हैं पं. महावीर प्रसाद शर्माजी।"

तत्काल कई जोड़ी हाथ उनके आगे जुड़ गए और कई सिर नतमस्तक हो गए।

पंडितजी अभिभूत हो उठे। फिर वह सब भक्तों को प्रसाद बाँटकर विदा देते

हैं, तभी गेरुए वस्त्रों से सुसज्जित कम वय के संन्यासी स्वामीजी को दंडवत् करते हैं। संस्कृत के श्लोक द्वारा अपने आचार्य श्री का वंदन करते हैं और आचार्य श्री अपने शिष्यों को आशीर्वचन कहते हैं और आशीर्वाद देते हैं।

स्वामीजी भोजन कक्ष के लिए चलते हैं, पंडितजी को भी साथ भोजन के लिए आमंत्रित करते हैं। भोजन कक्ष में भोजन करते समय स्वामीजी गाँव के लोगों के बारे में पूछते हैं। पंडितजी खुश होकर गाँव की तरक्की की बात बताते हैं। स्वामीजी अपनी जन्मदात्री के बारे में पूछते हैं तो पंडितजी भावुक होकर सभी कुछ स्वामीजी को बताते हैं कि उनकी जन्मदात्री भी एक तपस्या में लीन है। पुत्र के तप के साथ ही उनकी तपस्या आज भी अनवरत जारी है।

स्वामीजी ने मात्र इतना ही कहा, "तभी तो माता का स्थान भगवान् से भी ऊपर माना जाता है," तभी मिष्ठान्न आता है, पंडितजी मिष्ठान्न को हाथ में लिये ही कहते हैं, "पता है गृहत्याग के बाद से तुम्हारी माता 'अचकचाकर' नहीं, आपकी माता ने आज तक मिष्ठान्न ग्रहण नहीं किया है। वह कहती है कि जब तक उनका पुत्र स्वयं अपने हाथों से मिष्ठान्न नहीं खिलाएगा, तब तक वह मिष्ठान्न ग्रहण नहीं करेगीं। एक बार गाँव चलें तो सभी प्रसन्न होंगे," उन्होंने सकुचाते हुए कहा।

स्वामीजी—आप मेरे जन्मदाता है। माता-पिता ईश्वर के समान होते हैं, आप निस्संकोच मुझसे कुछ भी कह सकते हैं।

पंडितजी व गाँववाले उन्हें गाँव चलने का निमंत्रण देते हैं, जिसे स्वामीजी सहर्ष स्वीकार कर लेते हैं।

रोज की दिनचर्या का समापन स्वामीजी हमेशा एक लेख लिखकर करते हैं। उस रात्रि के लेख में वह परिवार को अपनी विषय-वस्तु बनाकर अपने विचारों को लेखबद्ध करते हैं—

"हमारे देश में परिवारों की परंपरा बहुत पुरानी है। परिवार के सभी सदस्यों की रिश्तेदारियाँ परिवार की ही रिश्तेदारियाँ भी हो जाती हैं, जैसे चार भाई हैं तो उन चारों की ससुराल, बहन की ससुराल, ताऊ और चाचा की ससुराल, नाना का घर, बुओं, मौसी का घर आदि। दूर-दूर तक फैली रिश्तेदारियोंवाला परिवार समाज में मान-सम्मान की दृष्टि से भी देखा जाता है।

घर की किसी भी खुशी या गम में इन सभी का इकट्ठा होकर परिवार के साथ होना, उस परिवार के लिए एक बड़ी बात होती है। आमतौर पर हर व्यक्ति के मन में यह रहता है कि हमारे यहाँ शादी या गम में ज्यादा-से-ज्यादा लोग आएँ। कई बार तो व्यक्ति पड़ोस या रिश्तेदारी में किसी के मरने या पैदा होने में कितने लोग शामिल हुए, उनको भी गिनने की कोशिश करता है।

रिश्तेदारों में नजदीकी के कारण व्यक्ति एक-दूसरे की प्रकृति और स्वभाव को भी जानने लगता है और उनके सुख-दुःख में इतना जुड़ने लगता है कि उसी का एक हिस्सा बन जाता है। ये बड़ी रिश्तेदारियाँ ही कई बार हमारे चिंतन का कारण होती है। एक तरह से देखें तो आम लोगों की जिंदगी में यही फैली हुई रिश्तेदारियाँ उनका संसार बन जाती हैं और इस संसार से जुड़े मोह, ईर्ष्या, क्रोध और दया जैसे भावों के बीच लोग अपनी जिंदगी बिता देते हैं।

सभी सगे-संबंधियों की प्रकृति, स्वभाव, संस्कार एवं आदतें अलग-अलग होती हैं। कोई शराबी होगा तो कोई जुआरी, कोई क्रोधी होगा, तो किसी को हार्ट की समस्या होगी, किसी को कैंसर होगा, किसी को पैरालिसिस होगा, किसी की संतान नहीं होगी, कोई जवानी में मर गया होगा, किसी का तलाक हो गया होगा आदि। इस प्रकार, इस बात को अच्छी तरह समझ लेना होगा कि हम सभी के साथ कुछ-न-कुछ चलता ही रहता है।

अध्यात्म कहता है कि सबके साक्षी हो जाओ और बिना उसका रूप या भागीदार बने, जितनी भलाई या सहायता आपसे हो सकती है, उतनी जरूर करो। समस्या तब आती है, जब हम स्वयं भी उनका रूप या हिस्सा बनने लगते हैं, जैसे रिश्तेदारों में कोई परेशानी होने पर हम उसी के बारे में सोचते रहते हैं या उसे लेकर खुद भी परेशान रहने लगते हैं। वस्तुतः एक सीमा के आगे हम कुछ कर नहीं सकते, सबकी अपनी-अपनी यात्रा है। संसार इसी तरह चलता है।

हमारी तीन तरह की फैमिली होती हैं—

1. बायोलॉजिकल फैमिली
2. इंटेलैक्चुअल फैमिली
3. स्पिरिचुअल फैमिली।

बायोलॉजिकल फैमिली में सगे-संबंधी आते हैं। इंटेलैक्चुअल फैमिली में

बौद्धिक स्तर पर साथ काम करनेवाले हमारे सहयोगी आते हैं। इनसे जब मिलते हैं तो बौद्धिक स्तर पर चर्चा करते हैं।

तीसरी होती है स्पिरिचुअल फैमिली यानी 'आध्यात्मिक परिवार' वह परिवार, जो आध्यात्मिक स्तर पर एक-दूसरे से जुड़े होते हैं, जहाँ गुरु पिता तुल्य होते हैं तथा उनका प्रत्येक शिष्य उनके पुत्र के समान होता है। प्रत्येक शिष्य आपस में गुरु भाई सदृश्य होता है। आध्यात्मिक परिवार बहुत विस्तृत होता है। ये परिवार एक अटूट आध्यात्मिक बंधन में बँधा रहता है।

यह आध्यात्मिक परिवार एक-दूसरे से वैचारिक, आध्यात्मिक, व्यावहारिक रिश्ते में बँधे रहते हैं। एक आध्यात्मिक रिश्ता भक्त और भगवान् का होता है। आत्मा व परमात्मा का होता है। धर्म व आस्था का होता है। इस आध्यात्मिक परिवार का आधार होता है—

सर्वे भवंतु सुखिन, सर्वे संतु निरामया:।
सर्वे भद्राणि पश्यंतु मा कश्चित दुखभाग्भवेत्॥"

वर्षों के बाद स्वामीजी अपने पैतृक गाँव साबितगढ़ जा रहे थे। कई क्षण अनजाने ही उनकी आँखों में आ-जा रहे थे। हरिद्वार से गाँव के रास्ते में जाते हुए वह उस स्थान को देखते हैं, जहाँ से उन्होंने अपनी यात्रा आरंभ की थी। हर रास्ता, जो पहले से काफी बदल गया था, जब वह एक छोटी सी पोटली लिये हरिद्वार पहुँचे थे।

आज गाड़ियों का काफिला स्वामी अवधेशानंद गिरिजी महाराज के साथ था। गाँव के कई लोग उनके साथ थे। प्रशासनिक अमला, गणमान्य व्यक्ति भी साथ के मार्ग को संचालित कर रहे थे।

गाँव की सीमा के समीप पहुँचने पर स्वामीजी के स्मृति पटल पर कई चित्र आ-जा रहे थे। कुछ धीर-गंभीर से वह स्वयं का ही आकलन करने लगे। हृदय उत्साहित व आह्लादित भी था।

हर रास्ता, हर पगडंडी उन्हें स्मृति के खट्टे-मीठे अनुभव करा रही थी। वह खोए-खाए से इन यादों का आनंद ले रहे थे, तभी गाड़ी के रुकने और जनसमूह के जयकारों ने उन्हें वर्तमान में ला दिया। उन्होंने देखा कि वह गाँव के उस विद्यालय में आ गए थे, जहाँ कभी उन्होंने शिक्षा आरंभ की थी। उन्होंने गाड़ी

से आते-जाते पुराने रास्ते देखे और उन्हें पहचानने की कोशिश करते। नवजीवन के साथ-साथ नए रास्ते भी बन गए थे, हर परिवेश नया हो गया था, पगडंडियाँ नए रास्तों में बदल गई थीं। कच्चे घर पक्के हो गए थे। खेत-खलिहान में नई औद्योगिक यूनिट बन गई थीं। सड़क के किनारे खड़ी फसलें व हरियाली कंक्रीट में बदल गई थी। गाँव का भी कायाकल्प हो गया था। साबितगढ़ नई तहसील बन गई थी। नया थाना बन गया था।

प्राइमरी स्कूल बड़े अंग्रेजी स्कूल में परिवर्तित हो गए थे। गाँव का माध्यमिक स्कूल इंटर कॉलेज में तब्दील हो गया था। गाँव का स्वरूप ही बदल गया था, बस, नहीं बदला था तो वह था गाँव का मंदिर। हाँ, उसका भी जीर्णोद्धार हो गया था। मंदिर में बजनेवाली घंटियों के स्वर यथावत् थे।

तभी उनके जेहन में वह बालक घूम गया, जो एक छोटी सी गठरी लिये बस स्टेशन की तरफ जा रहा था।

तभी उनकी नजर गाँववालों पर पड़ी। बहुत से नए चेहरे थे। बाल साथी अब प्रौढ़ हो चले थे। उस समय के गाँव के दादा व चाचा अब अति वृद्ध हो गए थे। बच्चे युवा हो गए थे। वह धीरे से मुसकरा उठे। उनके चेहरे की मधुरता व एक बालक सी निश्छलता बाल सुलभ सी जान पड़ी। शायद गाँव की मिट्टी की सौंधी-सौंधी महक ने उन्हें सराबोर कर दिया।

स्वामीजी की कार जैसे ही गाँव में प्रवेश करती है, पूरा गाँव स्वामीजी के स्वागत में तैयार खड़ा था। हर कोई स्वामीजी की एक झलक देखना चाहता था, स्वामीजी भी गाँव में पहुँचकर भाव-विभोर हो उठे। कुछ चेहरे जाने-पहचानने लगे तो कुछ अपरिचित, जो शायद बाद में जनमे होंगे, लेकिन कौतूहल सभी में व्याप्त था। न जाने कितने लोग उनके चरण स्पर्श कर रहे थे, न जाने कितने बुजुर्ग आशीषों से स्वामीजी को आनंदित कर रहे थे। हर बच्चा, बूढ़ा, पुरुष, महिला स्वामीजी के स्वागत में खड़े थे।

बड़ा ही मनोरम व हृदय को छूनेवाला दृश्य था। महासंन्यासी स्वामीजी भी अपने हृदय की भावनाओं को संयत नहीं कर पा रहे थे। आखिर इसी गाँव की मिट्टी की उत्पत्ति थे। वह कई लोगों को पहचानकर नाम के साथ आदर-सूचित संबोधन के साथ पुकार रहे थे। स्वामीजी जैसे कुछ रम से गए। स्वामीजी का यह

मनमोहन रूप सभी को आनंदित कर रहा था। स्वामीजी का एक नया व्यक्तित्व उनके भक्तों के समक्ष था। उच्च अधिकारीगण, विधायक, नेता आदि गणमान्यों के साथ स्वामीजी के गृह स्थान पर उनका यह स्वागत। गाँव का हर व्यक्ति उनके स्वागत में आतुर था। यह दृश्य राम के अयोध्या वापस आने के सदृश्य था।

स्कूल के प्रागंण में ही एक मंच सजा था, जहाँ पर स्वामीजी को मंचासीन किया गया। गाँव का हर व्यक्ति उनसे बात करना चाहता था।

गाँव के बुजुर्ग आकर स्वामीजी के आगे नत-मस्तष्क होते पर स्वामीजी झपटकर दोनों हाथों से उन्हें उठा लेते और स्थानीय भाषा में 'यौ क्या करत हो चाचा, हम तौहार लिये तौहार वही बचवा हन' तो वही नत-मस्तष्क बुजुर्ग आशीर्वचन देता हुआ मंच से उतर जाना। कितने युवाओं ने स्वामीजी के चरणस्पर्श कर उनसे आशीर्वाद लिया। स्वामीजी की आँखें भीड़ में मानो कुछ खोज रही थीं कि अपने बचपन के साथियों को कुछ सकुचाए से दूर खड़े देखकर वह मंच से जोर से बोल उठे, "अरे, वहाँ क्या कर रहे हो," कहकर स्वयं ही मंच से उतरकर उनके समीप पहुँच गए। वह बड़ी आत्मीयता से उन्हें मिले और सभी से उनका परिचय कराया। फिर पैदल ही अपने गृह की तरफ चल पड़े, अपने सभी बंधु-बांधवों के साथ, सभी से राह में कुशल-क्षेम भी पूछते? राह में रुककर किसी परिचित के दोनों हाथ थामकर घर-द्वार, परिवार के बारे में पूछते। वह तो जैसे निहाल हो जाता कि स्वामीजी को वह अब भी याद है!

तभी स्वामीजी अपने पैतृक घर के द्वार पर पहुँच गए। माँ व्याकुल सी प्रतीक्षारत द्वार पर ही खड़ी थी। इतने वर्षों के बाद बेटे पर प्रथम दृष्टि पड़ते ही वह ठिठककर खड़ी रह गई, जैसे मानो जड़ सी हो गई हो!

स्वामीजी ने मानो माँ की मनोदशा को पढ़ लिया हो, वह पीछे मुड़कर बोले, "मैं अब कुछ पल अपने घर में विश्राम करूँगा, घर के सदस्यों से भेंट करूँगा, कृपया आप लोग भी जलपान करें।" यहाँ तक कि हमेशा अपने साथ रहनेवाले सेवा भक्तों को भी वहाँ से जाने की अनुमति दे दी।

लगभग दो दशक बाद पुनः माँ की तरफ बढ़ गए। माँ एकटक अपने बेटे को, बिना कुछ कहे, देखी ही जा रही थी। आँसुओं से पूरा चेहरा भीग गया था। स्वामीजी माँ को सँभालते हुए घर के अंदर ले गए। पास पड़ी कुरसी पर माँ को

बिठाया और स्वयं भी माँ के समीप पड़ी कुरसी पर बैठ गए। तभी उनकी नजर अन्य लोगों पर पड़ी, बहन, बहनोई, भाई, भाभी, धीरे-धीरे सभी स्वयं ही संयत हुए।

भाभी बोली, "भइया नहीं-नहीं, स्वामीजी।"

स्वामीजी हँसकर बोले, "पुराना संबोधन ही ठीक है।" फिर बहनों से उनकी कुशलता पूछी। सभी बच्चों से उनके नाम व शिक्षा के विषय में पूछने लगे, मानो वह बच्चो में खो ही गए हों।

पिताजी को सामने देखकर उन्होंने नत-मस्तक होकर आदरपूर्वक उन्हें बिठाया। पिता ने पुत्र को देखकर गद्गद स्वर में कहा, "आज एक पिता का सिर ऊँचा हो गया। बेटा, मैं जानता हूँ कि संन्यासी जीवन में सभी कुछ त्यागना पड़ता है। आज मैं धन्य हो गया कि मेरे बेटे ने धर्म का, सेवा का, जग के कल्याण कार्य हेतु जो कार्य किया, वह विलक्षण व्यक्ति ही करते हैं। जब गृहत्याग कर गए थे तो घर में सभी दुःखी व परेशान थे, परंतु आज सभी अपने को धन्य मान रहे हैं।"

तभी माँ की आवाज ने सबको चौंका दिया, "अरे जाओ (अशोक के लिए) खाना लगाओ," फिर स्वयं ही 'स्वामी अवधेशानंद' बुदबुदा उठी।

स्वामीजी ने माँ के दोनों हाथों को अपने मस्तक पर लगाकर कहा, "माँ, तेरे लिए तो मैं हमेशा तेरा बच्चा ही रहूँगा, मैं जानता हूँ कि मेरे अचानक गृहत्याग से सबसे ज्यादा दुःखी हुई हो।"

माँ बोली, "दुःखी नहीं, मैं बहुत खुश हूँ कि मेरे बेटे ने जो कहा, वह पूरा किया, बच्चों की खुशी व पहचान माँ की सबसे बड़ी खुशी है। और आज मैंने सब तुम्हारी पसंद की चीजें बनाई हैं।"

स्वामीजी बोले, "और माँ खीर?"

माँ यह सुनते ही निहाल हो गई और बोली, "अरे वह तो स्वयं मैंने अपने हाथों से बनाई है।" जल्दी से जाकर खीर उनके सामने रख दी।

स्वामीजी खीर की कटोरी हाथ में लेकर बोले, "आप सभी लोग भी खाइए।"

तभी एक स्वर स्वामीजी के कानों में पड़ा, "माँ ने जब से आपने गृह त्यागा है, तब से मिष्ठान्न को हाथ भी नहीं लगाया है। जब भी खाने को कहो तो वह

कहती है कि मिष्ठान्न तो वह अपने बेटे (स्वामीजी) के हाथ से ही खाएँगी।'

स्वामीजी अपलक अपनी माँ को देखने लगे, माँ के कहे शब्द—'तुम्हारे तप के साथ ही मेरी तपस्या भी आरंभ होगी।'

स्वामीजी ने खीर चम्मच में भरकर माँ की तरफ हाथ बढ़ाकर कहा, 'माँ मिष्ठान्न खाकर तपस्या पूर्ण करो।'

माँ की आँखों से आँसू गिरने लगे, उन्होंने खीर का पहला निवाला मुख में लिया, उसको खाया। भावातिरेक में उनका गला रुँध गया और गला खीर की मिठास से भर गया। एक हलकी सी खाँसी उनके मुँह से निकली। स्वामीजी ने तुरंत पानी का गिलास माँ की तरफ बढ़ा दिया।

माँ ने गिलास भर पानी एक श्वास में ही खाली कर दिया। अब वह कुछ संयत हुईं। आज वह पूर्ण संतुष्ट थीं, उन्हें आज सबकुछ मिल गया था। इतने वर्षों बाद उनका पुत्र अपने लक्ष्य को प्राप्त कर पुनः घर आया था। वर्षों बाद बेटे को अपने हाथ से भोजन कराके वह बहुत प्रसन्न थी। वह यह जानकर भी बहुत खुश थी कि उनके बेटे ने जिस उद्देश्य को पूर्ण करने के लिए गृह-त्याग किया था, वह पूर्ण हो चुका था। अब वह मात्र उनके ही नहीं, संपूर्ण जगत् के हो गए थे। सच में वह धन्य है! तभी उन्हें पता चला कि स्वामीजी प्रस्थान करनेवाले हैं, वह तुरंत उनके पास आई।

स्वामीजी बोले, "प्रथम बार मैं आपकी बिना अनुमति के घर से चला गया था, अब जाने की आज्ञा चाहता हूँ। माँ, मुझे जाने की आज्ञा दीजिए।"

माँ बोली, "जाओ (बेटा) स्वामीजी, आज तुम्हें तप को पूर्ण करने की आज्ञा है, बचपन से ही तप करना चाहते थे, जाओ बेटा, अपने तप को पूर्ण करो।"

स्वामीजी मुसकराकर, शीश नवाकर घर से बाहर निकल गए। मन-ही-मन कह उठे, 'श्रद्धेय हो माता।'

माँ द्वार पर खड़ी उन्हें देखती रही, तभी गाँव के लोगों के बीच में स्वामीजी घिर गए।

माता-पिता बंधु-बाँधवों से मिलकर स्वामीजी अपनी गाड़ी की तरफ बढ़ चले।

गाँववालों से विदा लेकर स्वामीजी कार में बैठ गए, जैसे-जैसे गाँव पीछे

छूट रहा था, वैसे-वैसे कहीं मन का बोझ भी छट रहा था। शायद गृहत्याग के बाद मन में एक अनकहा बोझ था। यही तो स्वामी की विशेषता है कि वह सही मायने में एक संत संन्यासी हैं। जो सबकी व्यथा दूर कर देते हैं, पर बिना बताए 'गृह त्याग' का अनकहा बोझ उन्हें कहीं-न-कहीं सालता था कि माता-पिता की अनुमति के बिना भगवान् रामचंद्र ने भी वनवास के लिए प्रस्थान नहीं किया था, परंतु आज दो दशक के पश्चात् माता-पिता की सहर्ष अनुमति से वह इस मातृऋण और पितृऋण से भी मुक्त हो गए। बड़े-से-बड़े साधु-संन्यासियों ने भी संन्यास ग्रहण किया है, पर माता-पिता का स्थान धर्मशास्त्रों में भगवान् व गुरु के तुल्य ही माना जाता है। स्वामीजी ने प्रसन्नमुख होकर अपने सिर को कार की बैक सीट पर टिका दिया तथा अपने को संयत करने लगे। 'माता का आशीर्वाद!' गुरु गोरख की कृपा से जब गोपीचंद्र संन्यासी होकर अपनी माता से प्रथम बार भिक्षा माँगने गए तो उनकी माता ने कहा, "बेटे, तेरे संन्यासी बन जाने के बाद मैं तुझको क्या भिक्षा दे सकती हूँ? हाँ, तीन बातें बता सकती हूँ। संभव हो तो इनका पालन अवश्य करना। एक, मजबूत किले में रहना। दूसरा, स्वादिष्ट भोजन ही करना और तीसरा, नरम बिस्तर पर सोना।"

गोपीचंद्र ने कहा, "माँ, मुझ संन्यासी के लिए यह कहाँ संभव होगा?" तब माँ ने समझाया, 'मजबूत किले' का अर्थ है कि शास्त्रों में महापुरुषों ने जो व्रत बनाए हैं, उनका दृढ़ता से पालन करना, 'स्वादिष्ट भोजन' का अर्थ है कि जब भूख लगे, तभी कुछ खाना और 'नरम बिस्तर' का अर्थ है कि जब बहुत ज्यादा नींद सताए, तभी सोना। माता द्वारा दिया गया यह उपदेश असल में उनका आशीर्वाद ही था।

विदेश जाते समय महात्मा गांधी ने भी अपनी माता के सामने तीन प्रतिज्ञाएँ ली थीं। एक, मैं मांस का स्पर्श नहीं करूँगा। दूसरा, कभी मदिरापान नहीं करूँगा और तीसरा, पूर्ण रूप से ब्रह्मचर्य का पालन करूँगा। गांधीजी ने आजीवन इन व्रतों का पालन किया। इस प्रकार वह अपनी माँ पुतलीबाई के आशीर्वाद से बीसवीं सदी के युगपुरुष सिद्ध हुए।

बचपन में भीमराव आंबेडकर बड़े ही शरारती और बातूनी थे। पड़ोस के बच्चों को बहुत परेशान करते थे। उनकी इस आदत से माँ भी बहुत परेशान रहती

थी। एक दिन उन्होंने भीम राव को समझाया, "तुझे तो गौतम व कबीर बनना है, वे लोग किसी को भी परेशान नहीं करते थे।" नन्हे भीमराव ने उत्साह में आकर कहा, "माँ, मैं उनके जैसा ही बनूँगा और अब से कोई शरारत नहीं करूँगा।"

अगले दिन फिर वही शिकायत आई, लेकिन माँ ने धैर्य नहीं खोया। रात को उनके लिए खीर बनाई और उसके सिर पर हाथ फेरते हुए समझाया, "बेटा, तू पढ़ने में बहुत होशियार है, तुझे मन लगाकर पढ़ना चाहिए।" उसके बाद जब उन्होंने भीमराव के आगे खीर परोसी तो वह अचानक पूछ बैठे, "तो क्या माँ तुम मुझे गौतम बुद्ध बनाना चाहती हो?" माँ ने कहा, "नहीं बेटे, अच्छी पढ़ाई करके तुझे दूसरों को भी राह दिखानी चाहिए। तुम्हें ऐसा समाज बनाना चाहिए, जिसमें सभी को विकास के समान अवसर प्राप्त हों, ऊँच-नीच का भेदभाव न हो।"

यह माता का आशीर्वाद था। आगे चलकर बाबा साहब ने स्वतंत्र भारत का संविधान लिखा, जो एक नए समाज की व्यवस्था है।

गंधारी ने दुर्योधन को आदेश दिया था कि गंगा स्नान करके मेरे सामने नग्न अवस्था में आओ, इससे तुम्हारा शरीर वज्र का हो जाएगा। माता का यह वचन आदेश के साथ-साथ उनका अमोध आशीर्वाद और रक्षा कवच भी था; किंतु दुर्योधन को लाज आई और वे माता के सामने वैसे नहीं जा सकें, इसलिए उन्हें युद्ध में भीम से पराजित होना पड़ा; क्योंकि भीम ने शरीर के उस हिस्से पर प्रहार किया, जो वज्र नहीं हो सका था।

माता के वचन बच्चे के लिए रक्षा कवच का काम करते हैं। माता का आशीर्वाद अमोघ होता है, इसलिए हमारे उपनिषदों में माता को देवता कहा गया है। सुब्रह्मण्यम भारती कहते थे, 'परमात्मा के साथ पिता का संबंध आदर्श है और माता का यथार्थ', वह माता व्यष्टि रूप से जन्म देनेवाली हो सकती है या समष्टि रूप से भवानी, देवी या भारत माता हो सकती है।

विदेश जाने से पूर्व विवेकानंद ने अपनी माँ से आज्ञा माँगी, तब माँ ने अचानक कहा, "जरा वह चाकू उठाकर मुझे दे," विवेकानंद ने चाकू को नोक की तरफ से पकड़कर दूसरी ओर से पकड़ा और हत्थेवाला हिस्सा माँ की ओर बढ़ाया, तब माता ने आशीर्वाद दिया, 'जा बेटा, सच में तू दूसरों का हित सोचता है।'

तभी हरिहर आश्रम आ गया। स्वामीजी की तंद्रा भंग हुई, वह किन विचारों में खो गए थे! एक स्मित मुसकान उनके चेहरे पर गई, 'माँ के आशीर्वाद से ही आज वह अपने को पा सके हैं, ईश्वर के समक्ष हैं। परमात्मा में आस्थावान् है। अपने लक्ष्य को पा सके हैं। वह माँ ही है, चाहे बच्चा पास रहे या दूर बच्चे के लिए माता की तपस्या हमेशा जारी रहती है, उसी तपस्या के फलस्वरूप माता का, आशीर्वाद हमेशा बच्चे को प्राप्त होता है।' तभी उनके सहयोगी का स्वर कान में पड़ा, "स्वामीजी आप थोड़ा विश्राम कर लीजिए।"

स्वामजी अपने शयनकक्ष की तरफ बढ़ चले।

□

व्यक्तित्व

आचार्य महामंडलेश्वर अवधेशानंद गिरिजी महाराज एक चुंबकीय व्यक्तित्व के स्वामी हैं। ऊँचा कद, गौर वर्णीय, उन्नत भाल, आभायुक्त मुखमंडल देवत्वयुक्त महान् व्यक्तित्व, प्रभावशाली, देव सदृश्य मुखमंडल, उस पर गेरुआ वस्त्र, जैसे उनके गौर वर्ण में घुलकर स्वयं गेरुआमय हो गए हों! वह मात्र संन्यासी ही नहीं, जैसे संन्यास उनके लिये हो। उस पर चेहरे पर छाई रहनेवाली पवित्र मुसकान लोगों को स्वयं ही नत-मस्तक कर देती है। मन में श्रद्धा सी उमड़ पड़ती है।

बच्चों में बच्चों की निश्च्छल मुसकान, महिलाओं में कभी वह भाई बनकर माताओं के बेटा बनकर, युवतियों के पितृ सदृश्य बन वह सभी के सम्मान का केंद्र बन जाते।

वह हमेशा कहते कि "मैंने एक घर छोड़ा, लाखों घर मेरे हो गए, मैं लाखों परिवार का हिस्सा बन गया, शायद एक गृहस्थ इतने घर नहीं देख सकता।"

सास-बहू के रिश्ते पर वह कहते हैं, "सास-बहू में एक अंतर होता है, 20 व 22 साल का। बस, जरूरत है इस अंतर को कम करने की।"

एक युवती स्वामीजी से पूछती है, "स्वामीजी, मेरी शादी होनेवाली है, ससुराल में कैसे सामजस्य रखूँ?"

स्वामीजी बोले, "बिटिया, जिसके घर जा रही हो, वह घर बसा हुआ है, तुम्हें जाकर वहाँ बसना है।"

इतना गूढ़ ज्ञान कम शब्दों में समझाना स्वामीजी के व्यक्तित्व का एक अनोखा पहलु है। उनकी छोटी-छोटी उक्तियाँ जीवन-दर्शन कराती है।

एक दिन एक वृद्ध दंपती, जो स्वामीजी के परमभक्त थे, ने स्वामीजी से कहा, "स्वामीजी मैं एकांत में आपसे मन की बात करनी है, बहुत मन की, ये ध्यान रहे कि बच्चों को पता न चले।"

वह कहने लगे, "मैंने अपना साधन, अपनी योग्यता, अपना वैभव, अपना सबकुछ इनको सौंप दिया। अपना पूरा जीवन बच्चों को दे दिया। अपना यौवन, सब इनको दे दिया, पर बच्चे हमारी सुध नहीं ले रहे हैं, हमारी क्या आवश्यकता है। वृद्धावस्था में अब इन्होंने आँखें फेर ली हैं। बताइए स्वामीजी हम क्या करें।"

स्वामीजी बोले, "आपके बच्चे वही कर रहे हैं, जो उन्होंने आपसे सीखा है। आपने बच्चों के लिए नाते-रिश्तेदार को भुला दिया। वह भी वही लौटा रहे हैं, जो आपने किया। वह भी बच्चों का लालन-पालन में अपनी सुध-बुध, नाते-रिश्ते सब भुला देते हैं।"

कभी वह युवाओं के पथ प्रदर्शक होते हैं। उनके शिष्यों में काफी युवा युवक व युवतियाँ भी हैं, जो स्वामीजी को अपना गुरु व पथ-प्रदर्शक मानते हैं। वह लोग शिक्षित हैं, कोई पत्रकार है तो कोई डॉक्टर, कोई इंजीनियर, पुलिस में अथवा कोई किसी प्रतिष्ठित कंपनी में उच्च पद पर आसीन है। हर कोई स्वामीजी से अपनी समस्या बताते हैं व एक सच्चे हितैषी मानकर सलाह भी लेते हैं। इसी तरह का एक वाकया स्वामीजी ने अपने लेख में वर्णित किया है—

"एक बार एक छब्बीस साल का युवक मुझसे सलाह लेने आया, क्योंकि वह अपनी नौकरी से असंतुष्ट था, उसमें महत्त्वाकांक्षा थी। वह जीवन में बड़ा आदमी बनना चाहता था।"

"तो आप कहाँ पहुँचना चाहते हैं?" मैंने उनसे पूछा।

"मैं इस बारे में ठीक-ठाक कुछ नहीं जानता," उसने झिझकते हुए कहा, "मैंने इस बारे में कभी सोचा ही नहीं। मैं केवल इतना जानता हूँ कि मैं जहाँ हूँ, मैं उससे बेहतर जगह जाना चाहता हूँ।"

"आपकी विशेष योग्यता क्या है? यानी आप कौन सा काम अच्छी तरह से कर सकते हैं? अगर आपको कोई विकलप दिया जाए तो आप जीवन में क्या करना चाहेंगे?" मैंने जोर देकर कहा।

"मैं इस बारे में कुछ नहीं कह सकता," उसने अनमने ढंग से जवाब दिया,

"मैं सचमुच नहीं जानता कि मैं क्या करना चाहता हूँ! मैंने इस बारे में कभी नहीं सोचा। मुझे लगता है कि मुझे इस बारे में भी सोचना पड़ेगा।"

मैंने कहा, "देखिए, जहाँ आप हैं, वहाँ से आप कहीं और जाना चाहते हैं, परंतु आप यह नहीं जानते कि आप कहाँ जाना चाहते हैं? मेरे खयाल से पहले आपको अपना लक्ष्य निर्धारित करना होगा और कहीं और जाने से पहले अपने विचारों को, क्रमबद्ध करना होगा।"

ये स्वामीजी के व्यक्तित्व का ही प्रभाव है कि उस युवक जैसे कई युवक स्वामीजी से मार्गदर्शन लेते हैं।

स्वामीजी सबसे इतने प्रेम से मिलते हैं, जैसे वह उनके ही परिवार के हैं। गाँव के लोगों से उन्हीं की ग्रामीण भाषा में बात कर वे उनके अपने बन जाते हैं, जिससे उनकी सारी झिझक चली जाती है। वह स्वामीजी से ऐसे घुल-मिल जाते हैं, जैसे बरसों से वे स्वामीजी के भक्त हों।

स्वामीजी अनेक भाषाओं के ज्ञानी हैं। देशी भाषाओं में गढ़वाली, गुजराती, राजस्थानी, मराठी आदि तथा विदेशी भाषाओं में अंग्रेजी भाषा के पूर्ण जानकार हैं तथा फ्रेंच व रूसी भाषा का भी प्रयोग व कभी-कभार करते हैं। देशी-विदेशी भाषा सीखने की उनकी अभिरुचि हमेशा बनी रहती है। कुछ सीखने व सीखाने के लिए वह हमेशा तत्पर रहते हैं।

उनके बोलने की शैली, वार्त्तालाप करने का आकर्षक ढंग से लोगों को मंत्रमुग्ध कर देता है। वह लाखों लोगों को अपने प्रवचनों तथा प्रवचन करने की आत्मिक शैली से मंत्रमुग्ध कर देते हैं।

गुरु पूर्णिमा के अवसर पर देश तथा विदेश से सैकड़ों दीक्षा प्राप्त भक्तजन 'गुरु पर्व' पर अपने गुरु के दर्शन करने हरिहर आश्रम आते हैं। उस समय आश्रम का वातावरण एक बृहद् परिवार सा जान पड़ता है। जहाँ बच्चे, बूढ़े, युवा, प्रौढ़ सभी रहते हैं। स्वामीजी का वह स्वागत कक्ष एक पूरा जग जान पड़ता है।

जहाँ हर भक्त स्वामीजी के लिए, अपने गुरु के लिए गुरु पूर्णिमा के दिन कुछ-न-कुछ भेंट लाते हैं। स्वामीजी बड़े स्नेह से उन्हें स्वीकारते हैं। यहाँ तक कि बच्चे अपने हाथों से कार्ड बनाकर स्वामीजी को भेंट करते हैं, तो कोई बच्चा स्कूल से सीखकर छोटी सी दूरबीन बनाकर लाता है, स्वामीजी भी बड़े चाव से

उसके निर्माण की विधि बच्चे से पूछते हैं। बच्चा भी बड़े उत्साह से विधि बताता है, तो कोई बच्चा Poem सुनता है।

तभी एक बच्ची से स्वामीजी गीत गाने को कहते हैं। वह मधुर स्वर में एक भजन गाती है। तभी सभी लोग उससे दूसरा भजन गाने को कहते हैं, लेकिन बच्ची को दूसरा भजन नहीं आता। वह उदास हो जाती है, तभी स्वामीजी उससे कहते हैं कि तुम्हें जो भी आता है, वह सुना दो, तो वह उत्साहित होकर स्वामीजी से फिल्मी गीत गाने को कहती है। स्वामीजी मुसकराकर उसे गीत गाने की अनुमति देते हैं।

तभी एक ग्रामीण परिवेश में पीछे बैठे व्यक्ति पर स्वामीजी की नजर पड़ती है, वह खुश होकर उसे नाम से बुलाते हैं। वह आकर स्वामीजी के चरण स्पर्श करता है तथा सकुचाते हुए एक झोला स्वामीजी की तरफ बढ़ाता है।

स्वामीजी बोले, "क्या है इसमें?"

ग्रामीण बोला, "इसमें घर के बने पेड़े हैं।"

स्वामीजी बोले, "अरे लाओ भाई," उससे झोला ले लेते हैं, झोले से एक डिब्बा निकालकर अपने एक शिष्य के हवाले कर देते हैं।

कोई स्वामीजी के लिए आसनी बनाकर लाता है, तो कोई शिष्य गेरुए रंग का स्वेटर! तभी एक शिष्य, जो एक अच्छा पेंटर है, बड़ी सी पेंटिंग स्वामीजी को भेंट करता है। वह उसका बनाया हुआ स्वामीजी का 'तैल चित्र था', जिसमें उस चित्रकार की कला की उच्चता परिलक्षित हो रही थी।

स्वामी अवधेशानंद गिरिजी महाराज एक अनूठे व्यक्तित्व के स्वामी हैं। लौकिक तथा अलौकिक जगत् दोनों के स्वामी हैं। एक श्रेष्ठ व पूज्य संन्यासी, आचार्य व आध्यात्मिक गुरु हैं।

स्वामीजी का जीव-जंतुओं से प्रेम भी उनके व्यक्तित्व का एक प्रेरक हिस्सा है। हरिहर आश्रम में प्रातः वह सर्वप्रथम वानरों को केला खिलाते हैं। वह स्वामीजी से इतने परिचित हो गए हैं कि उनके हाथ से केला ले जाते हैं। वह उनको इतने प्यार से कभी फल तो कभी रोटी खिलाते हैं तथा उनको प्यार से पुकारते हैं। जहाँ अन्य लोग बंदरों से डरते हैं, क्योंकि वह पालतू नहीं हैं पर आश्रम में उन्होंने अपना स्थायी निवास बना रखा है। वह वहीं आश्रम की दीवारों

पर या आसपास के पेड़ों पर निवास करते हैं और प्रातः स्वामीजी के हाथ से भोज्य पदार्थ लेने के लिए झुंड में आ जाते हैं, यहाँ तक कि दिल्ली आश्रम में लंगूर का जोड़ा सभी के आकर्षण का केंद्र है। स्वामीजी ने उन्हें दिल्ली आश्रम में शरण दे रखी है। स्वामीजी द्वारा उनका नामकरण भी किया गया है। वह उन्हें स्वयं अपने हाथों से रोटी खिलाते हैं, तथा वे भी स्वामीजी की कही बातों का पालन करते हैं। सिर झुकाकर प्रणाम करते हैं। दिल्ली आश्रम व अन्य आश्रमों में पक्षियों का कलरव प्रातः गूँजता रहता है, पक्षियों की मीठी बोली सुबह को संगीतमय कर देती है। आश्रम में पक्षियों को दाना-पानी की व्यवस्था रहती है। तोते व कई प्रकार के पक्षियों ने वहाँ अपना घोसला भी बना रखा है।

स्वामीजी का गौ-प्रेम हरिद्वार स्थित गौशाला में देखने को मिला। स्वामीजी जैसे ही गौशाला के द्वार पर पहुँचे, चारों तरफ से बाड़े में खुली गौ, बछड़े व बछिया स्वामीजी की आवाज पहचानकर उनकी तरफ भागकर आ गईं। स्वामीजी उनके माथे को सहलाने लगते हैं। स्वामीजी जहाँ खड़े होते, सब गाय वहीं आसपास आ जाती हैं और रंभा-रंभाकर अपनी प्रसन्नता जाहिर करती हैं। हरिद्वार स्थित गौशाला गंगा नदी के किनारे है। गंगा नदी की पवित्रता गौशाला को और भी पुनीत बनाती है। गौशाला में ही चारा भी उगाया जाता है और ऑर्गेनिक खेती से सब्जी भी उगाई जाती है। गायों के रख-रखाव की बहुत ही अच्छी व्यवस्था गौशाला में है।

स्वामीजी अपनी गौशाला से बने दूध, घी, पनीर व दही का ही उपयोग करते हैं। शुद्ध गाय के घी से निर्मित भोजन ही वह ग्रहण करते हैं।

स्वामीजी को सभी पशु-पक्षियों से बड़ा प्रेम है। वह कहते हैं, "पशु-पक्षियों के प्रति दया व सेवा भाव व्यक्ति की आंतरिक भावना को प्रकट करता है।"

स्वामीजी का संगीत-प्रेम व संगीत-ज्ञान : ऐसे ही एक सायंकाल गुरु-शिष्य वार्त्ता में स्वामीजी के विचार कक्ष में एक संगीत विशारद व गायक का आगमन हुआ, तब स्वामीजी का संगीत शास्त्र ज्ञान लोगों के उजागर हुआ। सुर, ताल व संगीत का आरोह-अवरोह व रागों का वर्णन स्वामीजी के गायक से वार्त्ता के उपरांत पता लगा।

स्वामीजी बोले, "राग यमन में कोई गीत सुनाइए।"

गायक यमन राग गाकर सबको उल्लासित कर देते हैं।

स्वामीजी उसी राग को संगीत वर्णमाला के अनुसार बताते हैं, फिर स्वामीजी व गायक दोनों रागों में खो से जाते हैं।

स्वामीजी का संगीत का इतना विशुद्ध ज्ञान लोगों को विस्मय में डाल देता है।

संगीत का ये विशुद्ध ज्ञान आपके भजन गायन की शैली में भी दृष्टिगोचर होता है।

हर विषय पर, हर शास्त्र पर, हर विधा का ज्ञान स्वामीजी की श्रेष्ठता व पांडित्य का परिचायक है।

□

आध्यात्मिक गुरु

आचार्य महामंडलेश्वर पूज्य श्री स्वामी अवधेशानंद गिरिजी महाराज सनातन धर्म के आध्यात्मिक गुरु हैं, जो आध्यात्मिक ऊँचाइयों के पर्याय बन गए हैं। स्वामीजी हिंदू धर्म की साक्षात् मूर्ति हैं। जूना अखाड़े के आचार्य महामंडलेश्वर हजारों लोगों के प्रेरणास्रोत व लाखों लोगों के गुरु हैं। परम पावन स्वामीजी ने वर्षों तक हिमालय पर तप करके भारतवर्ष के ऋषियों की उच्च परंपरा में अपना श्रेष्ठ स्थान स्थापित किया है।

वेदों-उपनिषदों व 'श्रीमद्‌भागवद्‌गीता' के ज्ञाता व विद्वान् आचार्य श्रेष्ठ स्वामी अवधेशानंद गिरिजी महाराज अपने असाधारण व्यक्तित्व के स्वामी हैं।

स्वामीजी ने लगभग दस लाख शिष्यों को दीक्षा प्रदान की है, जिनमें बड़ी संख्या बुद्धिजीवियों, शिक्षकों, डॉक्टरों व इंजीनियरों की है। स्वामीजी ने जिन शिष्यों को नागा साधुओं के रूप में दीक्षित किया, उनमें उच्च शैक्षणिक योग्यता रखनेवाले, उच्च पदासीन, अपना सबकुछ छोड़कर उनके असाधारण व्यक्तित्व व आध्यात्मिक विद्वत्ता से आकर्षित होकर उन्हें संन्यास के लिए प्रेरित किया। वह आध्यात्मिक पुर्नजागरण की पूर्णता में विश्वास रखते हैं।

स्वामी अवधेशानंदि गिरिजी महाराज एक प्रबुद्ध आचार्य व वेदांत के गुरु हैं। जिन्होंने अध्यात्म में भारत को आध्यात्मिक गुरु बनाया। उनके दिव्य मार्गदर्शन में उनके शिष्यों धार्मिक जीवन में अग्रणी जीवन के सिद्धांतों को सीखता है।

हिंदू धर्म क्या है, सनातन धर्म के सिद्धांत क्या हैं, आध्यात्म क्या है, मानवीय धर्म क्या कहता है, ईश्वर व ईश्वरीय आस्था हमें किस तरह आध्यात्म की ओर ले जाती है? 'प्रभु प्रेमी संघ' के संस्थापक के रूप में देश तथा विदेशों में 'प्रभु

प्रेमी संघ' के आध्यात्मिक केंद्र स्थापित किए हैं, जिसमें लाखों देशी-विदेशी आज उनके अनुयायी हैं।

स्वामी अवधेशानंद गिरिजी महाराज विभिन्न टी.वी. चैनलों पर, जैसे संस्कार टी.वी., आस्था, भक्ति दर्शन और कई बड़े आयोजनों, जैसे कुंभ मेला तथा इनके प्रयासों से 'इनसाइक्लोपीडिया ऑफ हिंदुज्म' या 'हिंदू धर्म का विश्वकोश' में हिंदू धर्म या इससे संबंधित अनेकों विषयों का शब्दकोश है। इसका प्रथम संस्करण 2012 में प्रकाशित हुआ, जो ग्यारह भागों में है और अंग्रेजी भाषा में है। यह विश्वकोश 7184 पृष्ठों में है, जिसमें मंदिरों, स्थानों, विचारकों, कर्मकांडों व त्योहारों का विवरण रंगीन चित्रों के साथ दिया गया है। 25 वर्षों के निरंतर प्रयास व 2000 विद्वानों के योगदान से यह विश्वकोश निर्मित हुआ है, जो 'परमार्थ निकेतन' के स्वामी चिदानंद सरस्वती की प्रेरणा से फलीभूत हुआ। इसके संपादक डॉ. कपिल कपूर है। यह विश्लेषण केवल हिंदू धर्म तक ही सीमित नहीं है, बल्कि कला, इतिहास, भाषा, साहित्य, दर्शन, नारी विषयों को भी इसमें स्थान दिया गया है।

स्वामीजी इसके नियमित वक्ता हैं और विवेकानंद इंटरनेशनल फाउंडेशन जैसे कार्यक्रमों के भी प्रमुख वक्ता हैं।

अध्यात्म क्या है? वास्तव में आध्यात्मिकता का पूरा जोर इस बात पर है कि हम अध्यात्म के द्वारा ईश्वर से जुड़ने की कोशिश करें। मेरी समझ में ईश्वर से पुनः जुड़ने का यह प्रश्न बहुत महत्त्वपूर्ण है। हम तो शाश्वत काल से ईश्वर के हिस्से हैं।

आध्यात्मिकता हमें खुद के अंदर झाँकना सिखाती है। यह हमें सिखाती है कि हम अपना ध्यान हृदय में उपस्थित ईश्वरीय प्रकाश की ओर मोड़े। धीरे-धीरे ध्यान के अभ्यास द्वारा इनकी गहराइयों में उतरकर हम उस दिव्य उपस्थिति में लय होने लगते हैं। जब हमें यह बोध भी नहीं रह जाता कि हम यहाँ हैं, तो उस अवस्था की उपलब्धि होती है, जिसे 'समाधि' कहा जाता है। आध्यात्मिक शक्ति प्राप्त व्यक्ति ईश्वरीय शक्ति संपन्न बन जाता है। शास्त्र में उल्लेख है—'अहं ब्रह्मास्मि', अर्थात् मैं ही ब्रह्म हूँ। जीवन का ब्रह्मबोध ही भक्ति है। भक्त ब्रह्मपद पर आसीन होते हैं। वे दिव्य कर्मों के विषय में सबकुछ जानने का प्रयत्न करते

रहते हैं। इसको इस प्रकार समझा जाना चाहिए कि अगर एक घड़ा नदी में डूबा हो, उसमें पानी भर गया हो तो कहना मुश्किल है कि पानी में घड़ा है या घड़े में पानी है!

आध्यात्मिक जीवन एक ऐसी नाव है, जो ईश्वरीय ज्ञान से भरी होती है। यह नाव जीवन के उत्थान एवं पतन के थपेड़े से हिलेगी-डुलेगी जरूर, लेकिन डूबेगी नहीं। यह मझधर को जरूर पार कराएगी। उसकी पतवार उस माझी के हाथ में रहती है, जो जगत् का पालनहार है। वस्तुतः मनुष्य को समझने का प्रयत्न करना चाहिए कि उसका कुछ भी नहीं है। सारी दृश्य व अदृश्य वस्तुएँ प्रभु की ही हैं। वही उसका स्वामी है। हम सिर्फ अपने कर्मफल के आधार पर उनका उपयोग कर रहे हैं। जब प्रभु चाहेंगे, हमें मुक्त कर देंगे। अध्यात्म की अनुभूति के बारे में स्वामीजी एक कथा का उदाहरण देते हैं—

देवगुरु के पुत्र कच ने युवावस्था की दहलीज पर जन्म-मरण के बंधन से मुक्त होने का निश्चय किया। इसके तहत वह अपने पिता के पास पहुँचा और बोला, "पिताजी संसार से किस प्रकार मुक्त हुआ जा सकता है?"

देवगुरु बोले, "सबकुछ त्यागकर मनुष्य संसार से पार हो जाता है।"

अपने पिता से उपदेश पाकर कच गृहत्यागकर वन में चला गया। वहाँ चिंतन, मनन एवं साधना करते-करते आठ वर्ष बीत गए, परंतु उसे लक्ष्य नहीं प्राप्त हुआ। देवगुरु बृहस्पति कच की प्रगति जानने के लिए उत्सुक थे, अतः वह उनके पास गए, पिता को प्रणाम करके कच बोला, "पिताजी, सर्वत्याग किए आठ वर्ष हो गए, परंतु मुझे शांति नहीं मिली।"

देवगुरु बोले, "बेटा, तुम हर सहारे को छोड़कर सर्वस्व त्याग करो।"

कच ने अपनी कुटी, वत्कल एवं भिक्षापात्र आदि सब त्याग दिया और खुले वन में रहने लगा। इस तरह साधना करते तीन वर्ष बीत गए।

देवगुरु फिर वन में पहुँचे। कच ने कहा, "भगवन्, मैंने कुटी, वत्कल एवं भिक्षापात्र सब छोड़ दिए, परंतु मुझे मुक्ति का अनुभव नहीं हुआ।"

देवगुरु बोले, "चित्त का त्याग ही सबकुछ है, वही सर्वस्व त्याग है।"

कच ने पूछा, "चित्त क्या है?"

देवगुरु बोले, "अहंकार ही चित्त है। देह के प्रति अहंकार को त्याग दो।"

कच बोला, "अहंकार का त्याग बड़ा कठिन है, इसे कैसे त्यागा जाए?"

देवगुरु बृहस्पति ने कहा, "इसे त्यागना सबसे सरल है, वास्तव में यह अहंकार कि मैं शरीर हूँ, अज्ञानता है, जब सत्य का ज्ञान हो जाता है तो यह नष्ट हो जाता है। सत्य यह है कि सारे संसार में एक परमात्मा का ही विस्तार है। मैं देह हूँ, यदि इस भ्रम के स्थान पर चित्त में यह धारणा की जाए कि जो परमात्मा है, वही मैं हूँ, तो फिर अहंकार नहीं रह जाता।" पिता का उपदेश सुनकर कच को मुक्ति का अनुभव हो गया। अगर हम बुद्धि को शुद्ध करके उसके अनुरूप सत्य का विचार करें तो अध्यात्म की अनुभूति अत्यंत सरल और सहज हो जाती है।

आध्यात्मिक गुरु के रूप में आचार्य श्रेष्ठ अपने प्रवचनों, वक्तव्यों, लेखों द्वारा अध्यात्म के नए विचारों के दर्शन कराते हैं उनका अध्यात्म प्राचीनता में नवीनता का दर्शन कराकर लोगों को अध्यात्म से जोड़ता है और वह युवा पीढ़ी के आध्यात्मिक गुरु बन जाते हैं।

स्वामीजी का दार्शनिक रूप उनके प्रवचनों का माध्यम बनता है। हर विषय, हर विचार, हर धर्म पर उनका कथन उन्हें श्रेष्ठ से श्रेष्ठतम बनाता है। आपकी लिखी ये पंक्तियाँ आपको एक उच्च दार्शनिक व आध्यात्मिक गुरु के रूप में दरशाती हैं—

कठिन दिनों में साथ निभाना,
सबके बस की बात नहीं है।
सबके साथ रह मिल जाना,
सबके बस की बात नहीं है।
तूफानों के मेले में घर-घर दीप जलाना,
सबके बस की बात नहीं है।
कथा बेचकर नाम कमाना,
सबके बस की बात नहीं है।

□

जूनापीठाधीश्वर

किसी भी अखाड़े में आचार्य महामंडलेश्वर की उपाधि व पद सबसे ऊँचा होता है। जूना अखाड़े के आचार्य महामंडलेश्वर स्वामी अवधेशानंद गिरिजी महाराज जूना अखाड़े के जूनापीठाधीश्वर है। सन् 1998 में आचार्य महामंडलेश्वर के पट्टाभिषेक के साथ उन्हें सम्मानित किया गया। एक आध्यात्मिक संत द्वारा प्राप्त यह आध्यात्मिक ऊँचाई का चरमोत्कर्ष होता है। यह पद गहन मूल्यांकन के पश्चात् संतों द्वारा प्रदान किया जाता है।

जूनापीठाधीश्वर के रूप में स्वामी अवधेशानंद गिरिजी महाराज ने अपनी श्रेष्ठ नेतृत्व क्षमता के चलते जूना अखाड़े को अपने चरम शिखर पर पहुँचाया है।

स्वामीजी सभी धर्मों में सम्मान व विश्वास रखते हैं, वह किसी वर्ग विशेष को ही नहीं, सभी वर्गों को विशेष स्थान देते हैं।

स्वामी अवधेशानंद गिरिजी महाराज ने जाति, लिंग, वर्ण भेद को जूना अखाड़े में स्थान नहीं दिया। जूना अखाड़े में महिला अखाड़े को बहुत पहले ही शामिल कर लिया गया था, परंतु महामंडलेश्वर का प्रथम स्थान किसी महिला को जूना अखाड़े में स्वामी आचार्य महामंडलेश्वर अवधेशानंद गिरिजी महाराज द्वारा ही प्रदान किया गया तथा पहली बार प्रयागराज 2013 के सिंहस्थ कुंभ में जूना अखाड़े में महिलाओं के 'माई बाड़ा' को जूना अखाड़ा में शामिल किया गया। जूना अखाड़ा ने 'माई बाड़ा' को 'दशनाम संन्यासिनी अखाड़ा' का स्वरूप प्रदान किया। कुंभ क्षेत्र में 'माई बाड़ा' का पूरा चोला

बदल गया तथा जूना अखाड़े ने सहमति देकर मुहर लगा दी। महंत दिव्या गिरि को संन्यासिनी अखाड़े का अध्यक्ष बनाया गया। इस अखाड़े की महिला संन्यासियों को 'माई अवधूतानी' कहा जाता है।

स्वामीजी के पूज्य व श्रेष्ठ नेतृत्व में उनकी प्रगतिशील विचारधारा के कारण वर्तमान समय में 10 हजार से ज्यादा महिला साधु-संन्यासी हैं। इसमें विदेशी महिला संन्यासियों की संख्या भी बहुतायत में है। खासकर यूरोप की महिलाओं ने यह जानते हुए भी कि नागा साधु बनने की प्रक्रिया बहुत कठिन तप से पूर्ण है, ये महिलाएँ उच्च शिक्षित हैं, जैसे दिव्या गिरि, जो वर्तमान में महामंडलेश्वर हैं, फ्रांस की संगम गिरि। जूनापीठाधीश्वर स्वामी अवधेशानंद गिरिजी महाराज की कृपा से महिला संन्यासियों के 'माई बाड़े' को जूना अखाड़े में समान अधिकार व पद प्रदान किए गए। आज महिला साधु जूना अखाड़े में महंत, श्री महंत व मंडलेश्वर, महामंडलेश्वर के पद पर आसीन हैं तथा जूना अखाड़े में तकनीक व मीडिया संचालन व प्रचार के नवीन माध्यम उच्च तकनीकी शिक्षा प्राप्त माई बाड़े की महिला संन्यासियों द्वारा ही अधिकांशत: किए जाते हैं।

जूना पीठाधीश्वर स्वामी अवधेशानंद गिरिजी महाराज की सबसे बड़ी वैचारिक समानता का अनूठा उदाहरण समाज में हास्य व उपेक्षा का पात्र बना हमारा किन्नर समाज है, जिसके उत्थान के लिए पहले किसी अन्य ने इस तरह की पहल नहीं की थी। न सामाजिक, न आर्थिक और न धार्मिक, उनको कहीं इनका योग्य स्थान नहीं मिला, यहाँ तक कि शैक्षिक अधिकार मिलते हुए भी सामाजिक उपेक्षा के कारण वह नहीं मिल सका। यह कैसी विडंबना है कि इनका कोई दोष न होते हुए भी सामाजिक प्रताड़ना इन्हें झेलनी पड़ती है! धर्म में इनका कोई वर्चस्व नहीं था।

प्रगतिशील व सहृदय, संवेदनाओं के परिपूर्ण, दयानिष्ठ जूना पीठाधीश्वर ने इनकी इस प्रताड़ना को लक्ष्य किया, उसे देखा व समझा तथा उन्हें वह स्थान प्रदान किया, जो साधारण के लिए भी दुर्लभ है, जो इन्हें असाधारण बनाता है। समाज में उनको स्थान दिलाने के लिए धार्मिक वर्चस्व दिलाना

आवश्यक था। सर्वप्रथम, उज्जैन कुंभ 2016 में किन्नरों को अखाड़े में शामिल करने की बात उठी थी, पर कोई सार्थक परिणाम नहीं निकल सका। प्रयागराज कुंभ 2019 को आचार्य महामंडलेश्वर स्वामी अवधेशानंद गिरिजी महाराज के मार्गदर्शन में किन्नर अखाड़े को कर्म तथा संन्यास दीक्षा देकर जूना अखाड़े में शामिल किया गया।

किन्नर प्रमुख महामंडलेश्वर लक्ष्मी नारायण त्रिपाठी ने कहा कि "हम जूना अखाड़े के साथ चलेंगे तथा जूना अखाड़े की धर्म और नीति का पालन करेंगे।"

किन्नर समाज हमेशा से तिरस्कृत रहा है। इस समाज को किसी ने अपनाने की कोशिश नहीं की, लेकिन जूना अखाड़े के आचार्य महामंडलेश्वर स्वामी अवधेशानंद गिरिजी महाराज ने एवं महंत हरि गिरिजी महाराज ने इस समाज को संरक्षण प्रदान कर बड़ा संदेश दिया है।

जूना पीठाधीश्वर आचार्य महामंडलेश्वर स्वामी अवधेशानंद गिरिजी महाराज ने 14 फरवरी, 2019 को किन्नर अखाड़े को जूना अखाड़े का अभिन्न अंग और हिस्सा करार दिया।

स्वामीजी ने कहा, "आनेवाले समय में भी किन्नर अखाड़ा जूना अखाड़ा के साथ रहेगा, जिसके दर्शन मात्र से दरिद्रता व सारे विकार दूर हो जाते हों, उसे अपने से कौन दूर करना चाहेगा? किन्नरों के दर्शन से धन की हानि ही नहीं, ज्ञान की कमी भी दूर हो जाती है।"

वर्तमान समय की आधारशिला हमारा सामाजिक जीवन है। सनातन धर्म की अवधारणा में जाति, वर्ग, वर्ण से हटकर परिवर्तन की आवश्यकता है। सनातन धर्म को अक्षुण्य व चिरकालीन बनाने के लिए धर्म में समरसता की महती आवश्यकता है। हमारे समाज का आधार ही कार्य क्षेत्र को लेकर किया गया था, कालांतर में यह अपभ्रष्ट होकर वर्णों में बँट गया।

जूना पीठाधीश्वर आचार्य श्रेष्ठ ने विद्वत्ता, पुराणों का ज्ञान एवं वैचारिक प्रबलता के बल पर समाज व धर्म के लिए एक अति सराहनीय पहल की। दलितों को उज्जैन कुंभ के दौरान 22 अप्रैल, 2019 को उन्हें जूना अखाड़े में

शामिल किया तथा उन्हें संतों की उपाधि प्रदान की।

प्रयागराज कुंभ मेले, 2019 में जूना अखाड़े में कुल 221 महिला दलित संन्यासियों को दीक्षा देकर संत बनाया, जबकि 300 दलित और महादलित पुरुषों को 'संत' की उपाधि दी।

मौजूदा समय में 8 दलित महामंडलेश्वर उपाधि से सुशोभित हैं, जिनमें पाँच पुरुष व तीन महिला महामंडलेश्वर है।

स्वामीजी को 'दलित' शब्द से भी आपत्ति है। वे कहते हैं कि इनको दलित कहना ठीक नहीं, ये समाज के अभिन्न अंग हैं। वर्ण विभाजन किसी भी समाज की अवधारणा नहीं हो सकता।

अध्यात्म के द्वारा हम सहानुभूति, क्षमा और शांति की भावना जाग्रत् करते हैं। जब हमारा दृष्टिकोण आध्यात्मिक बन जाता है तो हम किसी को भी भेदभाव व पक्षपात की नजर से नहीं देखते हैं। हम उन दीवारों को हटाने लगते हैं, जो एक इनसान को दूसरे से अलग करती हैं। हम यह अनुभव कर पाते हैं, कि आत्मा के स्तर पर हम सभी जुड़े हुए हैं। इन सभी भिन्न-भिन्न बाहरी नामों व ठप्पों के पीछे मूलतः हम सभी आत्मा हैं और एक ही परमात्मा के अंश हैं।

स्वामीजी यह सर्वप्रिय विचार चाहे देश हो या विदेश, सभी को एक मंच पर लाने का अथक प्रयास है। स्वामीजी सर्वमान्य गुरु हैं, जिनके लिए सभी लोग बंधु समान हैं। स्वामीजी ने प्राचीनता में नवींनता का मिश्रण कर नए धर्मयुग का सूत्रपात् किया।

जूना अखाड़े के पूज्य, जूनापीठाधीश्वर स्वामी अवधेशानंद गिरिजी महाराज ने लगभग 10 लाख शिष्यों को संन्यास धर्म में दीक्षित किया। उन्होंने 'वसुधैव कुटुम्बकम्' को मात्र कथन व लेख तक ही सीमित नहीं रखा, अपितु पूरे विश्व को जूना अखाड़े में स्थान देकर इसे चरितार्थ भी किया। प्राचीन धर्मशास्त्रों व वेदों, उपनिषदों के परम ज्ञाता, धर्म श्लोकों के वाचक, सनातन धर्म के संरक्षक, प्रचारक, हिंदू संस्कृति की अक्षुण्यता रखनेवाले जूना पीठाधीश्वर आचार्य श्रेष्ठ स्वामी अवधेशानंदजी ने न केवल प्राचीन धर्म का

पालन किया, वरन् इनमें नई जागृति, नई विवेचना का भी संचार किया।

धन्य हैं विश्व गुरु जूना पीठाधीश्वर आचार्य महांडलेश्वर स्वामी अवधेशानंद गिरिजी महाराज जो यह मानते हैं कि—

"धर्म गुरुओं की इतनी बड़ी संख्या और उनके नैतिक उपदेशों के इतने प्रचार-प्रसार के बावजूद समाज का नैतिक पतन रुक नहीं पा रहा है। ऐसा कोई भी धर्म, जो मानव-मानव के बीच की एकता और राष्ट्र को एकजुट नहीं रख सकता, अधिक समय तक अपना अस्तित्व कायम नहीं रख सकता।"

□

लेखक व दार्शनिक

आध्यात्मिक गुरु, जूना पीठाधीश्वर आचार्य महामंडलेश्वर, विश्व गुरु अनेकानेक उपाधियों के साथ-साथ स्वामी अवधेशानंद गिरिजी महाराज एक श्रेष्ठ लेखक, उच्च कोटि के दार्शनिक भी हैं। वे एक मँझे हुए असाधारण साहित्यकार भी हैं। उनकी रचनाएँ, लेख, कविताएँ व गीत एक उच्च मापदंड स्थापित करते हैं।

आपकी भाषा व शैली संस्कृत मिश्रित साहित्यिक हिंदी है। आपने हर शैली और विधा में लेख, कविता और गीत लेखनीबद्ध किए। उत्कृष्ट हिंदी का समावेश आपने अपनी रचनाओं में किया है। कहानी लेखन आपकी पुस्तक 'सागर के मोती', रामायण की अद्‌भुत कहानियाँ, नीति कथाएँ, उपनिषदों की कहानियाँ, पुरातन कहानियाँ, 'सीख भरी कहानियाँ' आदि में कहानी की समस्त विधाएँ, कथानक की उत्कृष्टता, कथोपकथन की वार्त्तालाप की संयुक्त शृंखला, जो कहीं से भी विभाजित नहीं होती। आपकी लिखी कहानियाँ मार्गदर्शक, शिक्षाप्रद, विचारशील होती हैं, जो हर आयु वर्ग के लिए उपयोगी व पथ प्रदर्शक हैं। प्राचीन उपनिषदों व धर्मग्रंथों को कथाक्रम में रूपांतरित करना वास्तव में बहुत दुरुह कार्य है, जो एक श्रेष्ठ व दार्शनिक साहित्यकार ही कर सकता है। हमारे हिंदू समाज तथा युवाओं और बच्चों को धर्मशास्त्र का ज्ञान अगर कथारूप में दिया जाता है तो वह सर्वग्राह्य होता है। आपकी रचनाएँ सरलीकरण के साथ प्राचीन क्लिष्ट शास्त्र को धर्म के साथ जोड़कर प्रस्तुत करती हैं, जिससे हमारे प्राचीन वेदों व उपनिपषदों की महानता तथा उद्‌देश्यपूर्ण साक्ष्य जनजीवन से साक्षात्कार होते हैं, जो हमारे सनातन धर्म के प्रचार-प्रसार के लिए अति आवश्यक है।

लेखककार व दार्शनिक अध्यात्मिक विचार स्वामीजी द्वारा रचित पुस्तकों में दृष्टिगोचर होते हैं। एक आध्यात्मिक गुरु के रूप में लिखे आपके लेख आध्यात्मिक मार्गदर्शन कराते हैं—जैसे सत्संग सुधा, ईश्वर प्राप्ति के द्वार, ब्रह्म ही सत्य है, जीवन-दर्शन, अमृत प्रवचन, आत्म आलोक, आत्मानुसंधान, साधना मंत्र, आत्मज्ञान का राज, ज्ञान सूत्र आदि में आध्यात्मिक पथ, साधना, आत्मा, परमात्मा, ईश्वर भक्ति, ईश्वर-प्राप्ति के साधन आदि का परिमार्जन, अन्वेषण, साधना तथा भक्ति का वर्णन किया गया है, जिसको स्वामीजी ने अनेक दृष्टांतों के साथ पाठकों के समक्ष प्रकाशित किया है। ये पुस्तकें आज के आध्यात्मिक विश्व गुरु आचार्य महामंडलेश्वर स्वामी अवधेशानंदजी को परिभाषित करती हैं तथा उच्च कोटि की भक्ति साधना को दरशाती हैं तथा संत और संन्यासी जीवन की आधारशिला रखती हैं।

संत सा जीवन जीना साधारण मानव के बस की बात नहीं है। यह बहुत ऊँची अवस्था है। संत-जीवन में बहुत सी कठिनाइयों का सामना करना पड़ता है। सबसे पहले तो संयमित जीवन जीना होता है, जो संत जीवन का प्राण है। संत जीवन जीने में कठिनाइयों का अनुभव हो रहा हो तो कम-से-कम शांत बनकर अपना और दूसरों का भला करें।

संत का जीवन सर्वगुण संपन्न होना चाहिए। वह त्याग-तपस्या से परिपूर्ण होता है। एकांत ही उसका मित्र है। आत्मा की शक्ति उसकी महत्ता और उसके स्वतंत्र अस्तित्व से जो भलीभाँति परिचित है, खुशी से अपना सर्वस्व खोकर भी दूसरों का भला करने को ही जो अपना ध्येय मानता है, क्रोध, मोह, माया, लोभ, द्वंद्व, अप्रसन्नता ने जिसको छुआ तक नहीं है, ऐसी महान् आत्मा ही संत जीवन जीने की हकदार है।

स्वामीजी का दर्शन एक तरफ संतों का जीवन कैसा हो, ये बताते, वहीं दूसरी तरफ एक साधारण आदमी किस प्रकार एक संत से कम नहीं है—

"गृहस्थ जीवन की मर्यादाओं का पालन करके जो सद्गृहस्थ धर्म को निभाते हैं, वे धन्य हैं। जो लोग मेहनत से उचित साधनों से आजीविका अर्जित करते हैं, व्यवहार कुशल हैं, परहितकारी हैं, खुद जीते हैं और दूसरों को जीने देते हैं, ऐसे मानव असल में किसी संत से कम नहीं हैं।"

स्वामीजी का दर्शन उन्हें एक अलग श्रेणी प्रदान करता है। वह प्रतिदिन एक लेख लिखते हैं। आपकी पुस्तक 'आध्यात्मिक प्रश्नोत्तरी' पार्वती माँ के प्रश्न और भगवान् शंकर के उत्तर के द्वारा लौकिक व अलौकिक और आध्यात्मिक विधाओं का संकलन है। ऋषियों के प्रश्न और सूतजी के उत्तर से धर्मशास्त्रों पर आधारित जिज्ञासुओं के प्रश्नों के सहज उत्तर को लेकर इस पुस्तक की रचना की गई है। जब जिज्ञासु मनुष्य अपने भीतर अनगिनत प्रश्नों को पालने लगता है, तब उसे आवश्यकता होती है, एक ऐसे गुरु की या संत की या आचार्य की, जो उनके प्रश्नों का समुचित उत्तर देकर उनका उचित मार्गदर्शन कर सके।

आपकी रचित एक-एक पुस्तक व रचनाएँ सारगर्भित एवं सर्वोत्कृष्ट साहित्य सृजन है, जो अपने में आध्यात्मिक दर्शन, धर्म व पुराण समेटे हैं।

आपने अपने साहित्य सृजन व लेखों तथा पुस्तकों व प्रवचनों में समस्त सारगर्भित विषयों का समावेश किया है, चाहे वह भक्ति हो, गृहस्थ जीवन हो, शिक्षा हो या पारिवारिक संबंध हों, कोई भी विषय आपके लेखन से अछूता नहीं रहा।

स्वामीजी के विचार 'साहित्य और जीवन' लेख में साहित्य का जीवन दर्शन प्रकट करते हैं—

"जीवन का मार्ग है साहित्य। मार्ग की दिशा निश्चित करने का अभ्यास, इससे सहज अन्य कुछ भी नहीं। साहित्य से जीवन का प्रवाह सुगम होता है, उसमें कलात्मक सौंदर्य का प्रस्फुटन संभव है, जहाँ भी दुरुहता उत्पन्न होती है, साहित्य की ऊष्मा उसे पिघला देती है। इसी गुण के कारण साहित्य ने समाज का बड़ा उपकार किया है।

साहित्य से मनुष्य सुसंस्कृत और संस्कारवान् बनता है, उसमें सोच-समझ की नई शक्ति आती है। साहित्य ने सदैव जीवन का पुनर्निर्माण किया है, विनाश नहीं, इसलिए साहित्य की क्षमता को परखकर उसमें विविध रंग भरने की आवश्यकता है। साहित्य का सृजन वस्तुतः मानवता की धरोहर है, सभ्यता के विकास का मापक है।

जीवन का सही मूल्यांकन हमें तात्त्विक कसौटी पर करना चाहिए। साहित्य ही इसकी असली कसौटी है। यह आवश्यक नहीं है कि प्रत्येक साहित्यकार

अपने जीवन को सफल बना सके, लेकिन यह जरूर कहा जा सकता है कि प्रत्येक सफल व्यक्ति के पीछे साहित्य का हाथ अवश्य होता है। साहित्य ने जीवन को गति दी है। गति का अर्थ माल चलायमान होने से ही नहीं लगाना चाहिए। जीवन की गति का तात्पर्य है, उसमें प्रवाह की तीव्रता, जीव में धारण क्षमता की व्यापकता। साहित्य से ऐसी ही क्षमता का प्रसार होता है।

जीवन को जीवन मानना उचित है। जीवन को अन्य अवघटों के समरूप मानना केवल साहित्य की शैली है। यह साहित्य का परिणामी तत्त्व नहीं है, जो जीवन को निरूपित कर सके। जीवन को समझने के लिए साहित्य का आश्रय लेना होता है। साहित्य के द्वारा जीवन का मार्ग निष्कंटक बनता है। जीवन की समस्याएँ और समाज की विषमताएँ साहित्य के अवलंबन से निष्प्रभावी हो सकती हैं, लेकिन इसके लिए साहित्य को आत्मचिंतन से जोड़ना पड़ता है। साहित्य को मस्तिष्क के स्थान पर हृदय की विषय-वस्तु मानना चाहिए। संसार भर में साहित्य को एक ही तुला पर नहीं मापा जा सकता। तौलने के लिए सूक्ष्म उपकरण हो। यही सूक्ष्म उपकरण साहित्य का सूत्र है। आत्मचिंतन में साहित्य का स्रोत है और इससे जीवन का मंत्र मिलता है।

स्वामीजी की कुछ काव्य रचनाओं की पंक्तियाँ हैं—

नेह जो छंद हो गए होते।
गीत गोविंद हो गए होते॥
दोष है फागुनी बयारों का।
वरना मकरंद हो गए होते॥

इतने हिस्सो में बँट गया हूँ मैं।
कि अब नहीं है कोई मेरा हिस्सा॥
जब मैंने पाया, यह है मेरा हिस्सा।
तब-तब बहुत से लोगों ने कहा—
ये है मेरा हिस्सा, ये है मेरा हिस्सा॥

व्योम हूँ, नीर हूँ, आग हूँ, बयार हूँ
पाँच तार का बना प्यार का सितार हूँ॥

जीवन के जीने के ढंग में पहले तुम भी थे,
पर अब जीवन का हर ढंग तुम्हारा है।

अनेकों गीत, भजन, लेखों व पुस्तकों के रचयिता व आध्यात्मिक गुरु आचार्य महामंडलेश्वर अवधेशानंद गिरिजी को कवि गोपालदास नीरज की ये पंक्तियाँ समर्पित हैं—

हम कितना जीवित रहे, इसका नहीं महत्त्व,
हम कैसे जीवित रहे, यही तत्त्व अमरत्व।
जीने को हमको मिले, यद्यपि दिन दो-चार,
जीये मगर हम इस तरह कि, हर दिन बने हजार।

□

प्रकृति-प्रेम

अपनी सौंदर्य छटा बिखेरती प्रकृति ने स्वामीजी को हमेशा आकर्षित किया है। प्रकृति जीवन की सहचरी है। स्वामीजी बाल्यकाल से ही प्रकृति के सुर-ताल को समझने लगे थे। प्रकृति का मौन संपादन उनके अंतस में हमेशा के लिए अपना स्थान बना चुका है। वृक्ष, फूल, पत्ती में उनको ईश्वर प्रदत्त प्रकृति के दर्शन होते हैं। गाँव की हरियाली व शांत वातावरण उनके मन को प्रसन्नता से भर देता था।

हरिद्वार में आकर गंगा की कल-कल ध्वनि में उनको स्वर्णिम संगीत का आनंद मिलता। वह घंटों गंगा के तट पर बैठे रहते। संन्यासी ही ईश्वर व प्रकृति के सबसे निकट होता है क्योंकि वह सबकुछ त्यागकर प्रकृति के ही अपनी सहचरी मानता है।

स्वामीजी ने प्रकृति के बारे में एक दिन कहा, "हिमालय प्रवासकाल में नदी, वन, पर्वत ही तो मेरे निकट सहचर थे। मैं उनके अलौकिक व अनुपम सौंदर्य का प्रत्यक्ष-दृष्टा रहा हूँ।"

वह पुनः स्मृति में खो गए, "हिमालय पर्वत पर ज्यों-ज्यों आगे बढ़ते गए, त्यों-त्यों वह प्राकृतिक सौंदर्य व अपने अपूर्व वैभव के रहस्य खोलता सा लगा। अपना अद्वितीय सौंदर्य अपने आप में ही समेटे हुए, निस्तब्ध सघन वन उन्हें बहुत अपने से लगते और तब उनके मन-प्राण आनंदित हो उठते।"

प्रकृति में अभिव्यक्ति की जो क्षमता है। वह मानव में भी प्रकृति के मौन सौंदर्य का अपना संदेश लोगों के हृदय तक पहुँचा देती है।

पहाड़ों पर स्थित सघन वनों की श्रृंखला मन को भयभीत नहीं करती, वरन्

आनंद की वृष्टि ही करती है। स्वामीजी प्रकृति के दोहन से बहुत अशांत हैं और प्रकृति के संरक्षण के लिए 'दैनिक जागरण' में संकलित एक वक्तव्य प्रकृति का संतुलन बिगड़ता जा रहा है। हम सभी धर्माचार्य इस दिशा में सतत प्रयत्नशील हैं। साधु-संत इसको लेकर चिंतित हैं। प्रकृति व पर्यावरण को बचाने के लिए साधु-संन्यासी अपनी आवाज लगातार मुखर कर रहे हैं। इस विषय पर सबको सोचना चाहिए, वैसे भी प्रकृति, पर्यावरण का रक्षण व संवर्धन दैव आराधना का ही एक रूप है, क्योंकि नदियाँ, झील, जलाशय एवं समग्र पर्यावरण में परमात्मा की विभूति, ऊर्जा और असित्व समाहित है। ऐसे में सभी का कर्तव्य है कि वह संवेदनशील रहे। परमार्थ प्रकृति का मूल स्वर है, जो नदी, झील, वृक्ष, जलाशय आदि विविध रूपों में है। वह परमात्मा द्वारा रचित परमार्थ की अभिव्यक्ति हैं।"

प्रकृति के दोहन से स्वामीजी अत्याधिक व्यथित है। वे स्वयं द्वारा संचालित कई योजनाओं के द्वारा प्रकृति की छेड़छाड़ को रोकने का प्रयास करते हैं। प्राय: अपने प्रवचनों, साक्षात्कार तथा दैनिक अखबार में लिखे या पूछे गए प्रश्नों में वह यदा-कदा अपनी व्यथा को व्यक्त भी करते हैं तथा जनसाधारण को प्रकृति के संरक्षण व संवर्धन के लिए प्रेरित करते हैं। वह सभी को प्लास्टिक के उपयोग के कारण होनेवाली पर्यावरण हानि पर शिक्षित करते हैं।

प्रकृति के सहयोगी व परोपकारी रूप का वर्णन करते हुए एक कवि की कल्पना है—

जब तपता है सारा अंबर
आग बरसती है धरती पर
फैलाकर पत्तों का छाता
सबको सदा बचाते पेड़
पंछी यहाँ बसेरा पाते
गीत सुनाकर मन बहलाते
वर्षा, आँधी, पानी में भी
सबका घर बन जाते पेड़
इनके दम पर वर्षा होती
हरियाली है सपने बोती

धरती के तन-मन की शोभा
बनकरके इठलाते पेड़
जितने इन पर फल लग जाते
ये उतना नीचे झुक जाते
औरों को सुख देकर के भी
तनिक नहीं इठलाते पेड़।" (अज्ञात)

कवि की इस कविता द्वारा पेड़ का अस्तित्व मनुष्यों और जीव-जंतुओं के लिए कितना उपयोगी है, इसका वर्णन किया गया है। स्वामीजी, जो स्वयं एक सहृदय कवि हैं, प्रकृति की पीड़ा, पेड़ों के कटने पर चीत्कार करते वन। स्वामीजी द्वारा कई बार इस पीड़ा की अभिव्यक्ति की गई है। आप आज भी प्रकृति को दोहन से बचाने का निरंतर प्रयास कर रहे हैं। 'प्रभु प्रेमी संघ' तथा विश्व पटल पर एक पर्यावरणविद् होने के कारण वह इस समस्या को कई बार, कई देशों के राष्ट्राध्यक्षों के समक्ष रख चुके हैं। पर्यावरण को बचाने के इस अथक प्रयास में पूरे विश्व के धर्माध्यक्ष व राष्ट्राध्यक्ष उनके साथ हैं।

हमारे प्राचीन ऋषि-मुनियों ने भी पर्यावरण व प्रकृति और उसका संरक्षण को हमारी भारतीय सनातन व चिरंतन संस्कृति का अभिन्न अंग माना है। भारतीय मनीषियों ने प्राकृतिक शक्तियों को दैवीय माना है, उन्हें देवस्वरूप में स्मरण किया है—

'न सूर्यस्य संदृशे मा: युयोथा:'

उपनिषिद काल में सूर्य को प्राण की संज्ञा दी गई है—

'आछित्यो वै प्राण:'

अनेक पराश्रयी जीवों का प्रत्यक्ष-परोक्ष भरण-पोषण इसी सूर्य रश्मियों पर निर्भर है।

'मनुस्मृति' में भी जल की शुचिता पर जल में प्रदूषित मल, मूत्र व अन्य दूषित पदार्थों के विसर्जन का निषेध करती है—

माप्सु मुत्रं पुरीषं वाष्टोवनं समुत्सृजेत।
अमेध्य लिप्तमान्यद्धा लोहितम् व विषाणि वा॥

इसी वैदिक परंपरा के 'मत्स्य पुराण' में कहा गया है कि दस कूपों के समकक्ष है एवं बावली-पुष्करणी और दस पुष्करणी के समकक्ष है। एक हद तालाब, दस हद के बराबर है, एक पुत्र और एक वृक्ष दस पुत्रों के बराबर है—

दस कूप-समावापी, दश वापी-समोहद: ।
दश-हद समःपुत्रो, दश पुत्रो समो द्रुमाः ॥

इस प्रकार की अनेक उक्तियाँ हमारे प्राचीन ग्रंथों में व्याप्त हैं, हम गर्व से कहते हैं—

मातः भूमिः पुत्रोऽहम पृथिव्याः
नमो मात्रे पृथिव्यै। नमो मात्रे पृथिव्यैः ।।

आचार्य श्री स्वामी अवधेशानंद गिरिजी महाराज ने प्रकृति को दस गुरु मानकर अपनी पुस्तक 'सागर के मोती' में एक कथा के माध्यम से जनसाधारण को प्रकृति की महत्ता को समझाया है—

एक बार महाराज यदु ने ऋषि दत्तात्रेय से पूछा, "हे महर्षि, आप सभी विद्याओं में निपुण हैं। कृपया बताने का कष्ट करें कि आप इतने निर्लिप्त कैसे रहते हैं, आपके ऐसे कौन से ज्ञानी गुरु हैं, जिनसे आपने यह गुण सीखा ?"

ऋषि दत्तात्रेय ने बड़ी गंभीरतापूर्वक कहा, "हे राजन्, मेरे दास गुरुओं ने मुझे दस शिक्षाएँ दी हैं, जिनसे मेरी बुद्धि जाग्रत् और निर्मल रहती है।"

यह सुनकर महाराज यदु ने विनयपूर्वक उन गुरुओं के नाम और उनकी शिक्षाओं का मर्म जानने की इच्छा प्रकट की।

ऋषि दत्तात्रेय ने प्रसन्नतापूर्वक कहा, "मेरे प्रथम गुरु का नाम पृथ्वी है, उसने मुझे दैविक, भौतिक और अन्य विपत्तियों को सहन करके अविचल रहने की शिक्षा दी है।"

मेरे दूसरे गुरु का नाम है—वायु-प्राणवायु रूप, रस एवं गंध आदि की वासना से अलिप्त रहकर केवल आहार मात्र ग्रहण करती है।

मेरे तीसरे गुरु का नाम है—आकाश। यह जलवायु एवं तेज आदि से व्याप्त होने पर भी उनसे अलग रहता है।

मेरे चौथे गुरु हैं—जल। इनसे मैंने स्वच्छ और स्नेहशील होना सीखा है।

मेरे पाँचवें गुरु का नाम है—अग्नि। इनसे मैंने सीखा है कि सत्पुरुष को

सदा समरूप, तेजस्वी और निर्मत्सर होना चाहिए। उसे न तो किसी से द्वेष और न ही किसी से विशेष स्नेह होना चाहिए।

मेरे छठे गुरु हैं—सूर्य। यह पृथ्वी को बिना किसी भेदभाव के प्रकाश देते हैं, समत्व भाव का आदर्श मैंने इन्हीं से सीखा है।

मेरे सातवें गुरु का नाम है—चंद्रमा। इनकी कलाएँ प्रतिमाह घटती-बढ़ती रहती हैं, लेकिन वह अपनी सहज शीतलता का त्याग नहीं करते। सुख-दुःख में भी अपने सद्गुणों को न त्यागने की शिक्षा मैंने चंद्रमा से ली है।

मेरे आठवें गुरु हैं—समुद्र। इनसे मैंने मानसिक संतुलन की शिक्षा ली है।

मेरे नौवें गुरु हैं—भ्रमर। ये विभिन्न पुष्पों से रस ग्रहण करते रहते हैं।

मेरे अंतिम व दसवें गुरु हैं—बच्चे। ये सबसे स्नेह करते हैं। मैंने ईर्ष्या, द्वेष और अभिमान आदि दुर्भावनाओं से मुक्त रहकर, सफलतापूर्वक जीवन-यापन करना बच्चों से ही सीखा है। बच्चों की तुलना भी प्रकृति प्रदत्त फूलों से की जाती है।

□

अंतरराष्ट्रीय मंच

आचार्य महामंडलेश्वर स्वामी अवधेशानंदजी एक परम श्रद्धेय विश्व गुरु के रूप में सर्वमान्य हैं।

स्वामीजी ने जलवायु परिवर्तन, विभिन्न संप्रदायों में भाईचारे के लिए कई अंतरराष्ट्रीय सम्मेलनों की अध्यक्षता की है और आपको नियमित रूप से कई देशों व विदेश में कई अंतरराष्ट्रीय मंचों पर वक्तव्य देने और प्रतिनिधित्व करने के लिए आमंत्रित किया गया है।

आप 'वर्ल्ड काउंसिल ऑफ रिलीजियन्स' के बोर्ड मेंबर है। स्वामी अवधेशानंद गिरिजी ने मई 2019 में आयोजित Resposible Leadership Summit के लिए UNO में मुख्य वक्ता के रूप में भारत देश के आध्यात्मिक गुरु के रूप में दुनिया को संबोधित किया, जिसमें समाज के विभिन्न वर्गों के लगभग 200 प्रतिनिधियों ने भाग लिया था।

वर्ष 2011 में स्वामी अवधेशानंद गिरिजी महाराज ने कनाडा के विनिवेग में आयोजित 'इंटरफेथ जी-8 शिखर सम्मेलन' में भाग लिया। सन् 2009 में स्वामीजी मेलबर्न में आयोजित 'विश्व धर्म संसद्' में मुख्य वक्ता थे। उसी वर्ष आपने जेरुसलम में 'हिंदू यहूदी शिखर सम्मेलन' में भाग लिया। सन् 2008 में स्वामी अवधेशानंद गिरि ने इसराइल की Presidential Conference 'FACING TOMORRO' में भी भाग लिया।

अगस्त, 2017 में स्वामी अवधेशानंद गिरिजी महाराज ने 'संवाद 11 ग्लोबल इनिशिएटिव ऑफ कॉन्फ्लिक्ट अवाइडेंस एंड एनवायरमेंटल कॉन्शसनेस' में भाग लिया, जो कि म्यांमार के यांगून में हुआ था। इस सम्मेलन का उद्घाटन

उत्तर प्रदेश के राज्यपाल राम नाईक ने किया और समापन उ.प्र. के मुख्यमंत्री योगी आदित्यनाथ ने किया। यह सम्मेलन 'हिंदू धर्म आचार्य सभा' के सहयोग से 'विवेकानंद इंटरनेशनल फाउंडेशन' (भारत) तथा 'सीतागुइंटरनेशनल बौद्ध अकादमी' और विश्वविद्यालय म्यांमार और 'जापान फाउंडेशन' जापान द्वारा आयोजित किया गया था।

सितंबर 2019 में स्वामी अवधेशानंद गिरिजी महाराज मंगोलिया में उलानबातर में आयोजित 'संवाद-111, ग्लोबल हिंदू बुद्धिस्ट इनिशिएटिव ऑफ कॉन्फ्लिक्ट अवोइडेंस' में भाग लिया।

इसके अलावा, देश तथा विदेश में आयोजित होनेवाले अनेक शैक्षिक संस्थानों द्वारा इन्हें व्याख्यान देने के लिए आमंत्रित किया गया।

□

सामाजिक दायित्व

स्वामी अवधेशानंद गिरिजी महाराज द्वारा हरिद्वार में एक वृद्धाश्रम और एक फिजियोथेरेपी सेंटर 'समन्वय सेवा ट्रस्ट' के तहत चलाया जा रहा है।

स्वामीजी के नाम पर एक डेंटल कॉलेज है तथा कई हॉस्पिटल और मेडिकल कॉलेज चलाए जा रहे हैं। 'भारत माता ट्रस्ट' द्वारा एक आयुर्वेदिक और प्राकृतिक चिकित्सा अस्पताल संचालित किया जा रहा है तथा हर वर्ष कई रक्तदान शिविर संचालित किए गए।

'प्रभु प्रेमी संघ' द्वारा प्रतिवर्ष अनेक नेत्र शिविर भी आयोजित किए गए हैं, जहाँ देश के प्रतिष्ठित नेत्र चिकित्सकों द्वारा मुफ्त नेत्र ऑपरेशन किए गए।

'प्रभु प्रेमी संघ' द्वारा सांस्कृतिक आयोजन भी किए जाते हैं तथा मध्य प्रदेश के भोपाल में एक शैक्षिक और जल संरक्षण के लिए 'शिव गंगा परियोजना' चल रही है। जिसमें आपका सक्रिय योगदान है।

स्वामी अवधेशानंद गिरिजी महाराज के सान्निध्य में, विभिन्न टी.वी. चैनलों, जैसे संस्कार टी.वी. और कई बड़े आयोजन, जैसे कुंभ, संचालित किए गए।

स्वामीजी विभिन्न समाचार-पत्रों में बतौर स्तंभकार लेख भी लिखते हैं।

स्वामीजी ने हिंदू सनातन धर्म को अपने प्रवचनों द्वारा, व्याख्यानों व लेखों के द्वारा नया मार्ग दिखाया है। जूना अखाड़े के अधीश्वर के रूप में आपने अखाड़े को योग्य संन्सासियों द्वारा संबृद्ध किया है। स्वामीजी आप धन्य है और धन्य है हमारा भारत देश, जहाँ आपके जैसे संत, महात्माओं ने जन्म लिया। □

तपस्या का समापन

माँ अन्नपूर्णा रुकमणीजी का स्वास्थ्य दिन-प्रतिदन खराब होने लगा, परंतु एक आत्मसंतुष्टि उनके मुख पर स्पष्ट परिलक्षित हो रही थी। उनकी आस और साध पूरी हो चुकी थी। उनका पुत्र अपना स्थान पा चुका था। उनकी मात्र यही इच्छा थी कि वह अपने पुत्र को मिल सकें। उनके जीने का उद्‌देश्य पूरा हो चुका था, अब उनकी कोई इच्छा व मनोकामना नहीं थी। माँ शब्द का आधार, आयाम, ध्येय, जीवन सबकुछ उनकी संतानों तक ही होता है। यही माँ, अम्माँ, आई का रूप है। उन्होंने अपने जीवन में सबकुछ पा लिया था, अब कुछ भी पाने की आस नहीं थी।

पुत्र से मिलने वह कई बार आश्रम भी गईं, अपनी आँखों से पुत्र का देवत्व, पूजनीय आचार्य महामंडलेश्वर का आध्यात्मिक अवतार देखा, 'माँ मैं तो पहले भी साधु था' यह शब्द जब भी कानों में गूँजते, वह मुसकरा उठती। पुत्र की बात न मानने के कारण वह स्वयं को ही कोसने लगती, 'मैं कितनी जड़बुद्धि थी, जो बार-बार उसे रोकती रही,' उनका भी मन 'स्वामी अवधेशानंद गिरिजी महाराज' के प्रति श्रद्धा से झुक जाता, क्योंकि अब वह मात्र उनके पुत्र ही नहीं, एक श्रेष्ठ, पूज्य व दिव्य महासंन्यासी थे। एक गुरु थे, क्यों, क्या एक पुत्र किसी माँ का गुरु नहीं हो सकता? बिल्कुल हो सकता है, जब पुत्र की विशाल गुरुता माँ के जीवन को ही तारती है तो अपने ही पुत्र को गुरु कहने में संकोच कैसा? क्योंकि एक माँ ही अपने पुत्र के प्रथम बार उसका ध्येय दिखाती है। परिवार का वातावरण व आचार-व्यवहार बच्चों का मार्गदर्शन

करता है। चाहे आदिगुरु शंकराचार्य हों या स्वामी विवेकानंद, उनकी माँ ने ही उन्हें अध्यात्म की प्रथम शिक्षा दी। तत्पश्चात् जब उन्हें उनकी गुरुता प्राप्त हो गई, तभी आचार्य शंकराचार्य आदिगुरु हो गए, अर्थात् सबके आचार्य या गुरु। ये हर माँ का सौभाग्य ही होता है, जब उनका पुत्र उनके मन की गुरुता को धारण करता है। स्वामी अवधेशानंद की माता भी अपने पुत्र के नहीं, बल्कि आचार्य अवधेशानंद के प्रवचन बहुत ध्यान से सुनती और ग्रहण करती। इससे उनकी विचारधारा में भी काफी परिवर्तन आ गया। जिस पुत्र की वह पहले गुरु थीं, आज उसी पुत्र से वह गंभीर विषय तथा जीवन-दर्शन सीख रही हैं। धन्य है वह माँ, जो पुत्र के रूप में गुरु (आध्यात्मिक) को जन्म देती है! 'मैं धन्य हूँ, जो मैं नहीं, बल्कि मेरी जैसी लाखों माताएँ उनको अपना आचार्य श्रेष्ठ व पूज्य गुरु मानती हैं।'

पूज्य माँ रुकमणी देवी अब पूर्णतया बिस्तर पर लग गई थीं। जीवन का अंतिम पड़ाव आ चुका था। हाँ, आज उनकी तपस्या की समाप्ति हो गई थी। उनकी इहलीला का अंत हो गया था। हाँ, उन्होंने आज महापरि निर्वाण प्राप्त कर लिया।

जब आचार्य महामंडलेश्वर स्वामी अवधेशानंद गिरिजी महाराज को यह पता लगा कि उनकी माँ का देहांत हो गया, उस समय वह यात्रा पर थे। तत्काल वह अपने गाँव साबितगढ़ पहुँच गए। सभी गणमान्य व्यक्ति, माननीय तथा मंत्रिगण आदि भी वहाँ उपस्थित थे।

स्वामीजी ने अपनी माता का पार्थिव शरीर देखा। आचार्य स्वामी अवधेशानंद गिरिजी ने संन्यास की दीक्षा ली थी। वे परिव्राजक हो गए थे, शास्त्रानुसार वे माता के अंतिम संस्कार में शामिल नहीं हो सकते। वह मौन भाव से माता के चरणों को अपनी आँखों से प्रणाम कर रहे थे। अंतिम प्रणाम। ये संन्यास धर्म की चरम अवस्था थी। मन का संयम व धैर्य की पराकाष्ठा एवं उच्च दायित्वों व धर्म पालन का यह एक अनूठा उदाहरण था। संन्यास धर्म आसान नहीं होता। आत्म-नियंत्रण ही धर्म पालन की उत्कृष्टता है।

"'माँ जैसा कोई नहीं'," में स्वामीजी ने अपने उद्गार व्यक्त करते हुए कहा—"भारतीय संस्कृति में और अध्यात्म चिंतन में 'माँ' सदैव पूजनीय रही

है। महर्षि वेदव्यास ने लिखा है, 'माता के समान कोई छाया नहीं। माता के समान कोई सहारा नहीं है। माता के समान कोई रक्षक नहीं और माता के समान कोई प्रिय नहीं।"

माँ की महिमा का गान सभी महान् ग्रंथों, विद्वानों, ऋषियों व आचार्यों ने किया है। इसलिए उसे समाज में सर्वपूज्य स्थान दिया गया है। कोमलता में जिसका हृदय गुलाब की कलियों से भी अधिक कोमल, पवित्रता में जो यज्ञ की धूल के समान है, कर्तव्य में वज्र की तरह कठोर है, वही जननी है।

स्वामी रामतीर्थ ने कहा है, "माताएँ ही संसार को उठा सकती हैं। माताएँ ही देश को उठा या गिरा सकती हैं। माताएँ ही प्रकृति के ज्वर में उतार-चढ़ाव ला सकती है। महामानव सदा ही श्रेष्ठ माताओं की संतान हुआ करते हैं। माँ की गरिमामयी विशेषता है—उसका संतानोत्पत्ति का गुण। वह प्रकृति की सबसे अनोखी एवं अद्‌भुत कृति है।

यदि आपने आदिगुरु शंकराचार्य के जीवन को पढ़ा हो तो आप जानते होंगे कि उन्होंने 'संन्यास' लेने के समय अपनी माता को वचन दिया था कि जब उनके जीवन का अंतिम समय आएगा, वे उनके पास उपस्थित हो जाएँगे, और ऐसा हुआ भी। कहते हैं, संन्यासी मुक्त होता है, लेकिन आज शंकराचार्य ने अपने आचरण से सिद्ध कर दिया कि कोई भी माँ के ऋण से मुक्त नहीं हो सकता। परंपरा का अतिक्रमण करते हुए उन्होंने अपनी माता का अंतिम संस्कार किया। माँ सरीखा कौन हो सकता है, जो अपने शरीर से संतान का निर्माण करती है, जीवन देती है और संस्कारवान् बनाती है!

माता का देहांत हुए कुछ समय बीत गया था। स्वामीजी पूर्ववत् अपनी दिनचर्या व कार्यों व आध्यात्म में रत हो गए! पर फिर भी यदा-कदा माता का स्मरण मन की यादों में कहीं ठहर सा गया था। माता का स्मरण, जननी का ऋण से शायद कोई भी ईश्वर, परमात्मा, संत या संन्यासी ऋणमुक्त नहीं होता, माता-पिता के ऋण से कभी कोई उऋण नहीं होता।

गंगास्नान के समय स्वामीजी अपने शिष्यों, सहयोगियों, आश्रमवासियों के साथ गंगा मैया की तरफ बढ़े। गंगा मैया के जयकारों के बीच स्वामीजी परम पावनी गंगा मैया की जलधारा में उतरे और गंगा माँ की वंदना करते समय जैसे

ही उन्होंने ध्यान लगाया, तभी गंगा माँ की जलधारा में जननी माँ का चेहरा दिखने लगा। उन्होंने डुबकी लगाकर माँ को अपने में समाहित कर लिया तथा आँखों से अनायास ही दो बूँदें निकलकर गंगाजल में विलीन हो गईं। 'गंगा मैया की जय', 'हर-हर महादेव' के स्वर में एक स्वर उनका भी था और वह स्मृतियों से मुक्त होकर कदम बढ़ाते हुए घाट की तरफ बढ़ चले—एक नई 'तप और तपस्या' के साथ।

ॐ श्री गुरवै नमः !

□□□